억만장자 시크릿

THE
BILLION DOLLAR

부의 공식을 뒤집은 자수성가 억만장자들의 20가지 전략

억만장자 시크릿
SECRET

라파엘 배지아그 지음 | 박선령 옮김

TORNADO
토네이도

일러두기

1. 책에 등장하는 주요 인명, 지명, 기관명, 상표명 등은 국립국어원 외래어표기법을 따르
   되 일부는 관례에 따라 소리 나는 대로 표기했다. 원문은 본문 내 최초 등장에 한해서만
   병기했다.
2. 단행본은 《 》로 표기했으며 논문, 언론매체, 영화와 텔레비전 프로그램, 노래 등은 〈 〉로
   표기했다. 국내에 정식으로 소개되지 않은 작품에 한해서 원제를 병기했다.
3. 본문 중 옮긴이와 편집자의 설명은 각각 옮긴이, 편집자로 따로 표기했다.
4. 인물에 대한 자세한 설명은 부록에서 찾아볼 수 있다.

억만장자들은 돈을 위해서 일하지 않는다.
그들을 움직이는 건 게임의 재미다.

이 책은 당신의 경제적 위치를 완전히 변화시킬 수 있다.

_브라이언 트레이시, 《백만불짜리 습관》 저자

이 책을 강력하게 추천한다. 성공에 관한 인생철학을 매우 철저하게 연구한 책이다.

_토니 탄 칵셩, 필리핀 억만장자

모든 기업가에게 이 놀라운 책을 꼭 읽어보라고 권하고 싶다.

_차오더왕, 중국 억만장자

라파엘 배지아그는 특권, 교육, 양육방식, 막대한 유산이 부를 쌓기 위한 전제조건이 아니라는 걸 보여줬다. 이 책에 등장하는 억만장자들은 근면한 노력과 창의성, 헌신, 반항 그리고 자신의 일에 대한 끊임없는 열정을 통해 독창적인 성공의 길을 만들었다. 모든 기업가에게 영감을 주는 책이다.

_니코스 칼라이치다키스, 코카콜라 HBC 폴란드 총괄관리자

전 세계에서 가장 성공한 비즈니스 아이콘들의 은밀한 세계로 들어가는 문을 열어주는 책이다. 무일푼으로 시작해 최고의 부자가 된 억만장자들의 독특한 인생담을 훌륭하게 엮어 이들이 공통적으로 지닌 특징과 원칙을 보여준다. 이 책을 탄생시키기까지 라파엘 배지아그가 진행한 방대한 연구에도 박수를 보낸다. 오늘날 서점에 넘쳐나는 평범한 자기계발서에 진력난 기업가와 경영자라면 반드시 읽어야 할 책이다. 드디어 21세기의 나폴레온 힐이 등장했다.

_멜로디 아베칠라, 런웨이 힐스 설립자

이 책에는 사업을 크게 성공시키는 방법과 관련된 필수요소가 모두 담겨 있다. 이 책을 추천한다.

_빈센트 로, 홍콩 억만장자

라파엘 배지아그가 처음으로 이 책을 쓰겠다고 이야기했던 순간을 절대 잊지 못할 것이다. 당시에는 억만장자를 직접 만나는 게 불가능한 일이라고 생각했다. 하지만 곧 이 프로젝트를 해낼 수 있는 사람이 있다면 바로 배지아그일 거라는 사실을 깨달았다.

이 책은 세계에서 가장 부유한 사람들의 사고방식을 전례 없이 꿰뚫어본다. 단순히 유명한 몇몇 억만장자들의 이야기를 되풀이하는 게 아니라 그동안 출판계의 레이더망에서 벗어나 있던 억만장자들과 한 번도 들어본 적 없는 그들의 매력적인 이야기에 초점을 맞췄다. 반드시 읽어봐야 하는 책이다!

_토머스 파밍거, 위아디벨로퍼스 설립자

이 책을 강력하게 추천한다. 스무 명이 넘는 자수성가 억만장자들의 실제 이야기가 담겨 있다. 이 위대한 기업가들이 어떻게 성공을 거두고 엄청난 부를 쌓았는지에 대해 정말 귀중한 통찰을 안겨준다.

_랄스 빈트호르스트, 독일 억만장자

이 책은 별의 그림자에 만족하지 않고 진짜 별을 향해 손을 뻗는다. 그리고 이것은 백만장자와 억만장자의 차이점이기도 하다. 이 책에는 기업가나 혁신가를 고무시키는 동시에 우리 모두에게 영감과 희망을 안겨주는 이야기가 담겨 있다.

_샌디 바가비, VR.org CEO

젊었을 때 이 책을 만났더라면 정말 좋았을 것이다. 그 시절에 찾아서 읽었던 20여 권의 전기를 읽지 않아도 됐을 테니까 말이다.

_리리오 파리소토, 브라질 억만장자

라파엘 배지아그는 우리 세상을 좌지우지할 힘과 재력을 지닌 존재들의 특별한 사고방식을 예리하게 꿰뚫어봤다. 그는 개인적인 인맥을 통해 세계에서 가장 부유한 0.00001퍼센트 억만장자들의 비밀스러운 성공법칙을 세계 최초로 발굴해냈다. 배지아그의 놀라운 인터뷰는 억만장자들을 둘러싼 세간의 근거 없는 믿음을 불식시키기도 하고 때로는 그게 사실임을 증명하기도 한다. 확실히 흥미롭고 위대한 책이다!

_애덤 젠킨스, 페카오 TFI CEO

이 책에는 현존하는 자수성가 억만장자들의 흥미진진한 성공법칙이 모두 담겨 있다. 라파엘 배지아그는 억만장자들에 대한 놀라운 정보를 알려준다. 시간을 들여서 읽을 가치가 있는 실용적이고 고무적인 책이다.

_폴 핑크, 스테이트 팜 경영진

내가 아는 성공한 사람들은 대부분 다른 사람이 어떤 길을 택해서 성공했는지 알고 싶어 한다. 이들은 성공에 대한 호기심과 욕망을 타고났고 이것이 바로 당신이 이 책을 읽어야 하는 이유다. 이 책은 억만장자들을 목표에 도달할 수 있게 해준 특성과 전략을 설명함으로써 모든 이들의 과제에 답을 알려준다. 다른 사람들의 선례를 통해 인생을 배울 수 있게 해주는 유용하고 훌륭한 로드맵이다.

_잭 코윈, 호주 억만장자

나는 다들 백만장자가 되는 법을 알고 싶어 하던 시대에 성장했다. 라파엘 배지아그는 기하급수적으로 발전하는 디지털 시대에 억만장자가 된다는 것의 의미를 보여준다. 이 책은 21세기의 필독서다. 이 책을 읽으면 앞으로 수십 년 뒤에도 위대한 리더가 되기 위한 조건은 영원하다는 걸 깨닫는 동시에 모든 성공에는 각각 특별한 반전이 있다는 것도 알게 될 것이다. 이 책을 위대하게 만드는 건 바로 그런 반전이다.

_칩 윌슨, 캐나다 억만장자

큰 꿈을 꾸면 반드시 그 꿈을 향해 나아가게 된다고 믿어왔다. 이 책은 내 생각을 증명한다. 이 책에 등장하는 전 세계의 억만장자들은 큰 포부를 가지고 작은 것부터 시작한 뒤 결코 포기하지 않은 몽상가들이다. 이들의 20가지 원칙은 모든 성공의 가능성을 밝히고 우리를 풍요로운 삶으로 인도한다.

_야섹 발키비츠, 심리학자

이 책을 집필하기 위한 글로벌 프로젝트에 참여하게 된 건 독특하고 고무적인 경험이었다. 라파엘 배지아그의 질문은 기업가로서 살아온 내 삶의 모든 측면을 돌아보게 해줬다. 이 책 덕분에 내 경력의 여러 단계를 되돌아볼 기회가 생겼다.

_페터 스토달렌, 노르웨이 억만장자

처음에는 이 책을 위한 라파엘 배지아그의 인터뷰 요청에 응하는 게 좀 미심쩍었다. 하지만 나와 내 회사를 철저히 조사해서 완벽하게 질문을 준비해온 것을 보고 기분 좋은 놀라움을 느꼈다. 오늘날에는 모든 직업과 산업계 전반에서 전문성이 결여된 모습을 많이 볼 수 있다. 그런데 배지아그가 내 믿음을 회복시켜준 덕에 기분이 상쾌해졌다. 그와 만난 시간은 정말 즐거웠고 그가 던진 질문들은 모두 합리적이었다. 그래서 훗날 라파엘 배지아그가 완성시킬 이 책을 읽을 게 너무나 기대됐다.

_피터 하그리브스, 영국 억만장자

이 책은 20여 명의 억만장자들의 영혼에 담긴 열정과 창의력, 투지를 꿰뚫어보는 걸작이다. 라파엘 배지아그는 엄청나게 다양한 억만장자들의 환경과 성공과정을 꼼꼼하게 조사하고 공통된 실마리를 찾아 이것이 어떻게 성공으로 이어지는지 과학적으로 분석해냈다. 이 책은 안락의자에 앉아 저자의 상상력에 의존해 쓴 평범한 자기계발서가 아니다. 성공에 대한 열정이 불타오르는 사람이 자비를 들여 전 세계를 돌아다니면서 최고의 인물들을 만나고 거기서 배운 노하우를 나누려는 순수함이 담겨 있다. 모든 기업가들이 읽어볼 만한 가치가 있는 책이다.

_자넬 소, TFC 및 라이프스타일 네트워크 제작자

사업과 성공에 관한 우리의 생각을 바꿔줄 진정한 필독서는 10년에 한 권 정도만 출간된다. 그리고 《억만장자 시크릿》이 바로 그런 책이다. 이 책이 없다면 대부분의 사람들은 어떻게 억만장자가 될 수 있는지 알지 못한 채 살아갈 것이다. 철저한 조사를 바탕으로 한 매우 고무적인 책이다. 라파엘 배지아그에게 진심으로 감사를 전한다.

_앨버트 앨런, 에미상 수상 다큐멘터리 제작자

성공이라는 주제를 다룬 유별나게 사려 깊은 책이다. 세계 최고의 기업인들과 직접 만나 알게 된 귀중한 교훈을 담은 특별한 노력의 산물이기도 하다. 이 책에 담긴 교훈이 전 세계인들의 사업과 삶을 향상시킬 수 있으리라고 확신한다.

_데이비드 최, 로욜라메리마운트 대학교 경영학과 교수

이 책은 세상에 공개되지 않은 억만장자들의 개인적인 삶을 들여다보며 그들이 겪은 고난과 시련, 궁극적인 성공의 길에 대해 솔직하게 이야기한다. 세상의 0.00001퍼센트밖에 되지 않는 억만장자들에 대한 잘못된 인식을 바로잡을 뿐만 아니라 이들 사이의 유사성을 간파해 부의 공식을 다시 세운다. 라파엘 배지아그는 우리 모두 내면에 잠재된 기업가정신을 이끌어내며 노력과 열정, 약간의 행운만 있으면 어떤 일이든 가능하다는 깨달음을 준다.

_타타니아 민게, 마텔 수석 매니저

라파엘 배지아그가 이 책의 집필을 위해 해낸 일은 한 편의 영화와도 같다. 그는 더 큰 성공을 이루고 싶다는 자신의 목표에 초점을 맞춰서 전 세계의 매우 성공한 사람들을 직접 찾아가 과감하게 인생에 대한 질문을 던졌다. 그가 5년간 발로 뛴 결과물을 우리는 그저 편안히 앉아서 감상하며 경탄하면 된다. 이렇게 비범한 인간들의 성공비결을 엿볼 수 있는 것은 독자들의 큰 특권이다.

_볼프강 알고이어, 작가

이 책은 매우 성공한 회사를 세우고 싶은 기업가들에게 동기부여가 될 뿐만 아니라 인생에 대해 알고 싶은 평범한 사람들에게 유익한 읽을거리이기도 하다. 자수성가한 억만장자를 이끄는 원칙과 사고방식에 관한 이 책의 연구는 부를 쌓겠다고 결심한 모든 이에게 유용한 지식을 제공한다.

_리처드 스태포드, 로욜라메리마운트 경영전문대학원 교수

라파엘 배지아그와 친해지게 된 계기는 나미브 사막을 100킬로미터 달리는 울트라 마라톤 경기였다. 배지아그는 철저히 준비된 선수였고 경기 내내 뛰어난 울트라 마라톤 주자들의 조언을 착실히 따랐다. 그리고 그는 이 책에서도 같은 전략을 활용했다. 탁월한 이들의 모범을 그대로 따른 것이다. 이 책을 집필하기 위해 배지아그가 가장 성공한 이들을 인터뷰한 것처럼 부자가 되길 꿈꾸는 사람들이 이 책에 담긴 메시지를 읽으며 많은 도움을 얻을 수 있을 것이다.

_마틴 얀센, 울트라 러너

라파엘 배지아그는 정말 남들을 고무시키는 사람이다.

_Y, 매직 오브 와이 설립자

2015년 1월, 라파엘 배지아그를 만났을 때 그의 열정에 감명을 받았다. 그에게는 긍정적인 감정을 불러일으키고 사람을 매혹시키는 비범한 능력이 있다. 그리고 그 능력을 이 책에 모두 담았다. 이 책이 앞으로 수십 년간 전 세계 수백만 명의 삶을 변화시킬 것이라고 확신한다.

_카밀 스테이지액, 울트라 러너

지금 성공하고 싶은
당신에게 필요한 것

5년 전, 라파엘 배지아그가 세계 각지의 억만장자 20여 명을 직접 인터뷰해서 성공비결을 밝혀내겠다는 아이디어를 들고 찾아왔을 때 나는 이 일을 해낼 수 있을 거라고 전혀 예상하지 못했다. 한번 생각해보자. 믿을 수 없을 정도로 바쁜 스케줄에 쫓기는 억만장자들을 찾아가 시간을 내서 자기와 진지한 이야기를 나눠달라고 어떻게 설득할 수 있을까?

백만장자들의 경우에는 가능할 수도 있다. 하지만 다양한 기업들로 구성된 거대한 제국을 이끌고 있는 억만장자들이라면? 나는 40년 넘게 성공한 사람들의 원칙과 관행을 연구해왔지만 지금껏 그 누구도 이런 시도를 해본 적이 없다는 걸 알고 있다.

수년간 몇 차례 배지아그와 만나고 메일을 주고받으면서 나는 그가 얼마나 끈질기게 이 프로젝트에 전념하고 있는지 알게 됐다. 그는 자기가 인터뷰한 억만장자들에게 배운 것과 동일한 원칙과 규율을

14

적용해서 실제로 이 일을 해냈다. 전 세계 억만장자들과 접촉했을 뿐만 아니라 그들 중 몇 명을 설득해서 협력을 얻어내기도 했다.

그 성공의 증거는 이것이다. 2003년부터 모나코 몬테카를로에서는 EY 세계 최우수 기업가 시상식을 매년 개최한다. 그 수상자 열다섯 명 중 여덟 명이 억만장자고 그중 다섯 명이 이 책 제작에 참여했다. 이렇게 위대한 억만장자들의 경험과 통찰, 지혜가 담긴 책은 세상 어디에도 없을 것이다.

아무튼 배지아그는 전세계의 억만장자들과 오랫동안 인터뷰를 진행한 결과 그들의 성공을 탄생시킨 20가지 강력한 원칙을 찾아냈다. 그 노력의 결과물이 지금 당신의 손에 들려 있는 이 책이다. 이 책을 읽으면 억만장자들과 같은 방에 있는 듯한 느낌이 든다. 자신의 이야기를 남에게 잘 공개하지 않는 사람들조차 내밀한 생각과 감정을 털어놓게 만드는 배지아그의 독특한 재능 덕분이다.

이 책은 압도적 성과를 올리기 위해 필요한 신념과 행동을 내부자의 시선으로 보여준다. 억만장자들이 살면서 겪었던 어려움, 거기서 배운 교훈, 그들이 발전시킨 지식, 직접 만들거나 찾아낸 해결책, 매일같이 성취한 결과 등을 이해하기 쉬운 언어로 들려준다.

이 책을 통해 당신이 깨닫게 될 가장 놀라운 사실은 여기에 나오는 억만장자들이 많은 돈을 물려받은 다음 거기에 약간의 행운을 더해 돈을 불려가는 식으로 경력을 쌓아나간 게 아니라는 점이다. 사실 이 책에 등장하는 억만장자들은 모두 자수성가한 억만장자다. 그중 일부는 극도로 가난한 환경에서 태어나 절망적인 상황에서 여정을 시작했다. 따라서 만약 그들이 젊었을 때의 모습을 봤다면 별로 성공할 가능성이 없는 사람들이라고 생각했을 것이다. 하지만 이 억만장자들은 절대 포기하지 않았고 결국 순수하고 엄청난 끈기를 발휘해 비범한 성공을 거뒀다.

이 책의 페이지를 넘길 때마다 억만장자에 대한 낡은 생각과 오해가 부드럽게 씻겨나갈 것이다. 〈포브스〉나 〈포춘〉에 실린 억만장자에 관한 기사에서 흔히 읽어온 내용과 달리 이들은 기본적으로 나나 당신과 똑같은 사람이다. 하지만 이들에게는 차별점이 있다. 바로 자신을 신뢰하는 방법을 터득했고 자신에게 한계가 있다면 그건 스스로 부과한 것일 뿐이라는 걸 깨달았다는 사실이다.

이들의 이야기를 읽고 억만장자의 사고방식을 이해하게 된다면 우리에게도 무엇이든 이룰 수 있는 무한한 잠재력이 존재한다는 걸 깨달을 것이다. 이제 스물한 명의 억만장자들이 이야기하는 영감과 동기에 접근해보자.

보통 이런 서문을 쓸 때는 '행운을 빈다'라는 말로 끝낸다. 하지만 당신에게 필요한 건 행운이 아니라 이 책에서 발견하게 될 삶을 바꾸는 원칙과 도구를 실행에 옮길 결단력과 용기다. 그러니 행운을 비는 대신 '여행을 즐겨라!'는 말로 끝을 맺도록 하겠다.

여행을 즐겨라!

_ 잭 캔필드Jack Canfield, 《영혼을 위한 닭고기 수프》 저자

백만장자와
억만장자의 차이

백만장자로는 충분하지 않다

1908년, 저널리스트 나폴레온 힐Napoleon Hill은 당시 세계에서 가장 부유한 인물이었던 앤드류 카네기Andrew Carnegie와 인터뷰를 하고 오라는 지시를 받았다. 그때만 해도 힐은 앞으로 어떤 여정이 자신을 기다리고 있는지 상상조차 하지 못했다. 카네기는 성공에는 공식 비슷한 것이 반드시 존재하고 그 공식을 이용해 누구나 따라 할 수 있는 완벽한 시스템을 만들 수 있을 거라는 확신을 가진 사람이었다.

힐의 재치에 감명을 받은 카네기는 그에게 미국에서 가장 성공한 이들을 인터뷰하고 그 내용을 분석해서 성공의 시스템을 구성하는 일을 맡아줄 수 있겠느냐고 물었다. 힐은 그 기회를 덥석 받아들였다. 카네기는 힐에게 자동차 재벌 헨리 포드Henry Ford에게 전할 소개장을 줬다. 헨리 포드는 힐을 전화기 발명가 알렉산더 그레이엄 벨Alexander Graham Bell, 소화기 발명가 엘머 R. 게이츠Elmer R. Gates, 전구 발명가 토머스 에디슨Thomas Edison, 농업 개척자 루터 버뱅크Luther Burbank에게 소개했다.

힐은 이들뿐만 아니라 당대의 가장 부유하고 성공한 이들을 여럿 인터뷰했다. 20년간의 조사 끝에 그는 《나폴레온 힐 성공의 법칙》이라는 기념비적인 작품을 통해 '성취의 철학'이라는 개념을 발표했다. 나아가 이 지식을 《놓치고 싶지 않은 나의 꿈 나의 인생》이라는 유명한 책에 집약해 역사적인 베스트셀러를 만들었다.

힐의 책은 이 세상에 보편적인 성공철학을 확립했다. 또한 그의 원칙은 지난 100년 동안 이 주제에 대한 미국의 성공론을 지배했다. 어쨌든 《놓치고 싶지 않은 나의 꿈 나의 인생》에 등장한 인물들은 모두 미국인이었으니 말이다.

5년 전, 나는 그간 읽었던 자기계발서와 힐의 책을 비롯한 백만장자의 사고방식에 관한 책을 읽고 영감을 받아 성공 관련 컨퍼런스에 참석했다. 참가자 수천 명이 서로를 마구 치켜세우면서 열띤 목소리로 "당신에게는 백만장자 정신이 있다!"라고 외쳤다. 왠지 어색했다. 뭔가 기분이 좋지 않았고 다른 사람들을 응원해줄 수도 없었다. 공기 중에 뭔가 이해할 수 없는 생각들이 떠다녔다. 그러다 퍼뜩 어떤 깨달음을 얻었다.

내게도 백만장자 정신은 있다. 나는 1990년대에 유럽에서 전자상거래 분야를 개척했다. 독일어권 시장에서 자전거를 판매할 수 있는 기능을 완벽하게 갖춘 최초의 온라인 상점을 개설했다. 그것으로 수백만 달러 규모의 회사를 세웠으니 나도 백만장자인 셈이다. 그래서 뭐가 어떻다는 거지? 백만장자가 되는 것 가지고는 크게 성공한 기업가라고 할 수 없을 듯했다.

경영의 세계에서 백만장자가 되는 건 꽤 평범한 일이다. 나는 백만장자보다는 억만장자 같은 생각을 갖고 싶었다. 다른 성공한 사람들은 사업을 빨리 발전시키고 적은 노력을 들여 더 크게 성장하는 반면 내 사업은 항상 힘든 싸움을 치르는 느낌이었다. 아마 이는 모든 기업가가 마찬가지일 것이다. 100만 달러를 벌려고 고군분투하는 이들이 모인 이 컨퍼런스에서는 배울 게 없을 듯했다. 환멸을 느낀 나는 억만장자의 마음가짐을 배울 방법을 찾아야겠다고 결심하면서 그 자리를 떴다.

세계 최고로 성공한 사람들의 공통점

매일 허우적거리면서 사는데도 왜 인생에서 원하는 지점에 도달하지 못하는지 자문해본 적 있는가? 모두가 비슷한 수명으로 똑같은 시간을 사는데 어떤 사람은 목표를 찾지 못하고 이리저리 방황하는 반면 어떤 사람은 어떻게 수만 명이 일하는 조직을 만들고 평범한 사람이 수십만 년 걸려 만들어낼 가치를 창출할 수 있는 걸까?

억만장자들의 성공비결은 무엇일까? 단순한 운 혹은 성장배경, 교육 아니면 성격일까? 그들의 경이로운 성공의 열쇠는 무엇일까? 그들은 어떻게 해서 오늘날 그 자리에 도달했고 우리는 어떻게 해야 그 궤도에 오를 수 있을까?

억만장자들의 신념체계는 어떻게 구성돼 있을까? 이들이 막대한 부를 창출하기 위해서 사용한 사고방식은 무엇일까? 그들을 움직인

특별한 동기는 무엇일까? 그들에게 터무니없는 목표를 끈기 있게 추구할 수 있도록 힘을 불어넣는 것은 무엇일까? 놀라운 성공을 거둘 수 있게 해준 성격의 특징은 무엇일까?

이 책은 지난 5년간 이 질문에 대한 답을 찾기 위해 전 세계를 종횡한 결과물이다. 기본 콘셉트는 100년 전 나폴레온 힐의 아이디어에 기초했지만 오늘날 가장 큰 성공을 거둔 기업인, 특히 자수성가한 억만장자들과 인터뷰하는 방식을 통해 그의 연구를 한 단계 더 발전시켰다. 나는 외부에 공개된 모습을 분석하거나 제3자가 만든 자료를 모으는 것이 아니라 압도적 성공을 거둔 당사자를 직접 만나서 그들의 비결과 동기, 사고방식 등에 대해 물어봤다. 이렇게 뛰어난 인물들의 머릿속에 들어 있는 내밀한 생각을 파악하고 그들의 진실된 감정에 접근하며 사업과 세계에 대한 그들의 가치관을 있는 그대로 살펴봤다.

이 책에 나오는 억만장자들의 업계나 성장배경, 연령대는 매우 다양하다. 지금은 유럽이나 북아메리카보다 아시아 지역에 부유한 사람들이 더 많기 때문이다. 세계의 다양한 문화, 종교, 사고방식이 그들만의 독창적인 부의 경로를 발전시켰다.

이 책에 등장하는 자수성가한 억만장자들의 성격은 제각기 다르다. 이들은 자신만의 탁월함, 독특한 관심사, 기이한 부분을 가지고 있다. 하지만 이런 차이에도 불구하고 내가 만난 억만장자들 모두가 공유하는 요소들이 있다. 이 특성이 이들을 보통 사람과 구별 짓고 억만장자로 만들어줬다.

내가 발견한 억만장자들의 공통점은 타고난 게 아니다. 따라서 누구나 배우고 훈련하고 내면화할 수 있다. 나는 이 원칙을 '억만장자 시크릿'이라고 부른다.

백만장자와 억만장자의 차이

억만장자에 대한 정의는 새로울 게 없다. 최소 10억 달러(한화 약 1조 1,000억 원-편집자) 이상 순자산을 보유한 사람을 뜻한다.

억만장자는 정말 희귀하다. 통계적으로 전 세계 인구 500만 명 가운데 한 명뿐이다. 백만장자 중에서는 1만 명 중 한 명꼴이다. 그렇다면 백만장자와 억만장자의 차이는 뭘까? 이 책에 등장하는 여러 인터뷰 대상자들을 예로 들어보자.

- 백만장자는 호텔 하나를 소유할 수 있다. 노르웨이의 억만장자인 페터 스토달렌Petter Stordalen은 체인점만 거의 200개에 달하는 호텔 그룹을 소유하고 있다.
- 백만장자는 공장 하나를 소유할 수 있다. 캐나다의 억만장자 프랑크 스트로나흐Frank Stronach는 공장을 400개 가지고 있다.
- 백만장자는 식당을 하나 혹은 여러 개 소유할 수 있다. 호주의 억만장자 잭 코윈Jack Cowin은 식당 3,000개에 지분이 있다.
- 백만장자는 슈퍼마켓을 한두 개 소유할 수 있다. 러시아의 억만장자 세르게이 갈리츠키Sergey Galitskiy는 1만 7,000개가 넘는 슈퍼마켓과 약국을 소유하고 있다.

다음의 일화를 보면 백만장자와 억만장자의 차이가 더 뚜렷하게 느껴질 것이다. 사업가인 내 친구는 1년에 50만 달러의 수익을 올린다. 상당히 많은 돈이다. 그는 벌써 몇 년째 이 정도를 벌어 다른 곳에 투자하고 있고 그의 순자산은 무려 수백만 달러에 이른다. 어쨌든 백만장자인 셈이다. 하지만 그런 내 친구도 억만장자가 되기는 쉽지 않다. 단순히 계산했을 때 내 친구가 10억 달러를 모으려면 기원전에 태어나 인플레이션 없이 세금도 내지 않으면서 번 돈을 한 푼도 쓰지 않고 다 저축해야 한다. 그에 비해 억만장자들은 고작 단 한 번의 짧은 생을 사는 동안 10억 달러 이상의 부를 창출한다.

백만장자와 억만장자의 격차는 재산뿐만이 아니다. 그들이 가진 힘과 영향력 면에서도 엄청난 차이가 있다. 백만장자는 회사 하나를 경영하는 게 전부지만 억만장자들은 말 그대로 세상을 바꾼다.

오늘날의 재계에서는 백만장자가 되는 것을 최고의 성과로 여기지 않는다. 단적인 예로 미국에서는 기업가 스무 명 중 한 명이 백만장자일 정도다. 따라서 이 책에서는 그저 그런 평범한 부자가 아닌 억만장자만이 가진 사고방식의 특징이 무엇인지 살펴볼 것이다. 왜 대부분의 백만장자는 계속 그 수준에 머무는 반면 몇몇 이들은 억만장자가 돼 세상을 변화시키는 것일까?

어떤 일을 시도하든 최고가 되려면 항상 일류에게 배워야 한다. 삼류선수에게 배우든 세계 챔피언에게 배우든 그 일을 배우기 위해 쏟는 시간과 노력은 똑같을 테지만 그 결과는 완전히 다르다. 축구선수가 되고 싶다면 동네 축구 클럽의 아마추어보다 세계적인 축구 스타인 리오넬 메시Lionel Messi에게 더 많은 조언을 얻을 수 있다.

부자가 되는 것도 마찬가지다. 사업에서 성공하고 싶다면 그래서 큰돈을 벌고 싶다면 세계 최고의 고수들에게 배워야 한다. 그리고 이 성공에 관한 최고의 전문가는 당연히 세계에서 사업으로 가장 많은 수익을 창출해낸 사람들, 바로 억만장자다.

자, 이제 억만장자가 되기 위한 여정을 시작해보자.

차례

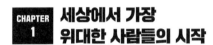
세상에서 가장 위대한 사람들의 시작

CHAPTER 2 · 세상에서 가장 위대한 사람들의 열정

CHAPTER 3 세상에서 가장 위대한 사람들의 습관

CHAPTER
1

세상에서 가장
위대한 사람들의 시작

억만장자의 시작은 그렇지 않았다

*Convictions are more dangerous foes
of truth than lies.*

신념은 거짓보다 더 위험한 진리의 적이다.

_프리드리히 니체

억만장자에 대한 고정관념이 얼마나 큰지 아는가? 보통 사람들은 그들의 현실, 즉 사회의 0.00001퍼센트를 대변하는 억만장자들의 세계에 대해 거의 제대로 알지 못한다.

미디어가 그려내고 일반 대중들이 사실로 받아들인 억만장자의 이미지는 심하게 왜곡돼 있다. 특히 자수성가한 억만장자들의 진실은 거의 알려져 있지 않다. 따라서 나는 억만장자에 대한 일반적인 오해를 해명하며 이야기를 시작하고자 한다.

첫 번째 오해: 억만장자들은 선진국에서 태어났다?

억만장자가 되려면 선진국에서 태어나는 게 필수라고 생각한다면 착각이다. 나라야나 무르티Narayana Murthy가 좋은 예다.

1946년, 무르티는 세계에서 손꼽히게 가난한 나라 중 하나인 인도에서 태어났다. 그의 집에는 가구라는 게 없었다. 다들 바닥에 앉고 잠을 잘 때도 그냥 바닥에 누워서 잤다. 그의 아버지는 아들에게 돈을 낭비하지 않는 취미를 신중하게 선택하라고 충고했다. 그래서 그는 독서, 음악감상, 대화를 취미로 선택했다. 신문 살 돈도 없었기 때문에 공공도서관에서 신문을 읽었다.

1980년대 초, 인도는 가난할 뿐만 아니라 기업에 적대적이기도 했다. 당시 인도의 사회주의 정부는 여러 가지 제약과 어처구니없는 규제를 내세워 기업이 일을 거의 제대로 할 수 없게 만들었다. 이는 극도의 부패로 이어졌다. 오죽하면 정부관료들이 어떤 기업이 성공하고 실패할지 결정할 힘을 가지고 있을 정도였다. 그 결과 인도 경제는 심하게 억압당했다.

1981년, 무르티는 여러 동업자와 인포시스Infosys라는 소프트웨어 회사를 설립했다. 그는 사업을 하면서 수많은 문제에 부딪혔고 절대 그 상황을 이겨낼 수 없을 것만 같았다. 인도의 전력 부족으로 인한 잦은 정전은 그나마 극복하기 쉬운 장애물이었다.

인포시스는 컴퓨터 소프트웨어를 다루는 회사였지만 진짜 컴퓨터가 하나도 없었다. 외국에서 인도로 컴퓨터를 수입하려면 정부의 허가가 필요했기 때문이다. 무르티는 허가를 얻기 위해 3년간 인포시스가 위치한 방갈로르에서 2,400킬로미터 이상 떨어진 델리에 50번이나 방문했다. 비행기를 탈 만한 금전적 여유가 없어 갈 때마다 이틀씩 기차여행을 해야 했다. 무르티가 두 도시를 오가느라 쓴 시간만 총 200일에 달했다.

컴퓨터가 없는 3년간 무르티는 어떻게 소프트웨어 회사를 운영할 수 있었을까? 인포시스는 미국에 있는 고객을 찾았고 그 고객이 자기 컴퓨터로 프로그램을 만들 수 있게 도와줬다. 공동설립자 중 여섯 명이 이 일을 위해 미국에 간 동안 무르티는 컴퓨터를 수입하려고 혼자 인도에 남아 있었다.

3년 만에 컴퓨터 수입허가를 받았지만 문제가 전부 해결된 건 아니었다. 그들이 판매하는 소프트웨어를 설계하려면 수십만 달러나 하는 미니 컴퓨터가 필요했다. 인포시스는 일곱 명이 250달러를 모아서 설립한 회사였다.

통신도 문제였다. 무르티에 따르면 당시 인도에서는 일반 회사가 전화선을 받으려면 5~7년이 걸렸다고 한다. 은퇴공무원들에게 우선적으로 전화선이 할당됐기 때문이다.

이메일이 등장하기 전인 1980년대 초에 전화도 컴퓨터도 없는 무르티가 어떻게 미국에 있는 동업자, 고객과 의사소통할 수 있었을까? 그는 정기적으로 우체국에 들러서 공중전화를 이용해 그들에게 전화를 걸었다.

이런 놀라운 이야기를 들은 나는 무르티에게 상대방이 그에게 연락해야 할 때는 어떻게 했느냐고 물어봤다. 그는 잠깐 생각하더니 미소를 지으면서 답했다.

"글쎄, 연락할 방법이 없었죠."

결국 1년 동안이나 고군분투한 끝에 전화선을 설치했지만 하도 시설이 낙후돼서 평소에는 거의 신호가 잡히지 않았다. 어쩌다 신호가 잡혀도 대개 통화 중이었다.

컴퓨터를 수입한 뒤에도 장애물은 아직 남아 있었다. 인포시스는 자신들이 만든 코드를 미국의 고객에게 전달할 방법을 찾아야 했다. 앞서 말했듯이 당시는 고객에게 이메일로 코드를 보낼 수 있는 상황이 아니었다. 따라서 프로그램을 자기 테이프에 저장해서 우편으로 보내는 방법밖에 없었다.

하지만 인도에서 미국으로 운송되는 모든 소포는 세관을 거쳐야 했고 인도의 세관원들이 통관수속을 진행하는 데에만 약 2주가 걸렸다. 통관이 끝나 미국까지 전달하는 시간을 포함하면 인포시스가 즉시 고객에게 피드백을 받아 프로그램을 변경한다고 해도 무려 3주를 더 기다려야 했다. 런칭을 위한 프로젝트 준비기간이 끝도 없이 늘어날 듯했다. 이제 막 사업을 시작한 기업가에게는 자살행위나 마찬가지였다. 생산을 가속화하기 위해 선적시간을 대폭 단축해야 했다.

이 문제를 어떻게 해결했을까? 인도의 인포시스 개발팀은 코드를 종이에 출력해서 미국으로 팩스를 보냈다. 그러면 미국의 다른 인포시스 직원이 팩스를 받아 그 내용을 고객 컴퓨터에 직접 입력했다. 물론 이 방법은 추가작업이 필요했고 오류가 아예 없는 것도 아니었지만 이 덕분에 소프트웨어 출하속도가 극적으로 빨라졌다.

작업환경도 고난이었다. 하나의 예를 들자면 내가 무르티와 인터뷰할 때 당시 델리의 기온은 섭씨 45도였다. 인포시스는 인도에서 손꼽히게 발전된 기업으로 최고의 근무환경을 제공한다. 그럼에도 수시로 정전이 발생해 에어컨을 끈 채로 인터뷰를 진행했다. 지금도 이럴 정도인데 30년 전 가난한 개발도상국에서 일하는 게 어땠을지 상상이나 할 수 있는가?

현재 무르티는 억만장자고 인포시스는 프로그래머 20만 명을 고용하고 있는 세계 최대 규모의 소프트웨어 회사다. 이는 마이크로소프트Microsoft와 애플Apple, 구글Google의 프로그래머를 전부 합친 것보다 많다. 2003년, 그는 EY 세계 최우수 기업가 시상식에서 올해의 기업가로 선정됐다. 그뿐만 아니라 무르티를 제외한 나머지 공동창업자 여섯 명도 모두 억만장자가 된 것은 물론 최소 4,000명 이상의 인포시스 직원들까지 백만장자가 됐다.

부유한 선진국에서 태어난 사람만 억만장자가 될 수 있다는 건 근거 없는 고정관념이다. 개발도상국은 경제적으로 선진국보다 훨씬 빨리 성장한다. 이렇게 성장가능성이 높은 환경에서는 좋은 기회를 찾을 확률도 높다. 그 증거로 2016년에 아시아의 억만장자 수는 북미의 수치를 넘어섰다.

고국을 떠나 자수성가한 억만장자들의 비율이 매우 높다는 것도 놀라운 사실이다. 이들은 가난하거나 전쟁으로 피폐해진 나라에서 무일푼으로 이민해 막대한 부를 쌓을 방법을 찾아냈다. 이 주제는 뒤에서 자세히 논의할 것이다.

▎ 두 번째 오해: ▎ 억만장자들은 금수저다?

억만장자가 되려면 반드시 부유하고 자녀를 적극 지원하는 가정에서 태어나야 한다고 생각하는가? 그렇다면 모헤드 알트라드**Mohed Altrad**의 사례를 살펴보자.

알트라드는 시리아 사막에서 베두인족의 자녀로 태어났다. 그의 가족은 가축에게 물을 먹일 목초지에 천막을 설치해 살다가 초목이 사라지면 멀리 이동하는 유목민이었다. 그의 아버지는 책임지기 싫다는 이유로 갓 태어난 알트라드와 아내를 집에서 내쫓고 알트라드의 동생을 죽였다.

알트라드는 늘 굶주린 채 어머니와 부족 주변을 멤돌며 살아갈 수밖에 없었다. 그의 인생이 남들에게는 너무나 하찮았던 나머지 그의 생일을 기억하는 사람은 아무도 없었다. 그래서 지금까지도 그는 자기가 언제 태어났는지 모른다. 자녀들이 생일을 함께 축하하고 싶어서 날짜를 임의로 정했다고 한다.

소설에나 나올 법한 이야기는 여기서 끝나지 않는다. 알트라드가 네 살 때, 그의 어머니가 세상을 떠났다. 어쩔 수 없이 그를 돌보게 된 할머니는 알트라드가 학교에 다니는 것을 원치 않았다. 그래서 알트라드는 매일 집에서 할머니 몰래 탈출해 사막을 맨발로 수 킬로미터나 걸어 근처 마을에 있는 학교에 다녔다. 공책도 연필도 없이 빈손이었다.

당시 알트라드가 가진 것이라고는 젤라바djellaba(아랍 지역에서 입는 두건 달린 긴 남성용 상의-옮긴이) 한 벌뿐이었다. 그마저도 어릴 때부터 입던 옷이라 한참 작았다. 아버지에게 기본적인 지원을 받으려고 애써보기도 했지만 계속 거절과 굴욕을 겪었으며 때로는 구타까지 당했다.

그런데 3학년 때 기적이 일어났다. 아버지에게 낡은 자전거를 받은 것이다. 아버지가 준 최초이자 유일한 선물이었다. 이 자전거를 통해 알트라드의 기업가적 천재성이 처음으로 드러났다. 그는 자전거를 학우들에게 빌려주고 돈을 받았다. 큰돈은 아니었지만 그걸로 교재를 구입할 수 있었다.

학교가 자신의 운명에서 벗어날 유일한 기회라는 사실을 알고 있었던 알트라드는 열심히 공부했다. 국가에서 지급하는 유학장학금까지 받을 정도였다. 학교를 졸업하고는 프랑스에 건너가 파산한 회사를 인수해 사업을 시작했다. 그 후 30년 동안 그는 알트라드 그룹에 자회사를 200개 이상 추가했다.

현재 알트라드는 억만장자다. 2015년에는 EY 세계 최우수 기업가 시상식에서 올해의 기업가로 선정됐다. 유목민의 자녀로 태어나 맨

발로 사막을 떠돌아다니던 그가 말 그대로 세계 최고의 기업가로 모두에게 인정받은 것이다.

억만장자가 되려면 부유한 가정에서 태어나야 한다는 고정관념 역시 잘못된 생각이다. 자수성가한 억만장자들 중 상당수는 험난한 어린 시절을 보냈다. 통계적으로 전 세계 억만장자의 70퍼센트 이상이 자수성가했는데 반대로 말하면 억만장자들 가운데 부모 혹은 배우자에게 재산을 물려받아 부자가 된 이들은 30퍼센트 미만이라는 뜻이다. 즉, 억만장자의 고작 4분의 1만이 금수저 출신이다.

┃ 세 번째 오해:
┃ 억만장자들은 명문대를 다녔다?

모헤드 알트라드와 달리 어린 시절에 교육을 제대로 받지 못한 사람들은 어떻게 될까? 모든 억만장자가 명문대를 졸업했을까?

차오더왕曹德旺은 문화대혁명으로 피폐해진 중국 푸젠성의 가난한 마을에서 자랐다. 그의 아버지는 그가 태어나기 전에 가족을 버리고 상하이로 떠났다. 아버지가 이름도 정해주지 않은 채 가버려서 아홉 살까지 차오더왕은 계속 별명으로 불렸다. 그와 다섯 형제자매는 홀어머니 손에서 가난하게 자랐다. 무럭무럭 자라 차오더왕은 학교에 갈 나이가 됐지만 학비도 이름도 없었다. 아홉 살이 돼서야 외삼촌이 이름을 지어주고 학교에 보내줬다.

하지만 차오더왕은 태생적으로 학교생활이 몸에 맞지 않았다. 학교에서 차오더왕은 마치 못이 튀어나온 의자에 앉은 것처럼 늘 안절

부절못했다. 게다가 반항적인 성격과 뒤에서 선생님을 조롱하는 버릇 때문에 많은 문제를 겪었다. 선생님이 칠판에 글을 쓰려고 돌아설 때마다 차오더왕은 자리에서 일어나 선생님을 흉내 내면서 반 친구들을 웃겼다. 그렇게 그는 어린 나이부터 문제아로 낙인찍혔다.

열두 살 때, 마침내 차오더왕의 아버지가 집으로 돌아왔다. 아버지는 매일 저녁 차오더왕을 술집으로 보내 자신이 마실 술을 사오게 했다. 차오더왕은 집에 돌아오는 길에 술을 홀짝홀짝 훔쳐 마셨고 그 양은 시간이 갈수록 점점 늘어갔다. 그렇게 그는 알코올에 중독됐다.

가난 때문에 등교하기 전 아침마다 땔감을 모아야 했던 차오더왕은 오후가 되면 늘 피곤함을 느꼈다. 한 번은 수업 중에 깜박 잠들었는데 그 모습을 본 교장선생님이 다른 사람들 앞에서 망신을 줬다. 차오더왕은 복수하기 위해 화장실에 있는 교장선생님의 머리 위에 소변을 봤다.

이런 일은 두 번 다시 일어나지 않았다. 차오더왕이 5학년을 마친 뒤 퇴학당했기 때문이다. 중국에서 학교를 5년만 다니고 그만둔다는 건 그 사람이 문맹이 될 운명이라는 것을 뜻했다. 중국에서는 자주 사용하는 한자가 5,000개나 되기 때문이다.

퇴학을 당한 뒤 차오더왕은 마을에서 매우 만만한 존재가 됐다. 그는 겨우 마을에서 공동으로 키우는 소 한 마리를 돌보고 입에 풀칠할 정도의 돈을 벌었다. 아무도 문맹에다 난폭하기까지 한 이 알코올 중독 청년에게 일을 맡기려고 하지 않았다.

차오더왕은 가난에서 벗어나기 위해 필요한 일은 뭐든지 다 하겠다고 결심했다. 형의 교과서부터 읽기 시작했는데 어찌나 열심이었는지 소를 돌볼 때도 책을 들고 갈 정도였다.

하지만 안타깝게도 교과서에는 차오더왕이 이해할 수 없는 글자가 수천 개나 있었다. 사전을 찾아보려 했지만 좋은 사전은 가격이 0.8위안이나 됐다. 소 돌보는 일꾼 입장에서는 엄청나게 큰돈이었다. 여기서 그의 끈질긴 의지가 존재감을 드러냈다.

차오더왕은 일을 나가기 전에 일찍 일어나 강가의 풀을 베어다 건초를 만든 뒤 마을의 마부에게 푼돈에 팔았다. 그렇게 꼬박 1년을 저축한 끝에 사전을 샀다. 그러고 나서 그는 책 내용을 전부 이해할 수 있을 때까지 사전에서 모든 문자를 다 찾아봤다.

교과서를 전부 이해할 수 있게 된 뒤에도 차오더왕은 자신의 지식 수준에 여전히 만족하지 못했다. 그가 읽고 싶은 책에 담긴 개념을 제대로 이해하려면 백과사전이 필요했다. 백과사전의 가격은 3위안이나 했다. 일반 사전의 무려 세 배가 넘었다. 그걸 살 수 있게 되기까지 또 3년간 돈을 모았다.

오랜 세월이 흐르는 동안 차오더왕은 차근차근 자기계발에 힘썼다. 그는 청과물상인, 담배상인, 버섯재배업자, 건설노동자, 엔진 수리공, 요리사, 세일즈맨, 구매업자, 공장감독관을 비롯한 수많은 직업과 직책을 거쳤다. 그리고 마침내 기업가로 변신해 세계 최대 규모의 자동차부품 제조업체인 푸야오그룹福耀集団을 설립했다. 인생의 바닥을 찍고 50년이 지난 2009년이 돼서야 차오더왕은 EY 올해의 기업가로 선정됐다. 이제 그는 억만장자다.

차오더왕은 학교를 단 한 번도 제대로 졸업하지 못했다. 대학에도 다니지 않았다. 그는 후진국의 가난한 가정에서 태어났다. 그러니 억만장자가 되려면 선진국 국적, 부유한 가정, 명문대학 졸업장을 가져야 한다고 생각하지 말자. 이런 사고방식은 나 자신의 가능성과 내가 성취할 수 있는 것들을 제한한다.

내가 억만장자들에게 처음으로 배운 것은 외적인 요소들이 그들의 성공을 결정짓지 못한다는 것이다. 그렇다면 왜 어떤 사람은 절망적인 시작을 극복하고 믿을 수 없는 성공을 거두는 반면 어떤 사람은 최고의 조건에 둘러싸인 삶을 살아가면서도 주목할 만한 업적을 평생 이루지 못하는 걸까? 첫 번째 비결은 모든 불리한 조건에도 불구하고 혹은 그런 조건 때문에 성공을 거둘 수 있다는 깨달음, 바로 내면의 힘에 있다.

보통 사람 vs 백만장자 vs 억만장자

- 목표 없이 이리저리 전전하는 사람들은 조건이 완벽하게 갖춰져야만 성공할 수 있다고 믿지만 어떤 조건에서든 항상 그들을 가로막는 무언가가 나타난다.
- 백만장자들은 성공이 외부조건에 좌우된다고 믿는다.
- 억만장자들은 그 조건이 자기 내면에 있다는 걸 알고 있으며 그것을 통해 성공한다.

"우리는 인도에서도 합법적이고 윤리적으로 대규모 사업을 성공시키는 게 가능하다는 사실을 입증했다. 나는 뇌물을 준 적이 없다. 1990년대 초에 뇌물을 달라는 요구를 받았지만 거부했다. 그것 때문에 정부 승인이 다소 지연되기도 했다. 하지만 우리가 절대 굴복하지 않을 거라는 사실을 깨닫자 정부도 우리를 지지했다. 자기들 주변에 좋은 사람들을 두고 싶었기 때문이다."

_나라야나 무르티

날고 싶으면
먼저 둥지를 떠나라

It is not that we have a short life to live,
but that we waste a lot of it.

우리가 살아갈 날이 짧은 게 아니라
낭비하는 날이 너무 많은 것이다.

_세네카

어떤 업계든 그곳에 속한 회사는 대부분 유사한 비즈니스 모델을 가지고 있다. 다들 같은 방법과 요령을 사용하는데 왜 대다수는 평범한 성과를 내거나 실패하는 반면 억만장자들은 성공하는 것일까?

모헤드 알트라드에 따르면 평범한 사람과 억만장자의 차이는 고급차와 일반차, 포르셰Porsche와 포드Ford의 차이와 같다. 포드는 시속 60킬로미터에서는 안정적이지만 시속 200킬로미터로는 달릴 수 없다. 하지만 포르셰는 그보다 더 빨리 달릴 수 있다. 왜 그런 걸까? 애초에 시속에 한계가 없도록 설계했기 때문이다.

마찬가지로 경영자의 한계는 마음가짐, 가치관, 태도, 동기, 기술, 습관, 지식, 성격 등 내면의 구조에 정해진 범위에 좌우된다. 회사는 곧 경영자의 모든 모습을 반영한다. 경영자가 바뀌면 그 회사의 사업 스타일, 전략을 포함한 모든 것이 달라진다.

포드가 될 것인가, 포르셰가 될 것인가? 사업을 안정적으로 운영하게 만드는 당신의 한계는 무엇인가? 정말 큰 성과를 낼 수 있도록, 감히 꿈도 꾸지 못했던 일을 이루도록 그 한계를 부수고 싶은가?

▌일단 자기 두 발로 서라

인생에서 뭔가를 성취하려면 우선 독립적인 인간이 돼야 한다. 내가 인터뷰한 자수성가 억만장자들은 모두 빨리 자립했고 18세가 되기 전부터 일을 시작했다. 가령 전설적인 실리콘밸리 투자자인 팀 드레이퍼Tim Draper나 터키에서 가장 성공한 금융인 휴스뉴 외즈예인Hüsnü Özyegin은 각각 열네 살, 열 살에 집을 떠났다.

세계적인 건강가전회사 오쎔OSIM을 설립한 싱가포르의 억만장자 론 심Ron Sim도 마찬가지다. 그는 늘 가난하게 태어난 게 행운이라고 말한다. 가난은 허기를 부채질하기 때문이다. 그에 따르면 가난은 절망감을 돋우고 일을 좋은 방향으로 바로잡고자 하는 욕구를 부추긴다. 그의 가족은 일곱 아이들과 부모님, 외조부모, 삼촌, 이모까지 총 열세 명이 방 하나짜리 아파트에서 살았다.

론 심은 아홉 살 때부터 일을 시작했다. 국수가게에서 일을 했는데 대나무상자 두 개를 가지고 다니면서 집집마다 문을 두드리고 그릇에 주문을 받아왔다. 그렇게 그릇 크기에 따라 한 그릇당 3~8센트의 수수료를 받았다. 그는 그때를 회상하며 이렇게 말했다.

"저는 학교가 끝나고 저녁 여섯 시까지 일하면서 하루에 최대 80센트까지 벌었습니다. 요즘 시세로 따지면 5~10달러는 족히 되니 꽤 많은 돈이었죠. 당시 아이들이 받던 용돈은 겨우 5센트 정도였으니까요. 그 뒤로도 직접 돈을 벌어서 살아갔습니다. 일은 일찍 시작할수록 좋습니다. 노력과 돈의 가치를 배우고 부의 원천이 무엇인지 깨달을 수 있으니까요."

러시아 최대 유통업체인 마그니트Магнит를 창립한 억만장자 세르게이 갈리츠키는 어릴 때 주말마다 정원일을 했다. 아버지가 억지로 시킨 일이었다. 활기찬 소년이었던 갈리츠키는 일하느라 주말에 놀 수 없다는 사실이 썩 마음에 들지 않았지만 이로 인해 근면한 정신을 가지게 됐다고 회상한다.

세계적으로 유명한 스포츠웨어 브랜드 룰루레몬Lululemon의 설립자인 캐나다 출신 억만장자 칩 윌슨Chip Wilson도 마찬가지다. 그는 방학 때 직접 일을 해서 대학등록금을 모았다. 열네 살 때는 하루에 5달러씩 받고 농가의 헛간을 허물거나 공원의 나무를 다듬거나 주차 및 세차를 했다.

호주의 패스트푸드 프랜차이즈 헝그리 잭Hungry Jack's 설립자인 잭 코윈은 열두 살 때부터 여름에는 잔디를 깎고 겨울에는 눈을 치우는 일을 하며 용돈을 벌었다. 신문을 배달할 때는 매주 고객들에게 돈을 수금하기도 했다. 이를 통해 수익을 예측하는 법을 깨달았다. 그는 인터뷰에서 이렇게 말했다.

"당시 신문배달을 다니던 부유한 동네가 기억납니다. 의사와 변호사는 항상 좋은 차와 좋은 집, 멋진 것들을 가지고 있었습니다. 그래서 교육수준과 돈을 모으는 능력, 자기 사업을 하는 능력과 부는 연관된다는 걸 깨달았죠."

열 살이 되기 전부터 일을 한 억만장자도 있다. 팀 드레이퍼는 어머니에게 집안일을 얻어 하며 1분에 1페니씩 돈을 받았다. 그렇게 해서 그는 투자자로서의 경력을 시작할 수 있었다. 모은 돈으로 아홉 살 때 아버지의 도움을 받아 주식 한 주를 산 것이다. 세계적인 필리핀 외식기업 졸리비Jollibee의 설립자인 토니 탄 칵셩Tony Tan Caktiong 역시 여덟 살 때부터 신문을 팔았다.

캐나다 자동차부품 제조업체 리나마Linamar의 설립자 프랭크 하센프라츠Frank Hasenfratz는 인터뷰에서 이렇게 말했다.

"여섯 살 때부터 닭에게 모이 주는 일을 맡았는데 반드시 제시간에 줘야 했죠. 놀고 싶지 않았냐고요? 물론 놀 수는 있었죠. 하지만 놀다가도 오후 여섯 시가 되면 다시 닭들에게 모이를 줘야 했어요. 나이가 들수록 할 일이 점점 늘어났는데 다행히 특권도 갖게 됐습니다. 나중에는 돼지에게도 먹이를 줘야 했어요. 말에게 먹이를 주려면 열 살, 열한 살은 돼야 했죠. '이의는 제기할 수 없어, 너는 일해야 해.' 부모님은 늘 그런 식이었죠."

자립을 넘어서 가족을 부양한 억만장자들도 많았다. 브라질의 기업가 리리오 파리소토Lirio Parisotto는 이탈리아 이민자 후손이 사는 브라질 남부의 작은 농촌에서 태어났다. 그 마을에는 전기도 라디오도 수도도 포장도로도 없었다.

파리소토의 가족은 그 마을에서도 특히 가난했다. 음식이나 옷 같은 기본적인 생필품을 살 돈은 있었지만 그 이상은 아니었다. 수도가 없어 위생상태가 나빴고 냉장고가 없어 음식을 관리하지 못해 이런저런 병도 많이 걸렸다. 그의 가족들은 모든 걸 자급해야 했다.

그래서 파리소토는 여섯 살 때부터 돈을 벌었다. 매일 저녁을 먹은 뒤 두 시간씩 옥수수를 옥수숫대에서 뽑고 남은 줄기로 밀짚담배라는 것을 만든 뒤 스물다섯 개씩 포장했다. 동시에 형제자매들도 책임져야 했다. 파리소토는 11남매 중 첫째였고 어머니를 도와줄 사람이 없었기 때문이다.

인도 제약업계 최고의 부자인 선파마Sun Pharma의 딜립 샹비Dilip Shanghvi와 한국 기술업계 거물인 카카오의 의장 김범수도 어릴 때부터 형제자매들을 책임지면서 어른 취급을 받았다. 특히 김범수는 어릴 때 다섯 형제자매와 할머니, 부모님과 함께 방 하나짜리 아파트에 살았고 맏아들인 그는 한국의 문화적 특성상 가족 전체를 책임져야 했다.

가난한 김범수의 가족은 그를 대학에 보내기 위해 여러 가지 희생을 치렀다. 그렇게 가족 중에서 유일하게 대학에 진학한 김범수는 자기가 받은 혜택을 갚아나가야 한다는 걸 깨달았다. 설상가상으로 부모님 사업이 파산하면서 그의 가족은 노숙자가 될 위기에 처했다. 김범수는 그 시기를 회상하며 이렇게 말했다.

"그때부터 미친 듯이 아르바이트를 했죠. 너무 열심히 일해서 당시 번 돈이 대학 졸업 후에 풀타임으로 일한 것보다 몇 배나 많았습니다. 학교와 공부에만 집중하지 않고 곧장 세상으로 뛰어든 것도 그 시기였습니다."

인포시스 설립자 나라야나 무르티는 주에서 4등 안에 드는 학생 중 한 명이었고 11학년 때는 국가장학금도 받았다. 무르티는 장학금을 곧장 어머니에게 줬다. 집에 아이가 여덟 명이나 있었고 가진 건 뭐든지 나눠야 한다는 철학을 배우면서 자랐기 때문이다.

또한 세르게이 갈리츠키는 열네 살 때부터 어머니가 다니던 직장의 채소보관창고에서 일했다. 그렇게 번 돈을 부모님에게 줬다. 이처럼 내가 인터뷰한 많은 억만장자들은 다양한 방법으로 자신은 물론 가족까지 책임졌다.

▌최대한 빨리 자기 사업을 시작하자

다른 사람 밑에서 일해서는 억만장자가 될 수 없다. 큰 성공을 거두려면 자기 사업에 뛰어들어야 한다. 앞서 언급한 호주의 패스트푸드 업계 거물 잭 코윈은 대학을 졸업할 때 이미 부업으로 작은 사업체를 운영해 많은 수익을 냈다.

대학 졸업을 앞두고 코윈은 보수가 좋은 일자리에 취직했다. 그런데 그가 살던 기숙사의 책임자가 노련한 사업가 빌 폴락Bill Pollock을 찾아가보라고 충고했다. 폴락은 코윈의 미래를 바꿀 조언을 해줬다. 바로 정말 성공하고 싶다면 자기 사업에 뛰어들라고 말한 것이다.

코윈은 그의 조언을 따랐고 둘은 그 뒤로도 계속 관계를 유지했다. 폴락은 코윈의 회사주주가 되기도 했다. 코윈은 그때를 떠올리며 이렇게 말했다.

"취업하지 말고 사업을 하세요. 혼자 애쓰는 데서 벗어나야 합니다. 일주일은 7일이 다고 하루에 25시간을 사는 사람은 아무도 없습니다. 성공은 당신이 얼마나 열심히 일할 수 있느냐에 달려 있지 않습니다. 자기가 자본화할 수 있는 사업에 뛰어들어야 해요. 바로 거기서 부가 창출되는 겁니다."

리리오 파리소토도 비슷한 생각을 했다. 그는 원래 의사였다. 어떻게 억만장자가 됐는지 묻자 그는 "부자가 되고 싶다면 우선 의사를 관둬야 한다"고 말했다. 월급을 받으며 의사에 머무르는 대신 직접 의료사업체를 만들고 최고의 전문가들로 구성된 실무진을 고용해야 한다는 것이다. 이처럼 나의 미래는 내가 책임져야 한다. 내 운명을 내 손에 쥐어야 한다는 뜻이다.

사업은 빨리 시작할수록 좋다. 그래야 추진력을 얻기 위한 활주로가 길어지고 시행착오할 시간도 많이 가질 수 있다. 론 심 역시 사업을 빨리 시작한 게 가장 큰 행운이라고 말했다.

영국 최대의 금융 서비스 회사인 하그리브스 랜스다운Hargreaves

Lansdown의 설립자 피터 하그리브스Peter Hargreaves도 이 생각에 동의했다. 그에게 만약 사업을 처음부터 다시 시작할 수 있다면 무엇을 다르게 할 것인지 물었더니 그는 이렇게 답했다.

"글쎄요, 아마 더 빨리 시작할 겁니다."

마흔이 거의 다 돼서 첫 회사를 차린 미국의 소프트웨어 억만장자이자 우주사업가 나빈 자인Naveen Jain에게서도 같은 대답을 들었다. 그는 20대 초반에 회사를 차렸더라면 정말 좋았을 거라고 늘 생각한다. 그러면 마흔이 될 때까지 20년 동안 더 많은 경험을 했을 것이기 때문이다.

자인은 다른 사람에게 배우는 것보다 직접 시도하는 것에서 훨씬 많은 걸 배울 수 있다고 믿는다. 그는 인터뷰에서 이렇게 말했다.

"20년 전에 사업을 시작했다면 첫 번째 회사와 두 번째 회사는 성공하지 못했을지라도 세 번째 회사는 꼭 성공했을 겁니다. 그래도 30대 초반이겠죠."

더 이상 남의 밑에서 일할 수 없어 사업을 시작한 억만장자도 많다. 휴스뉴 외즈예인은 29세에 옛 학교 친구 메흐멧 에민 카라메흐멧Mehmet Emin Karamehmet이 소유한 야피 크레디 은행Yapi Kredi Bank에서 이사로 일했다. 그가 일한 3년 반 동안 손실만 보던 은행은 수익을 냈고 서른두 살에 외즈예인은 은행장으로 승진했다.

어느 날 외즈예인은 카라메흐멧에게 은행 지분의 1퍼센트를 달라고 요구했다. 은행의 주주로서 주인이 된 기분을 느끼고 싶었기 때문이다. 그러나 은행을 세 개 가지고 있던 카라메흐멧은 그에게 지분을 주면 다른 직원들도 같은 걸 요구할 것이라며 거절했다. 외즈예인은 그때 자신의 은행을 설립하기로 결심했다.

은행을 설립하려면 자본이 필요했다. 다행히 외즈예인은 은행장으로 일하던 몇 년 동안 돈을 많이 벌어뒀다. 그는 가지고 있던 집 두 채를 150만 달러에 팔고 임대 아파트로 가족과 이사했다. 추가로 사업가 세 명에게 150만 달러를 더 빌렸다. 그 뒤 첫 주주들에게 프리미엄 50퍼센트를 받고 지분의 35퍼센트를 팔아 자본금 800만 달러를 마련했다. 그 돈으로 자신이 설립한 파이낸스뱅크Finansbank의 나머지 지분 65퍼센트를 소유했다.

그로부터 19년 뒤 외즈예인은 당시 설립한 은행을 국립그리스은행National Bank of Greece에 55억 달러에 팔았다. 터키 역사상 가장 고가의 매각이었고 이를 통해 억만장자가 됐다.

토니 탄 칵셩은 젊을 때 펩시콜라Pepsi-Cola 취업면접에서 탈락했다. 면접관들이 그에게 어떤 일을 하고 싶은지 물었는데 자기 사업을 하고 싶다고 대답했기 때문이다. 그는 절에서 주방장으로 일하다가 나와 직접 중국음식 식당을 차린 아버지의 영향을 받았다.

폴란드 주식시장에 다섯 개 기업을 상장한 유일한 기업가이자 억만장자 미하일 솔로포프Michał Sołowow는 자신이 다른 사람 밑에서 일하고 싶지 않아 한다는 걸 진작에 알고 있었다. 그는 학교를 졸업하고 자동차정비소에서 일했다. 그렇게 초기자본 1만 달러를 모아 사업을 시작했다.

팀 드레이퍼에게 돈을 버는 것과 관련해 어떤 조언을 하고 싶은지 물었다. 그의 대답은 단 두 마디였다. "지금 시작하라!"

▌자신의 운명을 통제하라

현실을 직시하는 것은 중요하다. 자신의 주변을 냉정하게 돌아보고 무언가를 불평하는 대신 조치를 취하자.

칩 윌슨도 인터뷰에서 같은 이야기를 했다. 자신의 환경에 책임을 지라는 것이다. 환경이 우리를 만든다. 우리가 자라온 방식, 주변 사람들의 생각 등은 모두 우리의 행동에 영향을 미친다.

잭 코원은 억만장자가 되려면 삶과 일을 스스로 통제할 수 있어야 한다고 말한다. 그에 따르면 누구나 자기가 원하는 일을 원하는 때와 장소에서 할 수 있는 삶을 추구하지만 대부분의 사람들은 지금 당장 필요한 푼돈 때문에 원하지 않는 직업과 활동, 관계를 억지로 선택한다. 주택담보대출과 학자금대출 때문에 싫어하는 직업을 유지하면서 죄수 신세가 된다는 것이다.

그렇다면 자신의 주변환경을 어떻게 통제할 수 있을까? 그걸 통제하는 능력을 유지하려면 어떻게 해야 할까? 코원은 자기가 가르치는 MBA 과정 학생들에게 이렇게 말한다고 한다.

"여러분은 저에 비하면 엄청난 불이익을 겪고 있습니다. 저는 대학을 졸업할 때 연봉 6,000달러에 취업제의를 받았는데 여러분은 연봉 15만 달러짜리 제안을 받게 될 겁니다. 그렇게 취직해 골프 클럽에 가입하고 자녀들을 사립학교에 진학시킬 겁니다. 그러다 주택담보대출을 크게 받게 될 테고 곧 그런 생활방식의 포로가 되겠죠. 제가 사업을 해야겠다고 결심했을 때 얻을 건 많았지만 잃을 건 별로 없었습니다."

잭 코원은 대학을 졸업한 뒤 보험회사에 취직했다. 그는 돈을 많이 벌었다. 결혼을 하고 아이를 낳고 집을 사고 소액담보대출을 받았다. 스물다섯 살 때였다. 그는 자기 사업을 시작하고 싶었다. 하지만 도대체 어떻게 해야 그럴 수 있을까? 5년간 보험회사에 근무한 코윈은 어느 날 그 회사의 임원을 만나러 갔다. 독립대리점을 설립하고 싶었기 때문이다.

코윈이 다니던 회사는 캐나다에서 손꼽히게 큰 보험회사 중 하나였고 사내에는 거대한 관료주의가 자리 잡고 있었다. 코윈과 친구는 회사에 대혁신을 일으키고 싶었다. 하지만 새파란 젊은이들이 문을 열자마자 임원의 눈은 흥미를 잃고 게슴츠레해졌다. '내 시간을 낭비하지 말아주게'라는 눈빛이었다.

그 즉시 코윈은 회사를 그만두고 호주로 가서 사업을 시작했다. 함께 임원을 만난 친구 역시 타이어 체인점을 아주 성공적으로 운영한 뒤 자기 사업을 시작했다. 코윈은 그때를 회상하며 이렇게 말했다.

"엄밀히 말하자면 당시 제게는 집과 담보대출금이 있었습니다. 그 집을 팔아 사업을 시작할 수 있었죠. 그 과정에서 단 한 번도 '정말 이 모든 걸 포기할 셈인가?'라고 고민한 적은 없습니다. 그런 건 문제가 되지 않았어요. 저는 모험에 훨씬 더 흥미가 있었습니다."

프랑크 스트로나흐는 전쟁으로 파괴된 오스트리아에서 자랐다. 스물한 살 때 그는 자신의 운명을 손에 쥐고 환경을 직접 바꾸기로 결심했다. 남아프리카공화국, 호주, 미국, 캐나다 등 여러 나라에 비자를 신청했고 비자가 가장 먼저 나온 캐나다로 가장 저렴한 배표를 끊어서 갔다. 수중에는 200달러가 전부였다.

스트로나흐의 첫 번째 일자리는 병원에서 설거지를 하는 것이었다. 두 번째로 얻은 직장은 아주 작은 공장이었다. 그가 일하는 공장의 소유주는 사업을 진지하게 여기지 않는 듯했다. 취업하고 반년 뒤, 스트로나흐는 사실상 그 공장을 운영하는 지경이 됐다.

공장에 비전이 없다고 판단한 스트로나흐는 돈을 많이 주는 다른 회사에 취직했다. 그렇게 돈을 모아 2년 뒤 중고로 기계장비를 사고 작은 차고를 빌린 다음 광고를 했다. 문제가 생긴 공장을 살펴봐주는 대신 문제를 해결하지 못하면 돈을 낼 필요가 없다는 광고였다. 아주 간단하지 않은가?

그렇게 스트로나흐는 억만장자가 됐다. 그는 매출이 400억 달러에 육박하는 세계적인 자동차부품회사 마그나 인터내셔널Magna International의 설립자다.

억만장자들은 게임의 규칙을 스스로 정한다. 학창시절 김범수는 축구를 좋아했다. 그는 주로 팀의 주장을 맡아서 재미있는 규칙을 추가하거나 완전히 새로운 게임 방식을 만들곤 했다. 그 이야기를 들은 내가 "그러니까 규칙을 직접 정하지 못한다면 아예 경기를 하지 말라는 이야기죠?"라고 묻자 그는 미소를 지었다.

자립은 정신을 정화한다. 김범수는 막 회사를 창업했을 당시 낮에는 회사를 운영하고 밤에는 직접 코딩과 프로그래밍을 했다. 그는 그전까지 화를 내거나 우는 데 어려움을 겪었지만 자기 사업을 시작하고 자유롭게 감정을 표출할 수 있게 됐다. 김범수가 이에 대해 이렇게 말했다.

"새롭고 어려운 일을 하고 있다는 생각과 책임져야 할 직원들이 있다는 사실에 중압감을 느끼기도 했지만 독자적으로 일하고 있는 만큼 언제든 회사를 그만두고 자유를 누릴 수 있다는 사실을 알고 있으니까 기묘한 통제감 같은 것을 느꼈습니다.

어느 날 샤워를 하던 중 이런 두려움과 자유가 만나 일종의 카타르시스를 형성했고 결국 울기 시작했습니다. 그 이후로는 샤워를 하는 게 습관이 됐죠. 이제는 텔레비전을 보다가도 눈물이 날 만큼 감정 표현에 자유로워졌어요."

날고 싶다면 둥지를 떠나야 한다. 당신의 운명은 당신의 손에 달려 있다. 자리에서 일어나서 자기 두 발로 서자. 자기 자신과 주변 사람들을 책임지자. 가능한 한 빨리 사업을 시작하자. 자신의 환경과 인생을 통제하자. 그래야만 위대한 성공을 위한 여정에 오를 수 있다.

보통 사람 vs 백만장자 vs 억만장자

- 목표 없이 이리저리 전전하는 사람들은 절대 둥지를 떠나지 않고 날지도 않는다.
- 백만장자들은 둥지를 떠나 날려고 둥지 안에서 준비한다.
- 억만장자들은 스스로 둥지에서 뛰어내려 높이 날아오른다.

"혼자 애쓰는 데서 벗어나야 한다. 일주일은 7일이 다고 하루에 25시간을 사는 사람은 아무도 없다. 성공은 당신이 얼마나 열심히 일할 수 있느냐에 달려 있지 않다. 자기가 자본화할 수 있는 사업에 뛰어들어야 한다. 바로 거기서 부가 창출되는 것이다."

_잭 코윈

꿀 수 있는
가장 큰 꿈을 꿔라

Big results require big ambitions.

큰 결과를 얻으려면 큰 야망이 필요하다.

_헤라클레이토스

성취의 규모는 생각의 크기에 따라 결정된다. 따라서 최대한 야심 차게 큰 꿈을 꾸는 게 좋다. 큰 인물이 되려면 크게 생각해야 할 뿐만 아니라 성장에 만족할 줄 몰라야 한다.

▌ 큰 꿈이 우리를 움직인다

2016년 EY 올해의 기업가로 선정된 매니 스툴Manny Stul은 회사를 두 번 설립했다. 첫 번째 회사인 선물 유통업체를 통해 백만장자가 됐고 두 번째 회사인 장난감 제조업체로 억만장자가 됐다. 스툴에 따르면 백만장자가 되고 싶어 하는 것과 억만장자가 되고 싶어 하는 것에는 아주 큰 차이가 있다. 그 차이를 묻자 이렇게 답했다.

"욕망과 규모 그리고 시각의 차이라고 말하고 싶군요. 더 큰 규모, 더 방대한 규모로 생각하는 거죠. 그 둘은 운영하는 사업의 규모와 범위가 아예 다릅니다.

저는 확실히 억만장자가 되려는 욕구는 없었어요. 그냥 큰 성공을 거두고 싶었죠. 처음 시작한 선물회사는 한 도시에서 성공할 수준이었지만 저는 늘 그 회사가 호주 전체에서 성공하기를 원했습니다. 두 번째 회사인 무스 토이Moose Toys를 차렸을 때는 호주에서의 성공을 꿈꾸지 않았습니다. 전 세계에서 성공을 거두기를 바랐죠. 생각하는 규모가 아예 달라진 거예요."

중국의 월트 디즈니Walt Disney라고 불리는 차이둥칭蔡东青 역시 백만장자와 억만장자의 차이는 목표라고 답했다. 그는 목표의 크기가 첫 번째 성공에 도달한 후 만족할 것인지 아니면 더 전진할 것인지를 결정한다고 생각한다.

프랑크 스트로나흐도 마찬가지다. 그는 꿈꾸기를 멈춘 사람은 죽은 것이나 마찬가지라고 생각한다. 그에 따르면 지식에는 한계가 있지만 꿈꾸는 데는 한계가 없다. 꿈이 있으면 몽상을 하고 몽상을 하고 나면 그 꿈을 이루는 게 자기가 해야 할 일이라고 말하게 된다는 것이다.

브라질의 워런 버핏Warren Buffett이라고 불리는 리리오 파리소토를 성공하게 만든 계기가 이 몽상과 비슷하다. 어느 날 파리소토는 여자 친구 집에서 브라질 500대 기업을 소개한 잡지를 봤다. 그중 221번째로 소개된 회사의 이름이 '파리소토'였다. 소유주의 성을 딴 대규모 유통회사였다. 그 순간 그는 이렇게 생각했다.

'여기에도 파리소토가 한 명 있는데 내 회사가 이 목록에 못 오를 이유가 어디 있겠는가? 그가 할 수 있다면 나라고 왜 못 하겠는가?'

2001년, 그의 회사 비디올라Videolar는 브라질 500대 기업 목록에 포함돼 바로 그 잡지에 이름을 실었다.

큰 꿈을 꾸는 것과 큰일을 해내는 건 별개다. 미하일 솔로포프는 이와 관련해 흥미로운 관점을 들려줬다.

"저는 늘 크고 비싼 것이 작고 값싼 걸 만드는 것보다 훨씬 돈을 많이 벌 수 있다고 믿었기 때문에 건설 분야에 진출했습니다. 즉, 1달러짜리 손세정제를 만드는 것보다 1,000만 달러짜리 건물을 짓는 걸 더 선호했다는 이야기죠. 세제 같은 걸 만들면 마진이 거의 안 남거나 최소화되지만 건설업계에서는 오가는 액수가 크니까 결과적으로 내 마음대로 사용할 수 있는 돈도 많습니다."

그러니 우리를 억누르는 한계를 깨고 더 큰일을 하자. 차이둥칭의 말대로 목표를 가져야 한다. 목표가 생기면 꿈을 꾸게 된다. 따라서 힘든 시련에 직면했을 때도 그걸 극복하고 계속 전진할 수 있는 의욕과 열정을 품게 된다.

▌처음부터 큰물에 뛰어들어라

나를 가로막는 가장 큰 장애물은 나의 내면에 있다. 그 장애물이 뭔지 파악하고 극복하기 위해 자기가 할 수 있는 모든 일을 해야 한다. 미국의 우주사업가인 나빈 자인은 이 주제에 관한 견해를 하늘과 연관 지어 설명했다.

자인에 따르면 모든 부모들은 아이들에게 이렇게 말한다. '얘야, 넌 영리한 아이이니까 네가 원하는 건 뭐든지 다 할 수 있단다. 하늘도 널 가로막을 수는 없어.' 하지만 하늘 같은 건 사실 없다. 지구 너머를 볼 수 없는 사람들이 상상해낸 것일 뿐이다. 달이나 화성으로 갈 때도 절대 하늘을 지나가지 않는다. 마찬가지로 자인은 우리가 자신의 하늘, 즉 한계를 스스로 만든다고 생각한다. 어떤 일이 불가능하다고 믿으면 그건 불가능한 일이 된다. 일의 가능성에 대한 믿음과 긍정적인 사고방식이 그 일을 가능하게 해준다.

자인은 우주사업이 앞으로 주목을 받을 거라고 생각한다. 지구에서는 제한된 자원이 우주에는 풍부하기 때문이다. 우리가 달에 가서 부족한 자원을 가지고 올 수 있다면 어떨까? 문 익스프레스Moon Express가 바로 이 생각에서 탄생한 회사다. 문 익스프레스는 혁신이 뭔지 보여주고 싶다는 자인의 꿈을 이뤄줬다. 회사의 존재 자체가 말 그대로 혁신이다.

자인은 한 나라를 방문했을 때 입국목적을 묻는 공항 직원에게 달을 채굴하려 한다고 대답하는 바람에 곤경에 빠진 적이 있다. 그 공항 직원은 자인에게 "당신 미쳤군요. 미친 사람은 이 나라에 입국할 수 없습니다. 당신 회사가 하는 일을 제대로 말하지 않으면 비자를 거부할 겁니다"라고 말했다. 그래서 할 수 없이 자인은 자기 회사가 달에 있는 광석을 채굴할 예정이고 자신은 소프트웨어 프로그래머라고 답했다. 그러자 직원이 이렇게 말했다.

"그게 바로 내가 듣고 싶은 대답이에요. 소프트웨어 프로그래머라면 입국할 수 있습니다."

그 직원은 달을 채굴할 수 있다고 믿는 자인의 배짱을 가늠할 수 없었다. 그에게 자인의 생각은 정말 미친 생각일 뿐이었다. 이 이야기는 사람들이 큰 꿈을 꾸는 힘을 잃어버렸다는 사실을 보여준다. 자인은 사회가 사람들이 큰 꿈을 꿀 수 있게 해주고 실패에 대한 두려움을 없애줘야만 발전할 수 있다고 믿는다.

자인에게 있어 달에 가는 건 사람들이 일반적으로 불가능하다고 생각하는 일들을 해내는 것을 상징한다. 즉, 1마일을 4분에 주파하는 것과 같은 문제다. 육상선수 로저 배니스터Roger Bannister가 1마일을 4분만에 달리기 전까지는 아무도 그것이 가능하다고 믿지 않았고 그것을 시도하지 않았다. 그런데 배니스터가 성공하자 어떻게 됐는가? 몇년 안에 많은 사람들이 그 일을 해냈다.

자인은 이미 달에 가는 게 확정된 무인우주왕복선을 만들고 있다.

성공한다면 문 익스프레스는 미국과 러시아, 중국에 이어 달에 착륙한 네 번째 초강대국이 될 것이다. 그는 스스로 '한계를 모르는 사람'으로 세상에 기억되기를 바란다.

자인은 하늘이 자신의 한계라고 말하지 말라고 충고한다. 그는 이렇게 되묻는다. 만약 달에 착륙할 수 있다면 어떻게 하겠는가? 당신이 생각하는 혁신은 무엇인가? 우리는 모두 각기 다른 혁신을 꿈꿀 수 있다. 암 치료, 빈곤철폐, 세계평화, 무엇이든 불가능한 것은 없다. 그러니 과감하게 꿈꾸면서 불가능한 것을 행하자. 억만장자가 되려면 자신의 욕망을 과소평가하지 말아야 한다.

매니 스툴은 독일의 난민수용소에서 유대인의 아들로 태어났다. 그는 생후 9개월에 호주로 이주했는데 그의 아버지는 항상 이렇게 말하곤 했다.

"이왕 한 입 먹을 거면 정말 크게 베어 물어라. 입안이 꽉 차고 턱까지 줄줄 흘러내릴 정도로 말이야. 그게 네가 해야 할 일이야. 크고 가치 있는 일을 하라고."

스툴은 두 번째 회사 무스 토이를 경영할 때부터 그런 태도를 취했다. 신제품을 개발할 때는 그게 얼마나 크게 성장할지, 시간과 정력과 노력을 들일 가치가 있는지를 가장 먼저 따졌다. 그 결과 무스 토이는 15년 만에 세계 5위의 장난감 제조업체가 됐다. 난민에서 억만장자가 된 그의 이야기는 야망이 지닌 힘을 보여준다.

어떤 억만장자들은 처음부터 더 큰물에서 놀지 않은 걸 후회하기도 한다. 론 심에게 스무 살 때 뭘 알았더라면 좋았을 것 같은지 물었더니 그는 놀라운 대답을 했다.

"지금부터 훨씬 큰 게임을 했을 것 같군요. 저는 먼 길을 걸어왔어요. 덕분에 다재다능하고 더 튼튼하고 강해졌지만 시간이 너무 오래 걸렸어요."

노르웨이의 호텔 거물 페터 스토달렌은 포르스그룬의 작은 마을에서 어린 시절을 보냈다. 그는 아버지가 운영하던 식료품점 두 곳을 물려받을 예정이었다.

스토달렌은 2년간 오슬로에서 슈퍼마켓 운영자가 되는 법을 가르치는 학교에 다녔다. 하지만 고향으로 돌아가 아버지와 함께 일할 때마다 성장하는 자신에 비해 가게가 점점 작아지는 기분이 들었다. 이렇게 평생 아버지의 발자취만 좇으면서 보낼 수는 없었다. 그는 자신만의 뭔가를 만들고 싶었다. 그는 아버지에게 이렇게 말했다.

"이 가게는 동생에게 주겠어요. 전 도저히 못하겠거든요."

때로 학교를 그만둬야 할 수도 있다. 때로 고국이 야망을 충족시키기에 필요한 것들을 제공해주지 못하면 외국으로 떠나야 할 수도 있다. 이 책에 등장하는 자수성가형 억만장자들은 그렇게 했다. 조금 시간이 흐르면 지금 살고 있는 곳이 너무 좁다고 생각하게 될지도 모른다. 이제 그곳에서 벗어나 더 큰일을 시도하자.

▌계속 굶주려 야망을 불태워라

허기, 절망, 욕망은 의욕을 부채질하는 세 가지 감정이다. 목표를 달성하고자 하는 욕망은 내면에 에너지를 더 많이 만들어낸다. 목표를 얼마나 간절하게 원하는가? 얼마나 큰 야심이 있는가? 제국을 건설하고 싶은 욕망이 있는가?

내가 인터뷰한 억만장자 론 심은 삶을 매우 단순하게 본다. 그는 중국에서 "그걸 하면 넌 죽을 거야. 하지만 그걸 안 해도 죽는 건 마찬가지야"라는 말을 들었다. 그때 이렇게 생각했다.

'피 터지게 살 수 있는 인생은 하나뿐이다. 최선을 다해 살다가 죽자. 그러려면 스스로의 한계에 도전해 능력을 극대화해야 한다.'

잭 코윈은 백만장자와 억만장자의 차이를 한계에 대해 궁금해하는 것이라고 생각한다. 백만장자가 '난 아주 좋은 아이디어로 성공해서 현재에 행복하고 만족한다'고 생각한다면 억만장자는 이렇게 생각한다. '얼마나 높아야 높다고 할 수 있는 거야? 한계는 어디지? 가능한 건 뭐야?'

억만장자들은 '왜?'라고 묻지 않는다. '해볼까?'라고 묻는다. 론 심도 비슷한 생각이다. 그는 생각의 크기가 비전의 크기를 결정한다고 믿는다. 론 심이 생각하는 백만장자와 억만장자의 차이는 얼마나 야심적인가, 살면서 얼마나 많은 걸 성취하고 싶어 하는가다. 억만장자들은 허기를 느끼는 한 점점 더 높은 단계까지 올라간다.

프랑크 하센프라츠는 뛰어난 공구제작자였다. 1958년, 반소항쟁 이후 헝가리를 떠나 캐나다에 도착한 그는 공구제작 분야에서 직업을 얻고 싶었다. 그래서 W.C.우드W. C. Wood에 지원했지만 입사를 거절당했다. 그가 너무 거만해 보였기 때문이었다.

하센프라츠가 처음 받은 취업제의는 캐나다 철도에서 일하는 것이었다. 그 일은 보수가 아주 좋았다. 하지만 그의 삼촌은 그 일을 수락하지 말라고 충고했다. 돈벌이가 너무 쉬워서 절대 그만두지 못할 거라는 것이었다. 하센프라츠는 삼촌의 말대로 제안을 거절했고 다시 W.C.우드를 찾아가 겸손하게 일을 시켜달라고 말했다. 고용주가 짜증을 내자 그는 이렇게 제안했다.

"제게 일자리를 주십시오. 돈은 안 주셔도 됩니다. 저희 삼촌이 주실 테니까요. 삼촌이 저를 일터로 데리고 와서 함께 있을 겁니다."

고용주는 일주일 동안 무급으로 일한다는 조건으로 그 제안에 동의했다. 결국 하센프라츠는 자기가 아주 뛰어난 제작자임을 증명해 첫 주 동안 일한 급여를 받았다. 그렇게 그는 자기가 선택한 길에서 성장해 세계적으로 유명한 자동차부품회사 리나마를 설립했다. 삼촌의 충고 덕분에 억만장자가 된 것이다.

브라질의 억만장자 리리오 파리소토도 비슷한 경험을 했다. 어릴 적 그가 살던 마을에서 가장 존경받는 사람은 천주교 신부와 의사였다. 그래서 그는 둘 중 하나가 되기로 마음먹었다. 불량한 품행 때문에 신학교에서 쫓겨난 그는 의사가 되겠다고 다짐했다.

의대 입학시험을 준비하던 파리소토는 브라질 은행Banco de Brazel 취업공모전에서 자신의 능력을 시험해봤다. 이 은행은 지금도 브라질에서 가장 큰 금융기관이며 여기에서 일하는 건 모든 브라질인들의 꿈이다. 월급은 업계 최고수준이고 연금 전액을 보장하는 평생직장이기 때문이다. 그 치열한 입사전쟁에서 파리소토는 승리했다.

합격 후 파리소토는 브라질 남부 작은 마을로 파견됐다. 그는 공부를 더 하고 싶었지만 그 마을에는 대학이 없었다. 직책도 은행원 보조의 보조였다. 파리소토는 미래에 도시로 전근하게 되길 기대하면서 그 일을 맡았다. 월급이 이전 직장에 비해 다섯 배 정도 많다는 것이 유일한 보상이었다.

은행에서 일한 지 2주째, 파리소토는 자신이 훌륭한 회사가 아닌 막다른 골목에 있음을 깨달았다. 그 조그만 지점에서 일하는 직원 스물세 명 가운데 경비원까지 포함한 전원이 전근 신청을 해뒀다는 걸 알았기 때문이다. 그곳에 계속 있다가는 은행원 보조의 보조로 생을 마감할 처지였다.

파리소토는 즉시 은행을 그만뒀다. 급여는 한 푼도 받지 못했다. 그는 차를 타고 집으로 돌아와 경쟁률이 어마어마한 의대 입학시험을 준비했다. 그의 부모를 포함한 고향 사람들 모두 그가 한 일을 믿을 수 없었다. '미쳤다'는 말을 수시로 듣고 살았다. 파리소토 역시 그 결정을 인생에서 가장 힘든 결정이라고 회상했다. 나는 그에게 왜 그런 선택을 했는지 물었다.

"그 일이 제게 적합하지 않다고 생각했습니다. 더 좋은 제안을 받았거나 처리해야 할 일이 있어서는 아니었습니다. 아무것도 없는 상태에서 그냥 그만둬버린 것이죠. 저는 실업자가 됐습니다. 그때 제가 가진 건 자신감뿐이었어요. 안정된 직장과 높은 월급을 포기했으니 그보다 더 많은 걸 이루어야만 했습니다. 더 많은 걸 가지려면 더 많은 일을 해야 한다고 생각했죠.

높은 급여는 꿈에 있어서 최악의 방해물이라고 생각합니다. 그것만으로 부자가 될 수 없지만 풍족한 생활은 보장해주기 때문이죠. 사람들은 대부분 안전을 얻기 위해 모든 걸 넘깁니다. 안전이란 곧 평생직업을 갖는 것이고 이건 99.9퍼센트 사람들의 꿈입니다."

미래를 안전과 바꾸는 것은 나쁜 거래다. 자기 라이프스타일의 포로가 돼서도 안 된다. 성공하는 것과 성공을 유지하는 건 별개의 일이다. 계속 나아가기 위해서는 무한한 허기와 욕구가 필요하다. 성공에 대한 욕망을 계속 얻고 싶다면 칩 윌슨의 말을 되새겨보자.

"우리는 다른 사람들 앞에서 멋져 보이기 위해 많은 일을 합니다. 하지만 죽음 앞에서 그런 건 아무 의미도 없습니다. 우리는 겨우 3만 5,000일을 살 뿐이고 그 이후에는 아무도 우리를 신경 쓰지 않습니다. 따라서 삶에서 중요한 건 '내가 인생의 매 순간을 완전히 충족시켰는가'입니다. 저는 가끔 3개월밖에 살지 못한다면 어떤 일을 하고 어떤 일을 안 할지 스스로에게 묻습니다. 이 방법은 우선순위를 정하는 데 정말 도움이 되지요. 죽을 때가 됐는데 여전히 시도해보지 않은 아이디어가 남아 있다면 참을 수 없을 테니까요."

▌월계관에 안주하지 말자

절대 멈추지 않는 것만으로는 충분하지 않다. 점점 더 높이 올라가야 한다. 성공했다고 생각하는 순간부터 내리막길로 접어들게 될 것이다. 프랑크 하센프라츠는 이렇게 조언한다. "언덕 꼭대기에 오르고 싶다면 그곳에 도착하기 전에 더 높은 언덕이 있는지 알아봐라. 언덕 꼭대기까지 오르면 내려오는 것밖에 남은 게 없다."

모헤드 알트라드는 대학 졸업 후 통신회사에서 일하기 시작했지만 곧 그곳이 자기에게 맞지 않는다고 생각해 그만뒀다. 더 많은 것을 원한 그는 아부다비로 가서 경영 엔지니어로 석유회사 설립에 참여해 고액의 보수를 받았다.

당시 아부다비는 작은 마을에 불과했으나 지금은 인구 500만의 세계에서 가장 부유한 도시다. 알트라드는 그곳에서 4년 동안 일하면서 60만 달러나 벌었지만 그가 아부다비에 수천억 달러에 이르는 부를 안겨준 것에 비하면 푼돈이었다. 그는 회사를 그만두고 자기 손으로 뭔가를 일구기 위해 프랑스로 돌아갔다.

알트라드는 동업자인 리처드 앨콕Richard Alcock과 함께 만든 컴퓨터 회사에 아부다비에서 번 돈을 전부 투자했다. 그들은 유럽 최초로 휴대용 컴퓨터를 만들었다. 여행가방 형태에 무게는 30킬로그램으로 당시에는 깃털처럼 가벼운 수준이었다. 그는 18개월도 안 돼 투자한 금액의 두 배를 받고 회사를 매각했다.

다시 리리오 파리소토 이야기로 돌아가보자. 브라질 은행에서 얻은 평생직장을 그만둔 뒤 그는 의대에 들어가 의학공부에 전념했다. 그 기간 동안 리리오는 작은 사업을 시작했고 학업에 집중하기 위해 관리자를 고용했다.

병원에서 실습을 시작한 리리오는 두 가지 사실을 깨달았다. 첫째, 의사는 24시간 일하고 휴가도 잘 가지 못하며 경쟁을 많이 하는 건강하지 못한 직업이다. 둘째, 의사라는 직업 자체는 대단히 명예롭지만 그걸 사업화해서 곤경에 처한 사람들을 통해 돈을 버는 건 옳지 않다.

의대를 졸업한 파리소토는 의사로 일하는 대신 자신이 창업한 작은 회사로 출근했다. 쉬운 길은 아니었다. 은행을 그만뒀을 때와 마찬가지로 사람들은 그를 미쳤다고 생각했다. 하지만 또 한 번 그는 불확실한 미래를 지지하기로 했다. 그리고 그렇게 사업을 차근차근 키워서 수십억 달러 규모의 기업으로 만들었다.

나빈 자인은 수십억 달러 규모의 회사를 세운 뒤에도 여전히 자기는 출발선에 있다고 주장하며 이렇게 말했다.

"내 책은 아직 초반부일 뿐입니다. 겨우 몇 장밖에 안 쓴 상태라는 거죠. 나머지는 아직 쓰지 않았습니다."

자인은 여러 성장가능성이 있는 업계를 다 쫓아다니는 중이다. 우주사업에서 시작해 현재는 건강관리 분야에도 진출하고 있다. 다음 공격할 대상은 아마 교육이 될 것이다. 아마 식품 분야에도 뛰어들 테고 계속해서 세상에 존재하는 커다란 문제들에는 다 참견할 것이다. 그런 거대한 문제들이 기업가에게는 주요한 기회라는 걸 알기 때문이다. 자인은 기업인으로서 이런 큰 문제를 하나라도 해결할 수 있다면 거대한 성공을 거둘 수 있다고 믿는다.

이렇게 억만장자들은 절대 끝내는 법이 없다. 손에 쥐고 있는 왕관에 만족하지 말자. 안전을 위해 자신의 미래를 타협해서는 안 된다. 절대 안주하지 말고 절대 편안해지지 말자. 꿈에 도달하면 그보다 더 큰 다른 꿈을 꾸자.

▌억만장자들은 성장을 멈추지 않는다

터키의 억만장자 휴스뉴 외즈예인은 70세가 넘은 나이에도 여전히 새로운 회사를 설립한다. 외즈예인은 이제 막 연금회사를 시작했다. 그리고 6개월마다 새로운 풍력발전소에 투자한다. 심지어 지금도 풍력발전소 다섯 개를 건설 중이다.

당신은 어떤가? 나는 얼마나 높이까지 올라가고 싶은가? 나의 야망과 꿈은 무엇인가? 얼마나 굶주린 상태인가? 나의 욕망은 지금 획득한 메달에 안주하지 않고 더 높은 곳에 오를 때까지 계속 밀고나갈 만큼 강한가?

지금까지 이야기한 모든 걸 완벽하게 요약한 피터 하그리브스의 말로 이 장을 마무리하고자 한다.

"저는 일정한 수준을 넘어서고 싶어 하지 않는 사람들이 많다고 생각합니다. 사람들은 대부분 평생 편하게 먹고살 수 있는 성공을 이루면 집중력이 떨어집니다. 이 시점 이후에도 계속 전진하려는 사람은 별로 많지 않죠. 하지만 평범한 성공의 수준을 훨씬 넘어서려면 지금 아무리 크게 성장했더라도 언제나 지금보다 더 커지고 좋아지고 싶다고 생각해야 합니다. 세상을 지배하고 싶어 해야 해요."

보통 사람 vs 백만장자 vs 억만장자

- 목표 없이 이리저리 전전하는 사람들은 삶에 패배하고 꿈을 잃어버린다.
- 백만장자들은 현실에 안주하면서 작은 꿈을 꾼다.
- 억만장자들은 자기 삶보다 큰 꿈, 끝없는 굶주림, 하늘보다 더 높이 치솟고 싶은 욕망을 지니고 있으며 야심 차게 그 꿈을 따른다.

나의 시작을
일단 믿어라

They can because they think they can.

그들은 할 수 있다고 생각하기 때문에 할 수 있다.

_베르길리우스

억만장자를 향한 험난한 바다를 헤쳐 나가기 위해서는 보트B.O.A.T.가 필요하다. 그 보트는 신념Belief, 낙관Optimism, 소신Assertiveness, 믿음 Trust으로 이루어져 있다. 즉, 억만장자가 되려면 회의론에 맞서서 낙관적이고 자신감 있고 확신에 차서 행동해야 하며 믿음을 지녀야 한다. 자신에 대한 믿음은 열정과 더불어 성공한 기업가의 자질이며 억만장자의 성공비결이다.

▌ 낙관론과 긍정적인 마음가짐

실리콘밸리의 전설적인 투자자 팀 드레이퍼는 비관론자와 낙관론자 중 무엇이 될 것인지는 스스로 선택하는 것이라 말한다. 그에 따르면 낙관론자는 모든 걸 성취하고 비관론자는 아무것도 이룰 수 없다. 낙관론자는 비관론자에게 '가끔은 이런 게 먹힐 수도 있다고요'라고 말하는 사람이다. 따라서 둘 중 하나를 선택해야 한다면 낙관론자가 되자.

내가 인터뷰한 자수성가한 억만장자들은 모두 자신을 열정적인 낙천주의자, 긍정적인 생각을 가진 사람으로 묘사하며 그걸 자신의 강점으로 여긴다. 예를 들어 필리핀 억만장자 토니 탄 칵셩은 심지어 슬프거나 고통스러운 일을 거의 기억하지 못한다. 항상 사물의 긍정적인 면만 보기 때문이다.

억만장자들은 부정적인 생각에 시간을 허비하지 않는다. 이들은 힘든 시간이 영원히 계속되는 법은 없다고 믿는다. 그리고 자기 자신뿐만 아니라 다른 사람들에 대해서도 긍정적으로 생각한다.

▌나의 미래에 대해 믿음을 가지자

모헤드 알트라드는 항상 자신의 미래에 대해 무한한 믿음을 품고 있다. 유목민의 자식으로 태어나 양치기가 될 운명을 거부했을 때도 프랑스로 이주할 때도 사업에 뛰어들 때도 그랬다.

휴대용 컴퓨터 회사를 매각한 그는 아내가 살았던 마을에서 휴가를 보내던 중 우연히 파산한 비계飛階회사의 소식을 듣게 됐다. 누군가 알트라드에게 비계회사를 매입할 의향이 있는지 물은 것이다. 그는 비계라는 말을 그날 처음으로 들었다.

알트라드는 비계회사를 한 번 둘러보러 갔다. 그리고 그 파산한 회사에서 엄청난 성공의 가능성을 봤다. 비계는 전 세계 건설현장 어디서나 필요하기 때문이다. 천장에 페인트칠을 할 때도 집 외관을 개조할 때도 비계가 있어야 했다. 정유시설, 원자력 센터, 공항을 건설할 때도 마찬가지였다.

알트라드는 확신이 있었다. 이후 30년에 걸쳐 그 회사를 회생시켰을 뿐만 아니라 200개가 넘는 회사를 알트라드 그룹에 추가시켜 세계 1위 건축자재회사로 성장했다. 2015년에 EY 올해의 기업가로 선정된 그는 "자기가 하는 일에 어느 정도 믿음을 가져야 한다"는 말을 최고의 말로 여긴다.

무지처럼 보이는 열정은 위대한 일을 이루는 데 큰 역할을 한다. 이는 선택한 방법이 효과가 없다거나 그게 얼마나 힘든지 깨닫지 못하게 만들기 때문에 결국 망상을 실현시키고 만다. 1990년대 폴란드가 자유시장으로 전환될 무렵 미하일 솔로포프도 이런 태도를 지니고 있었다. 그는 경험이 없어 가장 큰 위험을 무릅썼다. 방법이 없다는 걸 알지 못했기 때문이다.

잭 코윈도 비슷하게 생각한다. 코윈에 따르면 젊음의 흥미로운 점은 자기가 모르고 있다는 걸 모른다는 것이다. 즉, 젊음의 패기가 우리를 산에 오르게 만들지만 우리는 그 산이 얼마나 높은지 모른다. 코윈은 이에 대해 이렇게 말했다.

"제가 지금 알고 있는 걸 그때도 알았더라면 우리는 지금의 절반도 이루지 못했을 것입니다. 우리는 정말 많은 실수를 저질렀고 너무 빨리 확장했죠. 하지만 우리는 살아남았습니다. 우리는 선두에 있었어요. 지금이라면 폐업시킬 경쟁자들이 있었겠죠. 우리는 아무것도 몰랐습니다. 하지만 살아남았다면 성공한 것입니다."

캐나다인인 잭은 저렴한 패스트푸드를 소개하고 싶다는 갈망을 품고 호주로 향했다. KFC를 시작으로 헝그리 잭과 도미노 피자Domino's Pizza를 세웠으며 그 과정에서 억만장자가 됐다.

이러한 무한낙관주의는 억만장자들의 태도에서 흔하게 찾을 수 있다. 주머니에 단돈 200달러와 크게 성공하겠다는 야망만 갖고 미국으로 건너온 프랭크 스트로나흐나 억만장자가 된 것에 만족하지 않는다는 론 심도 마찬가지다. 내가 론 심에게 본인이 거둔 가장 큰 성공이 뭐냐고 묻자 그는 이렇게 대답했다.

"앞으로 10년, 15년이 지나면 진정한 성공을 보게 될 것이라고 말하고 싶습니다. 솔직히 말해 지금은 아직 제 목표와는 거리가 멀거든요. 가장 위대한 성공은 아직 찾아오지 않았습니다."

▌ 무엇이든 가능하다

사람들은 대부분 자신의 상상력에 한계가 있다고 믿는다. 하지만 제약업계 최고의 부자인 딜립 샹비는 우리가 스스로 생각하는 것보다 훨씬 더 많은 일을 할 수 있다고 믿는다. 팀 드레이퍼도 이와 비슷한 견해를 갖고 있다. 그에 따르면 상상할 수 있는 모든 일은 실제로 일어날 수 있다. 그의 좌우명은 "무엇이든 가능하다"다.

하지만 어떻게 무엇이든 해낼 수 있을까? 세르게이 갈리츠키는 1만 7,000개가 넘는 슈퍼마켓과 약국을 보유한 유럽 최대 슈퍼마켓 체인 마그니트를 설립했다. 내가 그를 인터뷰할 무렵, 이 회사는 하루에 다섯 개씩 새로운 매장을 열고 있었다. 상상이 가는가?

슈퍼마켓을 열기 위해 무엇이 필요한지 생각해보자. 우선 적합한 장소를 찾은 뒤 협상과 매입을 하고 필요한 모든 허가를 받고 매장을 짓는다. 그 뒤 온갖 시스템을 설치하고 사람들을 고용해서 훈련시키고 물류를 조직적으로 설계하고 실제로 물건을 공급해야 한다. 이걸 매일 다섯 번씩이나 하는 게 가능하단 말인가?

갈리츠키는 기업가로서 성공하려면 사실 이런 일은 불가능하다고 생각하는 게 맞을지도 모른다고 말한다. 실제로 많은 사람들이 그것을 불가능하다고 말할 것이다. 하지만 위대한 성취를 달성해나가는 과정에 있는 사람은 하루 다섯 개가 왜 안 되는지, 그 이상은 왜 안 되는지 되묻는다. 도저히 성공할 수 없어 보이는 척박한 여건 속에서 성공하는 것은 모든 사람들의 생각을 부정하는 일이다. 하지만 그러한 성공을 끝내 만든 사람들은 애초부터 이 일이 불가능하지 않다고 생각한다.

▎자신을 무한히 신뢰하라

자신을 믿지 않으면 사업을 성공시키기 어렵다. 차오더왕은 '자신을 믿고 자신의 비전을 믿고 그걸 실현시킬 자원을 얻을 수 있다고 믿은 다음 도전하라'는 신념을 바탕으로 성공을 거뒀다.

차오더왕의 믿음은 맹목적인 것이 아니다. 그는 새로운 프로젝트를 진행하기 위해 타당성조사는 물론 필요한 준비를 전부 동원한다. 그러고 나면 그 연구결과에 대한 믿음이 쌓인다. 그에게 있어 성공으로 향하는 길은 믿음과 목표, 실행이라는 세 단계로 이루어져 있다. 자기가 믿는 것을 바탕으로 목표를 세우고 그 목표를 추구하자.

자신감을 가진다는 것은 자신의 기술을 믿는다는 의미이기도 하다. 피터 하그리브스는 회사에 다닐 때 고용주의 경영감각보다 자신의 능력을 더 믿었다. 그는 다른 사람을 위해 일하는 건 이쯤 됐으며 본인은 그보다 더 잘할 수 있다고 생각했다. 어느 날 그는 상사의 사무실에 가서 이렇게 말했다.

"빌, 당신은 훌륭한 세일즈맨이고 훌륭한 아이디어맨이지만 훌륭한 사업가는 아니에요. 당신은 영업을 담당하고 내가 사업을 운영할 수 있게 해주면 우리는 큰 성공을 거둘 수 있을 겁니다."

하지만 빌은 하그리브스의 말을 믿지 않았다. 그래서 하그리브스는 동료 스티븐 랜스다운Stephen Lansdown과 함께 자신들의 회사 하그리브스 랜스다운을 설립했다. 현재 그들은 둘 다 억만장자이며 유일하게 대출이나 기업인수 없이 회사를 FTSE100지수(런던국제증권거래소 시가총액 상위 100개 우량주식으로 구성된 지수)에 포함시켰다. 현재 하그리브스 랜스다운의 운용자산은 약 1,200억 달러 정도다.

성공하려면 자기가 하는 일을 잘한다고 믿어야 한다. 많은 억만장자들처럼 하그리브스도 자신의 사업능력에 대해서는 겸손하지 않다. 그는 괜찮은 사업가가 세상에 별로 많지 않다고 생각한다. 일이 잘 풀리지 않을 때마다 다른 회사들을 보면서 '그래도 우리가 저 회사들보다는 나아'라고 혼잣말한다.

다른 이들이 나의 목표에 반대하고 자신감을 꺾을 때도 스스로의 능력을 믿고 나아가야 한다. 벤처 캐피털 투자자인 팀 드레이퍼는 자신의 선택을 지키기 위해 싸워야 한다는 교훈을 힘들게 배웠다. 과거 구글과의 파트너십을 포기한 과정을 통해서였다. 그가 초기 구글과 파트너십을 맺으려고 했을 때 다른 파트너들이 이미 검색 엔진은 포화시장이라며 반대해 투자에 참여하지 못했다. 알다시피 구글은 경쟁사를 모두 제치고 초기투자자들에게 엄청난 이익을 안겨줬다.

이처럼 억만장자들은 자기 자신을 무한히 신뢰한다. 그들은 스스로 주어진 임무에 가장 적합한 사람이라고 믿는다. 억만장자들이 객관적으로 모든 일에 다 최고라는 뜻은 아니다. 하지만 자신을 깎아내리지 않고 스스로 신념을 가지고 열심히 노력한다면 실제로 그런 사람이 될 수 있다. 그 예로 24세의 페터 스토달렌이 오슬로의 노르웨이 마케팅 학교에 다닐 때 어떤 일을 경험했는지 알면 깜짝 놀랄 것이다.

스토달렌은 어느 날 잡지에서 곧 건설될 노르웨이에서 가장 큰 쇼핑센터의 CEO를 모집하는 헤드헌팅 업체의 구인광고를 봤다. 그 광고의 지원자격은 40~45세에 최소 20년 이상 경력자였고 이력서와 추천서, 대학졸업장을 제출해야 했다. 아직 학업을 마치지도 못했고 실제 경영경험이 전혀 없는 학생에게는 상당히 어려운 일이었다.

스토달렌은 그 자리에 지원하려는 자신을 비웃는 친구들에게 "난 할 수 있어. 이 일은 나한테 딱 적합한 일이야"라고 말했다. 그의 자존심에 대한 의심이 야망을 깨운 것이다. 그는 헤드헌터에게 지원서를 보냈다. "페터는 착한 아이입니다. 일도 아주 잘하지요"라고 적힌 아버지의 편지 하나만을 동봉한 채로.

패기 넘치게 CEO 자리에 지원했지만 스토달렌은 어떤 연락도 받지 못했다. 그는 포기하지 않았다. 신청서를 보낸 헤드헌팅 업체로 매일 찾아갔다. 오랜 시간 기다린 결과 마침내 그는 헤드헌터를 만나 면접기회를 얻지 못한 이유를 물었다. 그러자 헤드헌터가 "당신은 지원 자격에 전혀 맞지 않습니다!"라고 딱 잘라 말했다.

스토달렌은 90분 동안 앉아 자신이 왜 적합한 후보인지를 설명했다. 그의 설득에 넘어간 헤드헌터는 스토달렌을 이사회 면접에 들어갈 세 번째 후보자로 추천했다. 나머지 두 후보자는 스토달렌이 충족시키지 못한 기준을 갖추고 있었다.

젊은이다운 순진함과 자신의 능력에 대한 믿음으로 가득 찬 스토달렌은 면접을 보러 갔다. 놀랍게도 그는 이사회에 자기가 그 일에 가장 적합한 사람임을 납득시켰다. 이사회는 스토달렌의 열정과 용기와 배짱에 매료됐다. 교활한 늙은 개보다는 경험 없는 애송이에게 영향력을 미치기가 쉬울 거라고 판단한 것도 있었다.

그렇게 스토달렌은 최연소 관리자로 노르웨이 최초의 대형 교외 쇼핑몰인 시티 시드City Syd를 담당했다. 그는 세 쇼핑센터를 하나로 모아 지붕을 얹는 개발 프로젝트를 진행했다. 모두들 성공하기 힘들 거라고 말했지만 스토달렌은 그 일을 해내고 100만 달러를 벌었다.

회의론자를 다루는 법을 배워라

자신의 아이디어와 소신을 믿어야만 무슨 일이든 해낼 수 있다. 다른 사람이 내 꿈을 불가능하다고 말하지 못하게 하자. 타인이 나의 꿈을 훔치게 놔둬서는 안 된다. 과감하게 도전하는 것을 방해하는 수많은 불평분자들의 말에 귀 기울이지 마라.

1986년, 리리오 파리소토는 도쿄에서 열린 소니Sony의 연례회의에 초대받았다. 그는 지역에서 소니 테이프와 장비를 가장 잘 판매하는 소매상으로 비디오테이프 공장 여섯 개를 가지고 있었다.

연례회의에서 파리소토는 소니가 비디오테이프를 녹화하는 실험실을 보유하고 있다는 걸 알게 됐다. 그때 그는 60분, 120분, 160분 이렇게 세 가지 테이프만을 판매했다. 따라서 10분짜리 다큐멘터리를 녹화하려면 60분짜리 테이프를 사용해야 했다. 반면 소니는 커다란 자기 테이프와 카세트를 가지고 있어 주문을 받으면 녹화에 필요한 시간만큼만 로딩했다. 즉, 70분을 녹화하면 여유분 1분을 포함해 71분을 로딩해 테이프를 낭비하지 않았고 완제품도 생산했다. 브라질에서는 한 공장에서 녹화를 하면 다른 공장에서 자막을 입히고 또 다른 공장에서 라벨을 붙이는 식으로 업계가 굴러갔지만 소니는 자체적으로 녹화도 하고 자막도 만들고 카세트도 리로드하고 상자와 라벨도 넣어줬다. 게다가 포장과 유통까지 가능한 모든 서비스를 제공했다.

파리소토는 사업을 변화시켜야 할 때가 됐다는 걸 깨달았다. 소매업계는 경쟁이 치열하고 자기 상품이 없으면 큰돈을 벌기가 어렵다. 다른 상점들도 다 가지고 있는 제품을 재판매해서는 최고가 될 수 없었다. 그는 결국 모든 분야를 운영할 수 있는 전문업체를 구입하기로 결정하고 자신의 최대 경쟁자인 로하스 아르노Lojas Arno에게 소매사업체를 매각하려고 찾아갔다.

아르노는 파리소토의 말을 믿지 않았다. 누구나 집에서 비디오를 녹화할 수 있는데 왜 그걸로 사업을 하려고 하느냐는 반응이었다. 이런 전략이 얼마나 중요한지 깨달은 것은 파리소토뿐이었다. 가장 큰 경쟁자가 시장을 떠나는 기회를 놓치기 싫었던 아르노는 파리소토의 제안을 받아들였다.

파리소토는 200만 달러에 회사를 팔았다. 그리고 이 돈을 다른 업계에 뛰어들어 제조업자가 되는 데 투자했다. 그렇게 창업한 회사 비디올라는 풀서비스 패키지를 제공해 수익성이 매우 좋았다. 소니 픽처스Sony Pictures, 폭스Fox, 워너Warner, 파라마운트Paramount, 유니버설 Universal, 디즈니Disney의 판매권을 모두 확보했고 이 여섯 개 회사가 브라질 시장에서 판매하는 상품은 전부 그의 공장에서 제작됐다. 파리소토는 전체 시장의 90퍼센트를 손에 넣는 데 성공했고 억만장자가 됐다. 그는 인터뷰에서 이렇게 말했다.

"사람들은 계속해서 여러분을 과소평가할 것입니다. 그런 일 때문에 낙담하지 마세요."

프랑크 스트로나흐도 비슷한 경험을 했다. 스트로나흐는 제너럴 모터스General Motors의 주요 납품업체가 된 뒤 그곳에서 강연을 한 적이 있었다. 그때 그는 공장을 100개 가지고 있었는데 강연에 참석한 제너럴 모터스의 핵심경영진이 그 말을 듣고 "그렇게 빨리 성장한다면 제너럴 모터스보다 더 커지겠네요"라고 비웃었다. 스트로나흐는 이렇게 대꾸했다.

"그래요, 내가 제너럴 모터스를 인수하는 건 시간 문제일 뿐이죠."

그 자리에 있던 사람들이 웃으며 박수를 쳤다. 그 생각이 우스꽝스럽게 보였던 것이다.

몇 년 후, 스트로나흐는 실제로 제너럴 모터스의 지분을 상당 부분 차지할 수 있는 기회와 능력을 갖게 됐다. 아담 오펠 AGAdam Opel AG 라는 제너럴 모터스의 유럽 자회사의 입찰에 참여한 것이다. 비록 정치적인 문제 때문에 인수는 실패했지만 스트로나흐는 400억 달러 가까운 매출과 16만 명 이상의 직원을 보유한 세계 최대의 자동차부품 제조업체를 세웠다.

사람들이 당신을 얕보려고 해도 절대 낙담하지 마라. 특별한 일을 하려고 하면 남들의 조롱을 받는 법이다. 놀림받았다고 기가 꺾여서는 억만장자가 될 수 없다.

▌나만의 보트를 띄워라

"오만한 사람은 꼭 넘어진다"는 독일속담이 있다. 자신감은 성공에 중요한 요소이지만 과신은 진행속도를 늦추거나 심지어 우리를 파멸시킬 수도 있다. 과거의 성공은 특히 위험한 함정이다. 지나치게 자신하거나 낙관적이라면 보트B.O.A.T.가 뒤집어질 수 있다.

과거의 성공이 미래의 성공을 방해하게 놔두지 말자. 휴스뉴 외즈예인에 따르면 성공이 자만으로 이어지는 순간 실수를 저지르기 시작한다. 질문을 적게 하고 충분히 위험을 평가하지 않고 자신이 무적이라고 생각하는 순간 인생의 큰 위험이 시작된다.

페터 스토달렌은 성공했다는 생각이 몰락을 불러온다고 말한다. 대체할 수 없는 인물이 됐다고 느끼는 순간 해고당한다는 것이다. 열다섯 살 때 어머니에게 100달러를 빌려 사업을 시작한 차이둥칭도 마찬가지였다. 수동기계로 플라스틱 나팔을 만들어 팔았던 그는 좋은 성과를 거둔 뒤 친척과 함께 사업을 확장했다 번 돈을 모두 잃고 빚까지 졌다.

지금까지 억만장자들을 앞으로 나아가게 만들었던 긍정의 힘을 살펴봤다. 자신을 믿고 자기가 이룰 수 있는 일들을 낙관하는가? 반대자들 때문에 낙담하는가, 자신의 목표를 확신하는가? 자, 이제 자만을 버리고 조심스럽게 잘될 거라는 믿음을 가지고 나만의 보트를 띄울 시간이다.

보통 사람 vs 백만장자 vs 억만장자

- 목표 없이 이리저리 전전하는 사람은 자신을 믿지 않고 회의론자의 말에 쉽게 낙담한다.
- 백만장자는 제한적인 신념을 갖고 작은 꿈을 추구한다.
- 억만장자는 무슨 일이든 가능하고 다 이룰 수 있다고 믿는다.

억만장자는
다른 곳을 보았다

I was worth over 100 million dollars when I was 25.
And it wasn't that important,
because I never did it for the money.

내가 스물다섯 살 때 내 가치는 1억 달러가 넘었다.
하지만 그건 중요한 게 아니었다.
나는 돈을 벌려고 일을 한 적이 없기 때문이다.

_스티브 잡스

돈은 사업에서 중요한 역할을 한다. 하지만 사업이 무조건 돈을 벌려고 하는 일이라는 건 잘못된 생각이다. 돈은 성과를 측정할 때 사용할 수 있는 보편적인 수단일 뿐이다.

사업을 스포츠에 비유하자면 돈은 곧 점수다. 점수가 높다는 것은 성과가 좋다는 뜻이다. 기록이 좋은 선수는 높은 수준의 경기를 뛰고 훌륭한 선수들과 경쟁해 더욱 자신을 발전시킨다. 미하일 솔로포프는 이걸 올림픽에 비유한다. 올림픽에 출전한 주자는 금메달을 따려고 달린다. 하지만 그가 갈망하는 건 메달에 들어 있는 금이 아니다. 그는 이 메달 덕분에 광고계약을 체결하고 텔레비전 프로그램의 출연료를 받게 된다. 또한 시상대에 올라 국가가 연주되는 것을 듣고 사람들의 갈망을 충족시켰다는 사실에 감동과 기쁨을 느낀다. 운동선수는 이 모든 것을 위해 달린다.

▌돈은 사업의 주된 요소가 아니다

나빈 자인은 이렇게 말했다. "돈벌이는 일의 부산물일 뿐이다." 돈을 인생의 목표로 삼지 말고 성공의 증표로 여기자.

모헤드 알트라드는 나와의 인터뷰에서 인생의 유일한 목표가 돈이나 사치품이라면 결국 실패할 것이라고 말했다. 그는 그와 비슷한 시기에 사업을 시작한 사람들을 많이 만났다. 그들의 목표는 원하는 수준에 이르면 회사를 매각하는 것이었다. 대부분은 이 목표를 달성하는 데 실패했고 몇몇은 매각제의를 받았지만 더 큰 조건을 걸 때까지 거절했다.

알트레드는 100만 달러를 제안받은 회사도 보았다. 그 회사는 제안을 거절했고 얼마 뒤 1억 달러를 제안받았다. 하지만 그들은 "그 정도로는 부족하다. 우리는 10억 달러를 원한다"고 주장했다. 하지만 불행히도 결국 그 회사는 파산했다. 알트레드는 이 사례를 소개하며 이렇게 말했다.

"돈을 목표로 하지 마세요. 회사의 목표는 구성원들이 행복하고 인류애를 추구하며 지속가능해지는 것입니다. 주머니에 1억 달러가 있는 것과 2억 달러가 있는 것에 어떤 차이가 있을 것 같습니까? 아무런 차이도 없습니다."

회사의 유일한 목표가 돈이라면 그건 실패한 것이나 다름없다. 사업의 동기는 억만장자와 백만장자의 주된 차이점이다. 돈을 벌려고, 사치스럽게 살려고 사업을 시작하면 원하는 수준에 도달하자마자 의욕을 잃고 그저 그런 수준에 머물거나 모든 걸 잃을 수도 있다.

스칸디나비아의 호텔 왕이라고 불리는 페터 스토달렌은 억만장자들은 돈을 위해서 일하지 않는다고 말한다. 그들을 움직이는 건 돈이 아니라 재미다. 억만장자들은 결코 정착하지 않고 편안해지지 않으며 은퇴를 갈망하지 않는다. 단순히 부자가 되려고만 한다면 절대 그 지점에 도달할 수 없다. 하지만 좋아하는 일을 찾아서 한다면 그리고 그를 위해 최선을 다할 각오가 돼 있다면 계속해서 회사를 성장시키고 억만장자가 될 것이다.

피터 하그리브스는 1,200억 달러가 넘는 자금을 운용하는 영국의 금융 서비스 회사 하그리브스 랜스다운을 설립했다. 그 역시 비슷한 이야기를 했다. 그는 나에게 인터뷰에서 자신이 성공을 거둘 수 있었던 놀라운 비결을 알려줬다. 바로 일하는 모든 순간을 사랑한 것과 돈이 아닌 성공을 위해 일을 한 것이다.

나빈 자인도 오래전 이 사실을 깨달았다. 그는 고향 인도에서도, 이주한 미국 뉴저지에서도 늘 가난에 시달렸다. 돈을 벌고자 갈망했던 그는 인도에서 알고 지내던 친구가 10만 달러에 회사를 매각했다는 소식을 듣고 캘리포니아로 향했다.

자인은 만약 친구처럼 10만 달러가 있다면 어떻게 할지 상상해봤다. 10만 달러가 있다면 다시는 생계를 위해 일하지 않아도 될 것이다. 꿈도 이루어질 것이었다. 자인은 왠지 해낼 수 있다는 생각이 들었다. 시간이 흘러 자인은 실리콘밸리를 떠나 주식상장을 앞둔 마이크로소프트에 입사했다. 윈도우 3.0이 출시되면서 6개월 만에 자인이 가진 회사 스톡옵션 가치가 10만 달러를 넘겼다.

꿈에 그리던 10만 달러를 가졌으니 행복해야 마땅했다. 그런데 자인은 불현듯 세금을 내야 한다는 것을 떠올렸다. 세후 10만 달러가 아니라면 아무 의미도 없었다. 한 달이 지나 스톡옵션 가치가 15만 달러로 올랐다. 세금을 내도 10만 달러가 남았다. 그러자 자신이 정말 원하는 건 10만 달러가 아니라 집이라는 것을 깨달았다. 집과 10만 달러를 모두 가져야만 진짜로 행복해질 수 있다는 것이었다.

마침내 자인은 작은 집을 살 수 있는 돈과 10만 달러까지 가졌다. 하지만 집이 작으면 소용이 없었다. 부부가 대가족을 꾸릴 수 있을 만큼 넓어야 했다. 대저택과 10만 달러를 가진 다음에는? 이제 시대가 변했다. 10만 달러로는 아무것도 살 수 없었다. 편하게 살려면 적어도 100만 달러는 있어야 했다. 그는 이렇게 말했다.

"'이제 돈은 이 정도면 충분해!'라고 말하는 순간은 결코 찾아오지 않습니다. 지금 돈이 얼마나 있든 항상 여러분이 원하는 다음 목표가 생길 것입니다. 결국 인도에서 온 그 사람에게는 영영 행복이 찾아오지 않았습니다. 처음에 그가 원했던 건 10만 달러였고 액수는 중요하지 않았어요. 생각을 고쳐먹기 전까지는 돈이 아무리 많아도 충분하지 않았을 테니까요. 그러니까 이건 결국 인생이 어떻게 변하느냐에 대한 이야기였습니다."

돈 때문에 일하지 말자. 억만장자들은 창조하는 걸 좋아한다. 그들은 사업을 시작하거나 개선하거나 비즈니스 모델 또는 프로세스를 최적화하는 걸 선호한다. 무엇보다 성장하는 걸 즐긴다. 이제 억만장자들을 그 자리까지 갈 수 있게 해준 동기를 살펴보자.

▌어떤 동기를 추구할 것인가

자수성가한 억만장자들 가운데 상당수의 첫 번째 동기는 가난에서 벗어나는 것이었다. 나빈 자인은 인도 시골에서 태어났다. 그의 머릿속에는 그저 가난에서 벗어나 살면서 유용한 일을 하고 싶다는 생각뿐이었다.

자인의 어머니는 글을 전혀 모르는 문맹이었다. 어머니는 자인이 학교에서 오면 옆에 앉아서 문제를 풀어보라고 시켰다. 본인이 글을 읽을 줄 모른다는 걸 알아차리지 못하게 하면서 말이다.

어머니는 자인에게 숙제의 답을 말해보라고 했고 자인이 답을 적으면 "확인해보지 않아도 되게 똑바로 풀어"라고 했다. 그 말을 들은 자인은 문제를 다시 풀었다. 이는 가족을 가난의 악순환에서 벗어나게 하고 싶었던 그리고 교육이 그 유일한 길이라는 것을 알았던 어머니의 사랑방식이었다.

수도도 연결돼 있지 않은 브라질의 농장에서 태어난 리리오 파리소토에게는 특별한 꿈이 없었다. 그는 단지 가난에서 벗어나고 싶을 뿐이었다. 그의 농장에는 전기도 트랙터도 아무것도 없어 황소로 밭을 갈아야 했고 그 일은 너무 힘들었다. 파리소토는 무엇이 되고 싶은지도 잘 몰랐지만 딱 하나만을 간절히 원했다. 그곳을 벗어나 인생을 바꾸는 것이었다.

내가 인터뷰한 이들 중 몇 명은 가난에서 탈출하면 자유로워질 수 있다는 걸 어릴 때부터 깨달았다. 자유에 대한 갈망이 억만장자를 만든 것이다. 예컨대 전후 오스트리아에서 자란 프랑크 스트로나흐는 굶주림을 경험했다. 그는 배고픔에서 벗어나 남에게 복종하는 일 없이 자유로워지고 싶었다. 그 꿈을 달성한 후에는 다른 사람들을 자유롭게 만들어주고 싶어졌다. 잭 코윈의 경우도 마찬가지였다. 그는 스스로 영향력을 가지고 원하는 일을 자유롭게 할 수 있는 사람이 되기 위해 사업을 시작했다.

문제해결을 추구해 억만장자가 된 사람들도 있다. 딜립 샹비는 "사업에서 정말 성공하고 싶다면 먼저 해결할 문제부터 찾으라"고 조언한다. 아직까지 해결되지 않은 문제를 해결할 수 있다면 흥미로운 사업 기회를 만들 수 있다는 것이다.

미하일 솔로포프도 비슷한 견해를 갖고 있다. 그는 문제를 통해 의욕을 얻는다. 억만장자가 되고 억만장자로 사는 것에서는 아무런 동기를 찾지 못한다. 일상생활에서 문제를 발견하면 이를 해결하려는 욕구가 솔로포프를 움직인다.

실패하지 않고 살아남아 점점 더 나은 성과를 내는 것은 내가 아는 모든 기업인의 목표다. 솔로포프는 완벽하지 않더라도 스스로의 힘으로 현재 상황을 점점 좋아지게 만드는 것에 만족감을 얻는다. 비슷한 맥락에서 페터 스토달렌은 "오늘은 어제보다 더 잘해야겠지만 내일만큼 잘하지는 않길 바란다"고 말했다. 토니 탄 칵셩 또한 "나는 사업을 하면서 우리 회사가 정말 좋은 제품을 만들어냈을 때 행복을 느낀다"고 이야기한다.

새로운 것을 시도하고 새로운 영역을 개척하고 새로운 지식을 습득하는 것, 즉 모험 자체가 억만장자들에게 중요한 원동력이 되기도 한다. 페터 스토달렌은 이 감정을 이렇게 설명했다.

"다 두고 떠나려는 의지, 새로운 모험을 추구하려는 결심, 도약하는 자세, 밖으로 나가려는 태도… 이런 것으로 설명할 수 있겠죠. 그 길이 얼마나 멀고 험한지는 아무도 모릅니다. 그냥 가보는 거예요. 다른 사람들이 보지 못한 기회를 보기 위해서요."

억만장자들은 창조자다. 그들은 자신의 비전을 현실로 만드는 데서 즐거움을 느끼고 자신의 힘을 발휘해 사물을 살아 움직이게 한다. 토니 탄 칵셩은 더 큰일, 더 큰 꿈을 이루고 싶어 일한다. 프랑크 하센프라츠는 오래도록 지속되는 뭔가를 만들고 싶어서, 칩 윌슨은 세상에 자손 대대로 유지될 흔적을 만들고 싶어서 일한다.

사회적 영향력을 확장하고 싶다는 생각으로 노력하는 억만장자도 많다. 전설적인 사회주의자 네루Jawaharlal Nehru의 가르침을 받은 나라야나 무르티는 역설적으로 기업가정신이 세상의 해결할 유일한 방법임을 깨달았다. 그는 매일 아침 여섯 시, 이 사회에 소득이 높은 일자리를 더 많이 만들어내기 위해서 출근한다.

최고가 되고 싶다는 마음이 억만장자들을 나아가게 하는 경우도 있다. 이들은 경쟁을 즐긴다. 이기기 위해서는 최고가 돼야 하고 그러려면 경쟁을 벌여야 하기 때문이다.

피터 하그리브스는 스티븐 랜스다운과 함께 회사를 설립할 때 목표를 어떻게 정했는지 기억하고 있다. 하그리브스는 설립한 회사를 가장 크게 키우고 싶었고 랜스다운은 항상 최고가 되고 싶었다. 그들은 처음부터 본인이 억만장자가 될지도, 회사가 1,500억 달러를 보유하게 될지도 몰랐지만 영국에서 가장 큰 민간투자회사가 될 것이라는 것은 알고 있었다.

세르게이 갈리츠키 역시 마찬가지다. 처음 그의 목표는 생존이었지만 나중에는 경쟁과 승리로 바뀌었다. 경쟁자와의 첫 만남이 그를 변화시켰다. 그는 그때를 회상하며 이렇게 말했다.

"그 사람들은 우리보다 지적으로 나은 부분을 전혀 찾아볼 수 없었지만 경쟁자들 가운데 가장 강했어요. 누군가가 자기보다 지적으로 우월하다고 느끼면 기가 꺾이고 풀이 죽어서 자신의 위치를 다르게 설정하게 됩니다. 하지만 그런 우위를 느끼지 못하면 자기가 1등이 될 수 있다는 걸 깨닫기 시작하죠. 상대방이 나보다 강하지 않다는 느낌과 생각이 들자 승리에 집착하게 됐습니다."

매니 스툴의 주된 동기는 성공과 승리다. 론 심은 성취에서 그리고 차오더왕은 성공을 통해 의욕을 얻는다.

모든 억만장자들의 공통분모는 그들이 사업 자체에 열정을 품고 있다는 것이다. 그들은 사업이 매우 재미있다고 생각한다. 세상에 천부적인 사업가 같은 게 있다면 피터 하그리브스가 바로 그런 사람이다. "전 사업을 사랑합니다. 살면서 이것 외에는 뜨거운 열정을 품은 일이 없어요. 물론 아주 성공적이기 때문에 열정이 더 커지는 것도 있어요"라고 말할 정도다.

▍동기는 언제나 변화한다

억만장자들의 동기는 항상 같지 않았다. 사회적 위치가 변화함에 따라 그들을 움직이는 요인도 달라졌다. 예컨대 차이둥칭의 첫 번째 목표는 원래 가족을 부양하는 것이었지만 억만장자가 된 지금은 사회에 가치 있는 일을 하는 것으로 바뀌었다.

차이둥칭의 목표가 변화함에 따라 그의 회사 알파Alpha 역시 여러 가지 전략적 변혁을 통해 중국의 범엔터테인먼트 업계에서 선두에 나서고 있다. 차이둥칭은 알파가 그동안 장난감을 통해 세상에 꿈과 즐거움, 지혜를 안겨준 것처럼 앞으로 사람들의 삶에 광범위한 영향을 미칠 수 있기를 바란다.

모바일 메신저 카카오톡을 통해 한국 사회의 커뮤니케이션 채널을 지배하는 김범수 역시 마찬가지다. 그의 동기는 성공 중심에서 영향력 중심으로 바뀌었다.

김범수의 경력은 크게 두 단계로 나뉜다. 첫 번째 단계는 한게임을 시작했을 때다. 그때 그의 주요 관심사는 성공, 많은 돈을 벌고 회사를 성장시키는 것 등이었다. 반면 두 번째 단계인 카카오는 다양한 부문에서 사회적 영향력을 행사하고 있다. 그리고 김범수는 영향력을 이용해 이 세상을 의미 있는 방향으로 변화시키고 싶어 한다. 카카오의 특이한 점은 한국 정부보다 더 빨리 전국에 영향을 미칠 수 있다는 것이며 그는 때로 이에 책임감을 느낀다.

모헤드 알트라드도 겸손한 태도로 자신의 동기에 대해 이야기한다. 외국인으로서 프랑스에 정착해야 했던 알트라드는 사업을 하면서 자신이 이 나라에 살 자격이 있다는 걸 증명하기 위해 노력했다고 고백했다. 만약 모든 사람이 자기가 그 사회에 살 자격이 있다는 걸 증명하려고 애쓴다면 세상이 얼마나 더 나아질까?

▎당신의 존재 이유는 무엇인가?

"아주 훌륭한 목적을 위해 살아라"는 론 심이 평생 들었던 조언 가운데 가장 값진 조언이었다. 우리는 모두 어떤 목적을 위해 이곳에 온 것이다. 그러니 그 목적을 찾아서 최선을 다해 살아가자.

나빈 자인도 자신의 삶을 그런 시각에서 바라본다. 그는 종교적인 사람이 아니지만 살면서 늘 '나는 어떤 목적을 이루기 위해 이곳에 있는 게 틀림없다'고 생각해왔다. 내가 어떤 목적을 위해 여기 있는 것이라면 최대한 세상에 유용한 일을 해야 하며 다른 사람들이 보고 배울 수 있는 업적을 남겨야 한다고 믿는 것이다.

삶의 목표를 찾는다는 건 곧 자기가 원하는 가치를 찾고 그것을 계속 추구해나가면 되는 아주 간단한 일이다. 그렇다면 그것이 뭔지 알아내는 방법이 있을까? 칩 윌슨의 '고슴도치 원칙'을 시도해보자.

고슴도치 원칙이란 이런 것이다. 우선 서로 겹치는 원 세 개를 그린다. 첫 번째 원에는 자기가 열정을 품고 있는 일들을 적는다. 두 번째 원에는 지금 매우 잘하거나 앞으로 세계 최고 수준으로 잘할 수 있는 일들을 적는다. 그리고 세 번째 원에는 수익성 있는 일들을 적는다. 이 세 개의 원의 교차하는 지점이 바로 나를 성공으로 이끌 일이다.

당신의 동기는 무엇인가? 금광의 함정에 빠지지 않게 조심하면서 자신의 목표를 추구하자.

보통 사람 vs 백만장자 vs 억만장자

- 목표 없이 이리저리 전전하는 사람은 수입을 얻고 싶어 하지만 개인적인 부를 일구지는 못한다.
- 백만장자는 개인적인 부를 일구려고 하지만 목표를 달성하면 의욕을 상실한다.
- 억만장자는 개인적인 부가 아닌 다른 것에서 동기를 찾으며 목적의식이 강하고 성장하려는 의욕을 절대 잃지 않는다.

"억만장자들은 돈을 위해서 일하지 않는다. 그들을 움직이는 건 돈이 아니라 게임의 재미다. 결코 정착하지 않고 결코 편안해지지 않으며 결코 은퇴를 갈망하지 않는다. 단순히 부자가 되려고만 한다면 절대 그 지점에 도달할 수 없다."

_페터 스토달렌

비전이
방향을 제시한다

MEN WANTED
for hazardous journey, small wages, bitter cold,
long months of complete darkness,
constant danger, safe return doubtful,
honour and recognition IN CASE OF SUCCESS

구인 공고!
위험한 여정, 적은 임금, 혹한,
몇 달씩 이어지는 칠흑 같은 어둠, 끊임없는 위험,
보장할 수 없는 안전 귀환에도 불구하고
성공할 경우 명예와 인정을 얻고자 하는 사람.

_어니스트 섀클턴

많은 억만장자들이 훌륭한 비전을 성공의 중요한 열쇠라고 말한다. 예컨대 차오더왕은 성공의 세 가지 요건으로 믿음, 비전, 실행을 꼽는다. 위대한 모험을 시작하기에 앞서 자신의 비전을 확립하자. 비전은 사업의 성패를 결정짓는다.

▌ 훌륭한 비전은 사람을 매혹시킨다

당신의 비전은 무엇인가? 장기적인 목표, 즉 비전을 정하려면 먼저 자기 자신을 잘 파악해야 한다. 세르게이 갈리츠키의 꿈은 프로 축구 선수가 되는 것이었다. 하지만 실력이 부족했다. 자신의 한계를 깨달은 그는 다른 인생의 비전을 세웠다.

모헤드 알트라드는 "내 강점은 현재 내 상황에 맞는 비전을 세우고 이를 미래에 적절히 투영하는 것이다"라고 말한다. 이처럼 훌륭한 기업가는 좋은 비전을 제시할 줄 안다. 우리의 비전은 우리 스스로는 물론 다른 사람들에게도 영감을 안겨줄 수 있다. 또한 경력을 쌓고 어려움과 좌절을 이겨내는 데 도움이 될 것이다. 우리가 세운 비전이 다른 사람들을 고무시킬 수 있다면 그들이 우리의 대의명분을 따르고 앞길을 가로막는 장애물을 제거하는 데 도움을 줄 것이기 때문이다.

모든 억만장자는 고무적인 비전을 품고 일을 시작했다. 프랑크 스트로나흐는 처음 사업을 시작할 때 자기중심적인 비전을 가지고 있었다. 그는 그저 일상에서도 경제적으로도 자유로워지기를 원했다.

나빈 자인은 달에 가겠다는 정신 나간 비전을 가지고 있다. 그의 주변 사람들은 자신의 놀라운 목표를 보며 자기만의 혁신적인 비전을 품는다. 그는 자신의 비전을 더 자세히 설명하며 이렇게 말했다.

"제게 달에 간다는 건 그냥 그걸로 끝이 아니에요. 인도인들과 전 세계 사람들에게 출신이 성공을 결정하지 않는다는 걸 알려주는 게 목표죠. 만약 제가 꿈꾸던 대로 달에 착륙할 수 있다면 당신은 무슨 꿈을 꾸겠습니까? 달탐측선을 찾기 위해 최선을 다하는 것은 다른 사람들을 정말 고무시키는 일입니다. 꼭 달에 간다는 비전이 아니더라도 사람들을 놀라게 한 자기만의 비전을 가지면 됩니다."

현재 그는 달에 로봇을 보내기 위한 계획을 세우는 중이지만 향후 20년 안에는 유인우주선도 띄울 예정이다. 그의 궁극적인 목표는 허니문honeymoon의 정의를 연인honey을 달moon에 데려간다로 바꾸는 것이다.

내가 인터뷰한 모든 억만장자들 가운데 비전을 사업에 가장 자주, 극적으로 활용한 사람은 아마 페터 스토달렌일 것이다. 그는 호텔 사업을 하며 새로운 프로젝트를 시작할 때마다 고무적인 비전을 만들고 전달하는 데 공을 들인다.

마법 같은 비전 덕분에 스토달렌은 스톡홀름에서 수많은 경쟁자를 따돌리고 거대한 호텔 프로젝트 계약을 성사시킬 수 있었다. 10퍼센트의 가능성으로 마흔 개 호텔 회사를 제치고 프로젝트를 따낸 것이다. 처음 경쟁률을 들은 스토달렌의 반응은 이러했다.

"20퍼센트의 가능성을 가진 회사가 있나? 가능성이 10퍼센트라는 이야기는 우리가 다른 사람들보다 80퍼센트 앞섰다는 뜻이지. 대부분의 회사들은 가능성이 2~3퍼센트밖에 안 되니까."

스토달렌은 입찰을 위해 프레젠테이션을 준비하는 직원들에게 상대가 제시하는 비전에 나를 맞추지 말고 본인들 스스로 가장 바람직하다고 생각하는 비전을 보여주라고 충고했다. 그렇게 스토달렌은 프로젝트 조감도에 호텔 하나를 옮겨넣고 새 호텔을 세우고 스카이바와 수영장, 스파 등 모든 걸 추가했다. 프로젝트 주최 측이 프레젠테이션이 진심인지 묻자 스토달렌은 이렇게 답했다.

"저는 돈을 벌기 위해 여기 있는 게 아닙니다. 이 프로젝트에 대한 진심을 말하려고 왔어요. 이건 미래의 호텔을 정의하게 될 프로젝트입니다. 비용이 얼마나 들건 상관없습니다. 우리는 마법 같은 일을 실제로 이루어낼 것입니다."

스토달렌은 본인이 계산기부터 두드리고 시작하지 않았다는 사실을 상대가 알아봐주길 바랐다. 그는 열정과 열의 그리고 정말 엄청난 마법을 부리려는 거대한 야망을 보여줬고 그 비전은 모두를 매혹시켰다. 상상해보자. 한 남자가 나타나 '나는 마법을 부릴 거다. 뭔가 다른 일을 해낼 거다'라고 말한다면 넘어가지 않을 수 있겠는가? 그리고 스토달렌은 약속대로 마법 같은 일을 해냈다.

▌가장 중요한 것을 비전으로 선택하라

무엇을 비전으로 설정해야 할까? 항상 중요한 것을 옹호하자. 다른 사람들을 위해 엄청난 가치를 창조하자. 자신을 둘러싼 세상을 개선하며 사람들의 삶을 향상시키는 것에 초점을 맞추는 것이다.

칩 윌슨에게 비전은 자기 자신보다 거대하고 결코 성취할 수 없는 것을 뜻한다. 그의 비전은 평범한 세계를 위대한 수준으로 끌어올리는 것이다.

미하일 솔로포프는 자신의 첫 번째 상장기업에 폴리시 라이프 임프루브먼트Polish Life Improvement, PLI라는 자랑스러운 이름을 붙였는데 이는 그 회사가 진행하는 프로그램의 이름이기도 하다. 그는 자신이 하는 일이 주변 사람들의 삶의 질을 높이는 것이라고 믿는다. 실제로 솔로포프는 새 아파트, 사무실, 쇼핑센터를 짓거나 뭔가를 제조하면서 사람들의 생활수준을 개선하고 자신의 영향력을 사회 전체로 확산시키고 있다.

휴스뉴 외즈예인은 불우한 이들에게 교육의 기회를 제공하는 일에 전념하고 있다. 그는 이스탄불에 외즈예인 대학을 설립하기도 했는데 이와 관련된 그의 비전은 터키의 수출력을 높일 인재와 상품을 개발하는 것이다.

외즈예인은 늘 학생들이 세상에 나가 어떻게 성공할 수 있을지를 상상한다. 젊은 교수들이 삶에 영향을 줄 혁신적인 연구를 하는 모습도 그려본다. 졸업생들이 기업가가 돼 터키 경제에 기여하는 모습도 꿈꾼다. 하지만 그의 인생 비전은 이것보다 더 위대하다. 앞으로 10년 동안 100만 명의 터키인에게 영향을 미치는 것이다.

페터 스토달렌의 사업 비전에도 환경과 사회적인 시각이 담겨 있다. 그의 현재 목표는 트리플 바텀라인triple bottom-line을 가진 회사를 만드는 것이다. 트리플 바텀라인이란 이윤, 지속가능성, 사회적 책임이라는 세 영역을 모두 추구하는 것을 뜻한다.

프랑크 스트로나흐는 '페어 엔터프라이즈Fair Enterprise'라는 개념을 만들었고 이를 그의 회사에서 구현했다. 페어 엔터프라이즈란 경영자, 투자자, 직원 등 수익 창출에 기여한 모든 사람들에게 성공에 대한 공정한 몫을 나눠주는 제도다. 이를 통한 스트로나흐의 장기적인 비전은 빈곤을 없애는 것이다. 그는 이렇게 말했다.

"세상에는 가난한 사람이 많습니다. 인생에서 가장 중요한 두 가지는 존재하고 살아갈 자유와 다른 사람들과 더불어 살아가는 것입니다. 하지만 디트로이트 시내에 사는 빈곤한 젊은이나 아이들에게는 자유가 별 의미가 없죠. 경제적으로 자유롭지 못하다면 진정한 자유인이 될 수 없습니다.

황금률이란 말을 들어봤습니까? 이 세상에서는 금을 가진 사람이 규칙을 만들고 사람들은 항상 이 규칙에 의해 지배당해왔습니다. 지금도 여전히 그렇습니다. 저는 누군가에게 지배당하고 싶지 않습니다. 따라서 지배의 사슬을 해체해야 합니다. 물리적인 혁명이 아니라 정신적인 혁명에 의해서요. 페어 엔터프라이즈의 철학은 직원들이 스스로 창출한 회사의 이익 일부를 가져갈 권리를 가지고 있다는 믿음에서 비롯됐습니다."

토니 탄 칵셩의 목표도 비슷하지만 좀 더 구체적이다. 그의 미션은 사람들이 정말 음식을 즐길 수 있는 아주 질 좋은 음식을 제공하는 식당을 많이 만드는 것이다. 값이 저렴하고 훌륭한 패스트푸드 매장을 찾기가 정말 어렵기 때문이다.

차이둥칭의 비전은 더 나은 세상을 만들고 사람들을 행복하게 해주기 위해 최선을 다하는 것이다. 그는 엔터테인먼트를 통해 중국인들의 정신을 만족시켜주고 싶어 한다. 만화, 애니메이션, 영화, 게임이나 다른 새로운 형태의 오락적인 콘텐츠를 제공해서 사람들의 생활과 영혼에 더 큰 행복을 안겨주는 것을 사명으로 여긴다.

김범수는 기술의 한계를 넓히는 것을 목표로 한다. 그는 이미 카카오를 통해 다양한 비즈니스 모델을 발명했고 인터넷과 모바일 세계에 새로운 패러다임을 도입했다.

김범수는 말 그대로 세상의 미래를 건설하고 있다. 그는 도전자의 입장에서 그리고 개척자의 느낌으로 미래를 탐구하고 건설한 사람으로 사람들에게 기억되길 원한다. 그에게 있어 성공은 자신이 태어났을 때보다 세상을 더 좋은 곳으로 만들고 적어도 한 사람을 행복하게 하는 것이다.

팀 드레이퍼의 사명은 전 세계에 기업가정신과 벤처 자본을 보급하는 것이다. 그는 세계의 발전을 가속화하는 데 일익을 맡은 사람으로 남고 싶어 한다.

모헤드 알트라드는 전 세계에 친절한 태도를 퍼뜨리는 것을 비전으로 삼았다. 그는 많은 돈을 버는 데 별 관심이 없다. 알트라드는 자신이 추구하는 가치를 사훈으로 확립했고 이것이 널리 퍼져나가 미래세대에 영구적으로 도움이 되기를 바란다. 그 목표는 바로 세상을 구하는 것이다. 그리고 그가 세상에 확산시키고 싶은 중심적인 가치는 믿음과 희망이다.

▎ 자신의 비전과 가치를 효과적으로 전달하라

비전을 설정하는 것과 그걸 남들에게 전달하는 건 별개의 일이다. 나의 비전으로 다른 사람들에게 영향을 미치려면 그걸 효과적으로 전달하는 법을 익혀야 한다.

그러기 위해서는 우선 자신의 비전이 무엇이고 이루고자 하는 일이 뭔지 명확히 파악할 필요가 있다. 이유는 간단하다. 자기가 무엇을 원하는지 모른다면 어떻게 그 목표를 달성할 수 있겠는가? 이와 관련해 론 심은 이렇게 말했다.

"무엇이 제 성공을 결정지었을까요? 저는 늘 자기가 믿는 것과 하는 일, 이 두 가지가 함께 힘을 발휘할 때 성공한다고 말합니다. 저는 항상 자신을 믿었습니다. 뭔가를 결정해야 할 때면 그 순간 제가 가장 하고 싶은 일이 뭔지 명확하게 알고 있었습니다."

남들이 당신의 비전을 제대로 이해하게 하고 싶다면 전하려는 메시지를 명확하게 해야 한다. 단순한 게 최고다. 딜립 샹비는 복잡한 문제를 단순화하는 능력이 바로 리더로서 자신의 장점이라고 말한다. 비전을 전달할 때는 필요한 것만 표현해도 충분하다.

미하일 솔로포프는 폴란드의 정치제도가 바뀐 직후 건설회사를 설립했다. 당시 폴란드에는 모든 게 부족했다. 건축을 하는 데 시멘트는 꼭 필요한 재료지만 이조차 구하기가 쉽지 않았다. 그래서 솔로포프는 시멘트 공장에 무작정 찾아가 복도에 앉아 기다렸다. 그때 어떤 남자가 다가와 그에게 뭘 하고 있는지 물었다. 그 남자가 바로 시멘트 공장의 공장장이었다.

솔로포프는 공장장에게 자신이 학생이고 학교를 졸업한 지 1년 됐다고 말했다. 또한 자신의 회사가 발전하고 있는데 시멘트가 없어서 궁지에 처했다는 이야기를 들려줬다. 그러자 공장장이 말했다.

"좋아요, 한 가지 조건만 들어준다면 원하는 만큼 시멘트를 사게 해드리죠. 이곳에 저희 공장 직원들과 그 가족을 위한 주택단지를 건설해주세요."

솔로포프가 사업을 하면서 체결한 계약은 대부분 그런 식으로 진행됐다. 그가 뭔가를 이루려고 애쓸 때면 누군가가 '이런저런 일을 해주면 그걸 할 수 있게 해주겠다'고 말했고 그걸 수락하는 식으로 그의 사업은 발전했다. "다른 사람이 원하는 걸 이루게 도와주면 나도 원하는 걸 뭐든지 가질 수 있다"는 속담을 알고 있는가? 이 이야기는 그 속담의 완벽한 예다.

비전을 세울 때 중요한 원칙은 오래갈 수 있는 목표를 확립하고 그것을 널리 알리는 것이다. 모헤드 알트라드처럼 책자로 인쇄하거나 대부분의 억만장자들처럼 웹사이트나 홍보전단에 비전을 집어넣자. 또는 론 심이 회사 입구에 해놓은 것처럼 벽에 그려넣거나 페터 스토달렌같이 돌에 새겨도 좋다. 매년 스토달렌의 회사 직원들은 그해의 성과를 축하하는 컨벤션에 참석한다. 이 행사에서 스토달렌은 망치와 끌을 들고 와서 회사의 새로운 가치관을 직접 돌에 새긴다.

▌사람들을 끌어들여라

설득력 있는 비전을 가지고 있고 그걸 효과적으로 전달하는 방법을 배웠다면 이제 이를 이용해 사람들을 끌어들이고 임무에 착수해야 할 시간이다. 사업에 있어 비전은 직원뿐만 아니라 협력사와 투자자를 끌어들이는 데도 필수적인 요소다.

리리오 파리소토의 홍보담당자인 셀모 리즈골드Selmo Leisgold는 오래전 신문사에서 일했다. 파리소토가 브라질 남부 도시에서 비디오 대여 서비스를 시작했을 때 리즈골드는 "이 일에 흥미가 있지만 기회를 얻지 못했다"는 내용의 추천서를 들고 파리소토를 찾아갔다.

파리소토와의 만남은 리즈골드의 삶과 가치관을 완전히 바꿔놓았다. 리즈골드는 고작 단 한 번의 만남으로 파리소토의 위대한 비전을 실현하는 데 동참하고 싶어졌다. 파리소토는 현재 61세지만 지금도 리즈골드는 그의 말을 들으면 그를 위해 뭔가를 하고 싶어진다. 파리소토가 부드러운 매력을 발산하기 때문이다. 이렇게 설득력 있는 비전은 사람들을 끌어당길 뿐만 아니라 찰싹 달라붙게 만든다.

직원이 없으면 회사도 존재할 수 없다. 잭 코윈은 사람을 모으는 능력을 기업가의 성공 열쇠로 생각한다. 그는 수많은 젊은이를 설득해서 자신의 비전에 동참시켰고 이렇게 좋은 인재의 능력을 활용한 덕분에 성공할 수 있었다고 말했다.

훌륭한 비전을 가지고 성장하는 회사는 최고의 인재를 끌어들이고 직원들에게 동기를 부여한다. 그리고 직원들의 능력이 뛰어나고 의욕이 높을수록 회사는 더욱 성장할 수 있다. 코윈의 직원 중에는 입사 전 자기 사업으로 성공한 이들도 있었다. 코윈에게 어떻게 그런 비범한 기업가적 재능을 갖춘 직원들을 채용할 수 있었는지 물었더니 그는 "세계적인 회사로 성장한다는 비전의 일부가 됐다는 느낌을 주면 된다"고 답했다.

김범수가 직원을 고용하는 시각은 사업을 위한 팀을 꾸릴 때 비전이 얼마나 중요한 역할을 하는지 보여준다. 그가 처음 사업을 시작했을 당시 한국에서는 구직자들이 대기업을 그만두고 스타트업 기업에 입사하는 것을 선호하지 않았다. 따라서 매번 사람들을 설득해야 했다. 단순한 중간관리자를 뽑을 때도 혼자서 면접을 보고 회사에 대한 구직자의 모든 질문에 답해야 했다.

하지만 회사가 미래에 대한 비전을 제시하기 시작하고 이를 뒷받침하는 자료도 확보되자 상황이 달라졌다. 채용하고 싶은 인재에게 이 회사가 얼마나 성장할 수 있고 그들의 미래는 어떤 모습일지 보여줄 수 있게 된 것이다. 김범수는 직원들에게 자신의 사업이 미래에 중요한 역할을 할 것이고 그들이 이 흐름을 어느 정도 이해하지 못한다면 그들의 비전에는 의미가 없을 거라고 이야기해주곤 한다.

▎비전이 방향을 제시한다

고전하는 팀에는 철저한 관리가 아니라 공통된 비전이 필요한 경우가 많다. 당신의 비전은 당신이 이끄는 팀에 목표와 방향을 제시한다. 장기적인 수행과제를 정하고 구성원들이 그 방향으로 움직이도록 고무시키자. 중국의 디즈니가 되는 것을 회사의 미션으로 삼은 차이둥칭도 이 점에 동의한다. 그는 기업가에게 가장 필요한 건 회사가 이쪽 또는 저쪽으로 갈 수 있도록 올바른 전략적 방향을 설정하는 것이라고 말한다.

비전은 올바른 결정을 내리는 데 도움이 된다. 현재 처한 상황을 벗어나 추구하는 목표에 도달하기 위해 여러 방법을 모색하게 만들기 때문이다. 물론 팀 구성원들이 그 비전에 동의할 때에만 가능하겠지만 말이다. 팀 드레이퍼는 이런 상태를 "좋은 사업"이라고 칭한다.

비전은 시간이 지날수록 진화한다. 잭 코원은 이렇게 말했다.

"당신의 비전은 계속해서 진화하고 변해갈 겁니다. 1년 전의 저는 올해 제가 있을 자리에 대해 지금과 다른 비전을 가지고 있었습니다. 하지만 회사를 세우고 싶다는 생각만큼은 아주 오래전부터 꽤 뚜렷하게 가지고 있었죠.

저는 제게 투자해준 30명에게 이런 식으로 투자를 권유했습니다. '믿어주세요. 당신이 성공적인 투자를 할 수 있도록 있는 힘을 다하겠습니다. 치킨, 햄버거, 비행기… 우리가 결국 어디로 갈지는 아무도 모르지만 나는 집을 팔고 아내와 아이들과 함께 지구 반대편에 가서 사업에 뛰어들 준비가 돼 있습니다.'"

현재 코원의 비전은 다국적 피자 제국을 건설하는 것이다.

졸리비는 오늘날 세계에서 손꼽게 규모가 큰 외식업체 중 하나다. 졸리비의 창업주 토니 탄 칵셩은 회사 비전을 여러 번 바꿨다. 졸리비의 체인점이 몇 개 생겼을 때 그는 필리핀에서 1위가 되고 싶었다. 필리핀에서 1위가 되고는 아시아에서 1위가 되기를 바랐다. 이제 졸리비는 아시아에서 1위를 달리고 있다. 그는 일단 이룬 꿈은 더 이상 꿈이 아니라고 생각한다. 그래서 이제 그는 졸리비가 2020년까지 세계 5대 외식업체 중 하나가 되길 바란다.

내가 인터뷰한 많은 억만장자들의 첫 번째 비전은 가난에서 탈출하는 것이었다. 그것을 이룬 다음부터는 단계적으로 비전으로 발전시켰다. 차이둥칭의 첫 번째 비전은 이웃들에게 괴롭힘을 당하지 않도록 강해지는 것이었다. 그다음에는 사업에서 성공하기를 바랐다. 이제 그의 비전은 중국의 디즈니가 되는 것이다.

또 다른 중국의 억만장자인 차오더왕도 비전을 여러 번 바꿨다. 그의 가족은 몹시 가난했고 그는 결코 가난에 패배하고 싶지 않았다. 그에게 있어 힘든 삶은 문제가 아니었다. 그는 그저 성공을 거두기 위해 묵묵히 성실하게 일했다. 차오더왕은 첫 번째 비전으로 가난에서 벗어나는 것을 택했고 두 번째 비전으로 좋은 삶을 살도록 노력하는 것을 정했다. 그리고 현재는 중국과 세계를 위해 최고의 자동차부품을 제조하는 임무를 수행하고 있다.

당신이 추구하는 목표는 무엇인가? 미래에 대한 비전은 무엇인가? 하나를 정해놨는가? 그걸 어딘가에 적어놨는가? 그 미션은 얼마나 매력적인가? 그걸 사람들에게 명확하게 전달할 수 있는가? 그걸로 최고의 인재들을 끌어모으고 있는가?

보통 사람 vs 백만장자 vs 억만장자

- 목표 없이 이리저리 전전하는 사람들은 다른 사람의 비전을 따른다.
- 백만장자들은 매력적인 비전을 만들어서 전달하지 못하기 때문에 막연한 이야기로 한정적인 인재만 모은다.
- 억만장자들은 추종자를 끌어들이는 설득력 있는 비전을 효과적으로 전달한다.

"나는 성공을 거두기 위해 계속 남아서 차근차근 일했다. 절대 포기하고 싶지 않았고 '난 결국 패배할 거야'라는 말도 하고 싶지 않았다. 가난에서 벗어나는 것과 좋은 삶을 살도록 노력하는 것. 그게 내가 정한 방향이었다."

_차오더왕

세상에서 가장
위대한 사람들의 열정

깃발이 되지 말고
바람이 돼라

I can only show you the door.
You're the one that has to walk through it.

나는 너에게 문을 보여주는 것밖에 못해.
문을 통과해야 하는 사람은 바로 너야.

_영화 〈매트릭스〉

우리는 언제나 최고의 지식, 최첨단의 기술, 최상의 조건을 가질 수 있다. 하지만 이 모든 것을 가진다고 해도 가만히 앉아 무언가를 시도하지 않는다면 아무 일도 일어나지 않을 것이다. 결코 성공하지도 못할 것이다. 그러니 행동하라!

▌ 실행하는 사람만이 쟁취한다

자리에서 일어나 움직여야만 성공할 수 있다. 미하일 솔로포프는 일단 뭔가를 하는 것이 가장 중요하다고 말한다. 적극적으로 나서야 돈벌 기회를 가질 수 있다는 것이다.

행동은 간단하다. 위대한 철학이 필요한 것도 아니다. 팀 드레이퍼 역시 성공을 꿈꾸는 사람들을 위해 해주고 싶은 조언이 있느냐는 질문에 "한 가지 목표를 정하고 그걸 추구하라"고 대답했다.

하지만 이런 드레이퍼도 가끔은 제대로 행동하지 못하는 때가 있다. 그가 한 실패는 대부분 제때 기업에 투자하지 못한 것인데 단적인 예가 페이스북Facebook 입찰이다. 아주 오래전 페이스북의 초대 사장 숀 파커Sean Parker가 평가액을 1억 1,500만 달러로 올려달라고 했을 때 드레이퍼는 퇴짜를 놓았다. 훗날 1,000배로 투자수익을 거둘 수 있는 일을 포기해버린 셈이었다.

사람들은 대부분 실패를 두려워하기 때문에 행동하지 않고 행동하지 않기 때문에 실패한다. 이런 일을 막기 위해 모헤드 알트라드는 왜 하지 않았는지 변명하기보다는 그냥 무엇이라도 하라고 권한다.

▌ 얼마나 많은 기회를 흘려보냈는가?

기회가 생겼을 때 잡지 않으면 억만장자가 될 수 없다. 프랑크 하센 프라츠는 인터뷰에서 동업자가 될 뻔했던 사람에 대한 일화를 들려 줬는데 이 이야기는 기회를 놓치지 않는 것의 중요성을 단적으로 보여줬다.

하센프라츠는 시골에서 자랐고 영어도 잘 못했기 때문에 사업을 시작할 때 동업자를 구해야겠다고 마음먹었다. 그래서 친한 친구 버트에게 동업을 제안했다. 비용이 얼마나 들지 묻는 친구에게 그는 기계를 살 돈 2,000달러 중 절반인 1,000달러를 내라고 했다. 하지만 화학자였던 버트는 안정적인 직업을 그만두고 싶어 하지 않았다. 게다가 하필 버트의 수표가 부도나는 바람에 두 사람의 동업은 성사되지 않았다. 버트가 1,000달러를 냈다면 그 돈은 현재 20억 달러로 불어났을 것이다.

이번 생에서는 삶을 역전할 기회가 결코 오지 않을 거라고 생각할지도 모른다. 하지만 작은 기회를 놓치면 매우 비싼 대가를 치를 수도 있다. 생각해보자. 살면서 얼마나 많은 기회를 그냥 흘려보냈는가? 미처 알아차리지 못한 기회가 눈앞에 얼마나 많은가? 지금 이 순간에도 중요성을 깨닫지 못하는 기회가 얼마나 많이 존재할까? 그중 억만장자가 될 기회가 없다고 확신하는가?

리리오 파리소토는 "안장을 얹은 말은 두 번 지나가지 않는다"는 말을 한 것으로 유명하다. 나는 인터뷰에서 그게 무슨 뜻인지 물어봤다. 그러자 이렇게 답했다.

"안장을 얹은 말, 절호의 기회는 인생에서 두 번, 세 번, 네 번 지나가기도 하지만 되돌아오지는 않습니다. 지금이 바로 기회를 잡을 때라는 걸 알아야 해요. 기회를 놓치지 마세요. 어쩌면 다시는 기회가 없을지도 모릅니다."

절호의 기회를 놓치지 않으려면 우선 그걸 기회로 인식할 수 있어야 한다. 나빈 자인은 사업을 발전시킬 몇 가지 기회를 제대로 포착했고 그걸 이용해 회사를 수십억 달러 규모로 키웠다. 나는 그에게 좋은 기회를 알아채려면 어떤 자질이 도움이 되느냐고 물었다. 그러자 그는 "뛰어난 시력"이라고 답했다. 그에 따르면 뒤늦게 깨닫는 건 누구나 잘할 수 있다. 훌륭한 기업가가 되기 위해서는 자기 앞에 있는 현상을 관찰해 기회가 왔다고 말할 수 있어야 한다.

자수성가한 억만장자들 중에는 이민자의 비율이 놀라울 정도로 높다. 프랑크 하센프라츠는 그 이유가 새로 온 사람이 기회를 더 잘 포착할 수 있기 때문이라고 생각한다. 이민자들은 그 나라에서 자기가 이용할 수 있는 것, 인정해야 하는 것, 성취할 수 있는 것을 잘 파악한다. 반면 자국민은 주변상황에 너무 익숙하기 때문에 기회가 있어도 알아보지 못한다.

좋은 기회를 발견하면 시간을 낭비하지 않고 바로 행동을 취해야 한다. 팀 드레이퍼는 벤처 캐피털 투자자로 일하며 좋은 기회를 파악하고 신속하게 행동하는 법을 배웠다. 이제 그는 기회를 발견하면 주저하지 않는다.

오래전 파일 공유 사이트 카자Kazaa가 법적 문제에 휘말려 서비스를 중단했을 때 드레이퍼는 새로운 기회를 알아차렸다. 그는 파일 공유기술이 어디에든 사용될 수 있을 거라 생각하고 그들을 추적해 뭘

하고 있는지 알아봤다. 그렇게 동향을 파악한 드레이퍼는 즉시 런던으로 날아가 카자 창립자들을 만났고 그 자리에서 투자제안을 했다. 그 사업은 바로 공유 와이파이 사업이었다.

이번에도 드레이퍼의 파트너들은 반대했다. 하지만 드레이퍼는 그 거래를 성사시켰다. 그는 그들의 첫 번째 투자자였다. 이 거래 때문에 카자는 비즈니스 모델을 여러 번 바꿔야 했지만 결국 수십억 달러 규모의 회사인 스카이프Skype를 설립했다.

몇 년 후 드레이퍼는 또 다른 기회를 만났다. 바로 비트코인이었다. 2005년, 그는 어떤 한국인 친구가 아들을 위한 검을 사는 데 40달러를 썼다고 말한 뒤로 가상화폐에 관심을 갖고 있었다. 그가 말한 검은 〈리그 오브 레전드〉라는 게임에 나오는 가상의 검이었다.

그러다 2008년 경제위기가 찾아왔다. 드레이퍼는 '어쩌면 신용화폐를 대신할 무언가가 필요해질지도 모른다'라는 생각이 들었다. HTTP는 다른 프로토콜이 많음에도 불구하고 인터넷상에서 리더가 됐다. 드레이퍼는 가상화폐 쪽에도 틀림없이 그런 리더가 하나 있을 테고 비트코인이 그 주인공일 거라고 판단했다.

드레이퍼는 초기 비트코인 회사 중 하나인 코인 랩Coin Lab에 투자했다. 하지만 이 회사는 불행하게도 마운트곡스Mt. Gox 도산사건 때문에 비트코인을 모두 잃고 말았다. 그런데 2014년, 미연방보안국이 실크 로드Silk Road에서 비트코인을 압수해 경매에 내놓았다. 경매 당시 비트코인 하나의 가격은 약 600달러였다. 드레이퍼는 망설이지 않고 경매에 나온 3만 비트코인을 약 2,000만 달러에 모두 구입했다.

기술적인 문제가 발생하면서 비트코인의 가격은 곧 개당 180달러로 떨어졌다. 사람들은 드레이퍼를 매우 멍청하다고 여겼다. 그러다 2017년에 비트코인 가격이 급등하기 시작하면서 상황이 크게 달라졌다. 2018년, 가상화폐의 가격이 하락한 뒤에도 이 글을 쓰는 현재 그가 소유한 비트코인의 가치는 2억 달러 정도다.

김범수는 눈앞에 나타난 기회를 잘 활용한 것이 자신의 가장 큰 성공요인이라고 생각한다. 그는 인터넷 시대가 막 열렸을 때 패러다임의 변화를 포착했다. 인기 있는 인터넷 게임을 만들었고 수익성 높은 프리미엄 비즈니스 모델을 도입했다. 그러다 스마트폰 시대가 시작되자 이 기회를 틈타 카카오톡을 만들었다. 김범수는 그때를 회상하며 이렇게 말했다.

"저는 어떤 세계에 뛰어들어 중요한 것을 문맥화시킨 다음 재능 있는 친구들과 함께 일했습니다. 그렇게 해서 좋은 기회를 두 번이나 잡았습니다. 그게 저의 가장 큰 성공요인이라고 생각합니다."

▍완벽한 것보다 신속한 게 중요하다

사업을 할 때는 완벽해지는 것보다 빠른 게 더 유리하다. 완벽해지려고 노력하다 보면 행동이 굼떠진다. 억만장자가 되려면 완벽한 조건이 갖춰질 때까지 기다려서는 안 된다.

사업을 시작하거나 아이를 가지기에 완벽한 순간 따위는 없다. 가만히 있으면 아무 일도 일어나지 않는다. 그러니 적당한 때를 기다리지 마라. 빠르면 빠를수록 좋다.

론 심도 비슷한 견해를 가지고 있다. 그가 35년 전 처음 사업을 시작했을 때 친구들은 "사업이라고? 호황기는 이미 지났어. 지금은 사업할 때가 아냐"라고 말했다. 1997년에 위기가 닥쳤을 때도, 2008년에도 그랬다. 하지만 그는 좋고 나쁜 건 사물을 보는 관점에 따라서 달라진다고 여긴다.

할 수 있다면 먼저 해야 우위를 차지할 수 있다. 딜립 샹비는 그가 경쟁자들보다 미리 모든 사업에 진출했기 때문에 성공했다고 생각한다. 샹비는 정신의학, 심장의학같이 다른 회사가 관심 없는 어려운 분야에 먼저 진출했다. 그리고 그가 빠르게 성장하는 것을 본 사람들이 뒤늦게 뛰어들기 시작했다. 딜립 샹비는 이 전략을 이용해 인도에서 가장 규모가 큰 제약회사를 설립했고 전 세계 제약업계에서 가장 부유한 사람이 됐다.

한편 김범수가 성공을 거둔 이유는 두 가지 결정적인 요인을 고려했기 때문이다. 첫 번째는 이 분야에서 최고가 될 수 있는가, 두 번째는 이 분야에서 가장 빠르게 진입했는가다. 김범수는 만약 둘 다 맞다면 사업이 성장할 때까지 계속 버틸 필요가 있다고 충고했다.

속도는 언제나 중요하다. 신속한 행동은 대부분의 억만장자들이 지닌 자질이다. 내가 인터뷰한 많은 억만장자들은 '일단 행동하고 생각은 나중에 하라'는 좌우명을 가졌다. 칩 윌슨은 "내일 비행기 사고로 죽을지, 80년 후에 죽을지는 중요하지 않다. 매일매일 그리고 매초를 딱 하루만 살 수 있는 사람처럼 대해야 한다. 따분한 사람이나 불평하는 사람, 훌륭한 인생을 일구지 못할 사람들과 이야기를 나누면서 시간을 낭비해선 안 된다. 우리가 살 수 있는 삶은 하나뿐이다. 4만 일이 지나면 우리는 죽는다"고 이야기했다.

이 말은 삶에 대한 올바른 관점과 긴박감을 동시에 안겨준다. 윌슨의 말처럼 언제나 빨리 결정해야 한다. 너무 뒤늦게 올바른 결정을 내리기보다는 신속하게 틀린 결정을 내리는 편이 낫다.

하지만 주의해야 할 점이 있다. 돌이킬 수 없는 결정은 신중하게 저울질하면서 최대한 주의를 기울여야 한다는 것이다. 이게 무슨 뜻일까? 딜립 샹비는 다음과 같이 설명한다.

"세상에는 돌이킬 수 있는 결정과 돌이킬 수 없는 결정이 있습니다. 저는 돌이킬 수 없는 결정은 빨리 내리지 않습니다. 일단 그 결정을 내리고 나면 바로잡을 방법이 없기 때문이죠. 예를 들어 40억 달러를 투자하는 것은 빨리 내릴 수 있는 결정입니다. 잘못된 결정이라도 저만 참으면 되니까요. 하지만 사람을 해고하거나 관계를 끊는 것 같은 결정을 내리기 전에는 많은 숙고를 합니다."

▌가지고 있는 모든 딸기를 팔아라

이 책에서 당신이 눈여겨봐야 할 교훈 중 하나는 스칸디나비아의 호텔 왕 페터 스토달렌의 딸기철학이다. 그는 열두 살 때 동네시장에서 딸기를 파는 것을 좋아했는데 그때 이 철학을 배웠다.

시장에는 스토달렌 외에도 이미 지붕이 달린 거대한 스탠드를 가진 딸기판매상이 네다섯 명이나 더 있었다. 스토달렌이 가진 거라곤 어머니에게 받은 작은 둥근 테이블뿐이었다. 하지만 그는 기죽지 않고 넘치는 활력과 열정으로 딸기를 팔았다. 하루만 지나도 딸기가 물러 터져서 도저히 팔 수 없는 상태가 되기 때문이었다.

때로 스토달렌은 큰 가판대를 가지고 있는 경쟁자들을 부러워하기도 했다. 어떤 경쟁자는 뒤에 캠핑카를 세워놓았고 어떤 사람은 꽃이며 사과며 온갖 것들을 같이 팔았다. 하지만 스토달렌에게는 딸기뿐이었다. 어느 날 그는 아버지에게 다른 사람에 비해 자신의 가판대가 너무나 초라하다고 불평했다. 그러자 아버지가 이렇게 말했다.

"페터, 하나 가르쳐줄 게 있다. 네게 있는 딸기를 팔아라. 딸기는 네가 팔 수 있는 유일한 상품이니까."

그날 밤 잠에 들기 직전 스토달렌의 머릿속에 마지막으로 떠오른 생각은 '아버지는 천재야. 언젠가는 내가 아버지 가게를 물려받을 거야'라는 것이었다. 이 충고는 그의 인생판도를 바꿨다.

스토달렌은 시장에 나가 씩씩하게 "잼을 만들고 싶으면 딸기 두 상자를 사세요. 그러면 덤을 줄게요"라고 외쳤다. 다시 찾아온 고객들에게는 항상 "여기 정말 좋은 딸기가 있어요. 아주 싱싱하고 크기도 가장 큰 최고의 과일이에요"라고 했다. 열두 살 스토달렌은 지역신문에서 '노르웨이 최고의 딸기판매상'이라는 칭호를 받았다. 공식적인 칭호는 아니었지만 스스로도 그렇게 생각했다. 경쟁자들보다 네다섯 배나 많은 딸기를 팔았기 때문이었다. 운이 좋은 날에는 딸기를 2,400상자나 팔아서 아버지의 식료품점 두 곳보다 더 많은 수입을 올리기도 했다.

이 딸기철학은 스토달렌의 가장 큰 성공요인이 됐다. 그는 '만약 내게 그 호텔이 있다면', '그 쇼핑센터가 있다면', '그 차가 있다면', '그만큼 많은 돈이 있다면' 같은 말을 하지 않는다. 그런 식으로 생각하면 끝이 없기 때문이다. 대신 자기가 가진 것에서부터 시작한다.

스토달렌은 딸기철학을 설명하며 이렇게 말했다.

"자신에게 없는 것에 집중하지 마세요. 가진 것에 집중해서 그걸 최대한 활용해야 합니다. 자기가 가진 것으로 최선을 다하세요."

현재 스토달렌의 회사명에는 딸기라는 단어가 들어가 있다. 그의 삶의 모토는 "가지고 있는 딸기를 팔아라. 그게 네가 팔 수 있는 유일한 것이니까"다. 그는 자신을 딸기판매상이라고 소개하길 좋아한다.

▌ 환경은 내가 창조하는 것이다

사람들은 대부분 삶에서 어떤 사건이 자신에게 벌어지고 자기는 환경의 산물이라고 생각한다. 반면 억만장자는 자신을 환경의 희생자가 아닌 상황의 창조자, 원동력으로 여긴다. 프랑크 하센프라츠가 가장 좋아하는 말은 "나는 두통을 앓지 않는다. 남에게 두통을 안겨주기는 하지만"이다.

억만장자들은 뒤늦게 반응하지 않고 앞장서서 상황을 주도한다. 잭 코윈의 좌우명은 "배가 들어오기를 기다리지 말고 노를 저어서 만나라"다. 이 좌우명은 그의 커리어 중 많은 상황을 대변하는데 이 시각은 불행에도 똑같이 적용된다. 코윈은 개들이 문 앞에서 짖을 때까지 기다렸다가 도둑을 잡으려 해서는 안 된다고 말한다.

주도성은 억만장자들이 미래에 접근하는 방법이기도 하다. 팀 드레이퍼는 비트코인이 성공하기를 바라기 때문에 그런 미래를 도래시키기 위해 50개 이상의 비트코인 회사에 투자했다. 어떤 일을 뒤에서 떠받쳐주는 힘이 충분히 강하면 앞에서 실제로 그 일이 일어나게 몰고갈 수 있다는 것이다. 그는 자기가 설립한 드레이퍼 대학 입구에 엘론 머스크Elon Musk의 이 말을 새겨놓았다. "우리는 미래를 목격하는 게 아니라 창조한다."

▌ 행운아가 돼라

사람들은 억만장자의 성공에 얼마나 많은 행운이 있었는지를 궁금해한다. 사실 내 인터뷰 대상자들 대다수는 새로운 시장을 우연히 만나기보다는 전통적인 업계에 뛰어들어 강력한 경쟁자들을 제치고 승자가 됐다. 하지만 '억만장자가 되려면 운이 좋아야 하느냐'고 묻는다면 '그렇다'는 불만족스러운 대답을 할 수밖에 없을 것이다.

억만장자들처럼 비범한 방식으로 성공을 거두려면 약간의 행운이 필요하다. 어떤 사업에서도 성공은 결코 보장될 수 없다. 실패만 보장 가능하다. 억만장자 본인들도 자기는 운이 좋았다고 인정하지만 그건 일반 사람들이 생각하는 것과는 다른 운이다.

휴스뉴 외즈예인은 성공비결을 묻는 질문에 "성공은 하나의 비결이나 요소에 의한 것이 아니라 여러 가지를 조합한 결과며 내 경우에는 근면과 행운이 주를 이룬다"라고 말했다. 프랑크 스트로나흐는 행운과 지식을 백만장자와 억만장자의 주요한 차이점으로 본다. 매니 스툴 역시 행운을 중요하게 생각하지만 이를 직접 만들 수 있다는 점을 강조하며 이렇게 말했다.

"백만장자와 억만장자의 차이요? 운이죠. 적절한 시기에 적절한 위치에 있는 것. 하지만 근면한 노력과 인내, 열정을 통해 스스로 행운을 만들 수 있습니다."

기회를 잡으면 행운이 생길 수 있다. 그리고 기회를 많이 잡을수록 행운의 타율은 높아진다. 즉, 행동해야 행운이 따라오는 것이다. 휴스 뉴 외즈예인은 이렇게 해서 금융업계에서 일하게 됐다.

외즈예인은 〈슬라이딩 도어즈〉라는 영화를 신봉한다. 어떤 문을 여느냐에 따라 다른 결과, 다른 삶이 생길 수 있다고 믿기 때문이다. 행운도 매우 신봉한다. 그는 행운이 성공을 가져오며 29세에 한 은행의 이사가 된 건 행운이었다고 믿는다.

미국에서 공부하고 돌아온 외즈예인은 저명한 사업가 셋에게 입사지원서를 보냈다. 그중 한 명이 일자리를 줬는데 고용계약서에 서명하러 가던 중 '쿠쿠로바 홀딩Cukurova Holding'이라고 적힌 건물을 봤다. 고등학교를 졸업한 이후 만나지 못한 동창의 회사였다.

약속시간까지 여유가 있었던 외즈예인은 친구에게 인사라도 해야겠다고 생각하고 건물로 들어섰다. 우연히 친구는 자리에 있었고 외즈예인이 곧 다른 회사에 입사할 예정이라고 하자 "나와 같이 일하는 게 어때? 너처럼 똑똑한 사람들이 필요해. 파묵뱅크Pamukbank의 이사가 될 수도 있어. 그러면 함께 배울 수 있을 거야"라고 말했다. 친구의 열정에 감동한 외즈예인은 12년 동안 그를 만나지도 못했고 은행업무에 대해서도 전혀 몰랐지만 곧바로 제의를 받아들였다.

그날 그 길을 걷지 않았다면, 친구의 회사에 들르지 않았다면 외즈예인의 인생은 많이 달라졌을 것이다. 누가 알겠는가? 하지만 그는 행동을 취했다. 이 기회를 잡은 결과는 무엇이었을까? 그는 은행에서 3년 동안 근무하고 겨우 32세의 나이로 전무이사가 돼 수백만 달러를 벌었다. 4년 뒤 주주가 되고 싶다는 부탁을 거절당하자 그는 다시 행동을 취해 집을 팔고 돈을 빌려서 직접 은행을 설립했다.

금융업은 특히 롤러코스터와 같다. 2000년 9월, 외즈예인이 설립한 파이낸스뱅크의 시장가치는 7억 1,100만 달러였다. 불과 9개월 뒤 터키에 금융위기가 발생했고 2001년 6월의 시가총액은 8,400만 달러로 떨어졌다. 하지만 2004년 말에는 35억 달러로 늘어났고 그때 외즈예인은 은행을 팔기로 결심했다. 그로부터 겨우 8개월 뒤 파이낸스뱅크는 설립 19년 만에 55억 달러로 팔려 다시금 그에게 행운을 안겨줬다. 이는 터키 역사상 가장 고가의 매각이었고 그는 억만장자가 됐다.

성공할 확률이 낮더라도 기회를 잡아야 한다. 잘될지도 모르니 말이다. 억만장자들은 자기가 운이 좋다고 믿으면서 모든 일이 잘될 거라고 믿는다. 토니 탄 칵셩은 이렇게 말했다.

"저는 운을 타고난 것 같습니다. 그러니 제가 하는 일은 전부 잘될 겁니다. 좋은 결말이 나겠죠. 그렇게 일을 하다가 괜찮지 않은 상황이 생기면 계속 나아가면서 수정만 하면 됩니다."

물론 때로는 매니 스툴이 처음 주식시장에 뛰어들었을 때처럼 운이 나쁠 수도 있다. 니켈 주식으로 이득을 본 스툴은 회사에 들어가 주식시장에 직접 관여하고 싶다는 생각을 하게 됐다. 첫 번째는 분필이었다. 퍼스에 살았던 스툴은 멜버른에 분필과 관련된 직장을 잡아 6,000달러 정도에 가진 주식을 모두 팔고 이사했다. 그런데 멜버른으로 이동하던 중 주식시장이 붕괴됐다. 그는 '와, 나 정말 똑똑하구나. 시장이 최고점일 때 주식을 다 팔고 시장이 무너지기 전에 빠져나왔어. 이 얼마나 뛰어난 투자자란 말인가'라고 생각했다. 사실 모든 게 우연이었지만 말이다.

스툴은 멜버른에 도착했지만 주식시장이 붕괴되는 바람에 그가 잡은 일자리도 사라져 백수가 됐다. 하지만 퍼스로 돌아가고 싶지는 않았다. 그는 떨치고 일어나 낮에는 감사관으로 일하고 밤에는 술집에서 맥주를 따랐다. 45년 후에 그는 억만장자가 됐다.

당신은 어떤가? 불운이 닥치면 가던 길을 멈출 것인가? 당신은 깃발인가, 바람인가? 주변에 있는 기회들이 보이는가? 그 기회를 활용하고 있는가 아니면 적절한 조건이 충족되길 기다리고 있는가?

보통 사람 vs 백만장자 vs 억만장자

- 목표 없이 이리저리 전전하는 사람들은 자신을 상황의 산물로 여기면서 행동을 취하지 않으며 일이 저절로 진행되기만을 바란다.

- 백만장자들은 행동을 취하기에 적합한 상황이 되기를 기다린다.

- 억만장자들은 절대 기다리지 않는다. 딸기를 판다.

감당할 수 있는 위험은 감수하라

What would life be
if we had no courage to attempt anything?

우리에게 어떤 일을 시도할 용기가 없다면 삶은 어떻게 될까?

_빈센트 반 고흐

사업에서 성공하고 싶다면 위험을 감수할 수밖에 없다. 잭 코윈을 만나러 그의 집에 갔을 때 그는 이렇게 말했다.

"가치 있는 일을 이루려면 위험을 받아들여야 합니다. 어느 정도 위험을 감수하지 않으면 그저 그런 성공만 거두게 될 거예요."

물론 지나친 모험은 금물이지만 성공에 있어 위험을 감수하는 것은 필수다. 항상 위험을 받아들일 준비가 돼 있어야 하며 위험을 감수할 필요가 없다면 좋은 기회라고 할 수 없다.

▌두려움 때문에 망설여서는 안 된다

모헤드 알트라드에게 위험은 중요한 요소다. 그는 위험 없이는 성공도 없다고 믿기 때문에 지금도 위험을 무릅쓰고 있다.

한편 론 심은 진정한 투사다. 그는 "승리하고 싶으면 패배할 준비를 해야 한다"고 한다. 그에게 있어 삶은 전반적으로 학습의 연속이다. 위험을 감수하지 않으면 절대 배울 수 없다. 휴스뉴 외즈예인에게 있어 기업가정신이란 곧 모험을 뜻한다.

모든 회사는 큰 실패의 위험을 안고 출발한다. 나빈 자인의 말에 따르면 당신이 설립하는 회사는 당신의 평판과 재산 그리고 당신을 믿은 탓에 다니던 직장을 그만두고 회사에 들어온 수많은 직원들에게 위협적인 존재다. 대표인 내가 일을 망치지 않아야 직원 모두의 삶을 지킬 수 있다는 것이다.

김범수는 우리 세대는 어쩔 수 없이 위험을 감수하도록 예정돼 있다고 말한다. 그에 따르면 좋은 회사에 취직하는 게 최고인 시대는

지났다. 안정적인 회사에서도 장기적인 미래가 보장되지 않기 때문이다. 김범수는 지금은 위험을 감수하고 다른 걸 시도해보는 게 정말 중요한 시대며 자기가 진정으로 즐기고 잘하는 걸 찾아내야 성공할 수 있다고 생각한다.

흥미롭게도 억만장자들은 똑똑한 머리를 비범한 성공에 필요한 전제조건으로 여기지 않는다. 그들은 기업가는 지적이기보다는 모험가 기질이 있어야 한다고 강조한다.

용기는 성공한 기업가가 되는 데 중요한 덕목이다. 실패에 대한 두려움은 엄청난 힘을 발휘한다. 그 힘을 올바르게 사용해야 한다. 잭 코윈의 아버지는 항상 아들에게 힘겨운 도전을 두려워하지 않고 자기 꿈을 좇을 만큼 용감해야 원하는 걸 이룰 수 있다고 말했다.

룰루레몬을 시작할 때 칩 윌슨은 인생 최대의 위험을 무릅쓸 용기가 있었다. 이혼한 그에겐 아이가 둘 있었고 이전 회사를 매각하고 받은 자금이 약간 있었다. 스타벅스Starbucks에 바리스타로 취직하거나 안정적인 다른 일을 할 수도 있었지만 그는 모든 돈을 회사에 쏟아부은 것도 모자라 집을 담보로 사업에 투자할 돈을 계속 대출했다. 그리고 억만장자가 됐다.

남들의 비웃음이 두려운가? 이겨내자. 억만장자들은 다른 사람들 눈에 어리석어 보이거나 잘못될지 모르는 일에도 서슴지 않고 뛰어든다. 거절의 두려움을 이기고 실천에 옮겨라. 모든 사람을 기쁘게 해줄 수는 없다. 당신이 무슨 일을 하든 항상 마음에 들어 하지 않는 사람은 있을 것이다. 이에 대해 나빈 자인은 다음과 같은 통찰력 있는 이야기를 들려줬다.

"사람들과 어울리기 좋아하는 성격이라면 언제나 거절당하는 게 두려울 것입니다. 저는 이민자에 영어실력도 별로 좋지 못했어요. 그래서 사람들이 날 좋아하지 않을지도 모른다고 두려워하게 됐죠. 하지만 이제는 두려움을 어느 정도 극복해냈습니다. 모든 사람이 날 좋아하게 만들 수는 없다는 걸 깨달았기 때문입니다.

모두가 당신을 좋아하길 바란다면 아무것도 하지 말고 아무것도 되지 말고 아무것도 지지하지 말아야 합니다. 그런데 당신이 무슨 일을 하면 미워하는 사람들이 꼭 생겨요. 결국 남들의 시선은 중요하지 않다는 뜻이죠."

팀 드레이퍼는 어떤 일에 기꺼이 도전해서 돈을 잃거나 창피를 당하거나 체면을 잃거나 문제가 생기더라도 다음 날 다시 일어나 일하러 나갈 수만 있다면 성공할 수 있다고 생각한다. 그러니 스스로 어리석어 보이거나 실패할 수 있는 일에도 기꺼이 도전하라는 것이다. 그렇게 해서 그는 전설적인 벤처 캐피털 투자자가 됐다.

억만장자도 우리와 똑같은 사람들이다. 이들이 처음부터 모든 두려움을 물리치고 큰 위험을 무릅쓸 수 있는 사람으로 태어난 건 아니다. 잭 코원에게 다시 스무 살이 된다면 어떤 식으로 변하고 싶은지 물었더니 그는 더 대담해지고 많은 위험을 감수할 것이라고 말했다. 코원에 따르면 실패에 대한 두려움은 마음을 약하게 한다. 빚에 대한 두려움도 마찬가지다. 그러니 미로 속에서도 내 길을 찾을 수 있다는 자신감을 품어야 한다.

▌절대 파산하지 말아라

나는 코윈의 집 앞에 앉아 위험을 감수할 때 주의해야 할 점에 대해서 이야기를 나눴다. 그는 절대로 모든 걸 다 걸지는 말라고 강조했다. 항상 대담하게 도전해야 하지만 절대 파산하지는 말라는 것이다. 실수를 저지르면 오판을 하기 쉽기 때문이다.

코윈의 말대로 매번 모든 걸 다 걸 필요는 없다. 함부로 자신의 모든 걸 걸지 마라. 아무리 계획을 잘 세워도 일은 꼬이게 마련이다. 위험을 분산시켜야 한다는 게 코윈의 생각이다. 야구로 치자면 항상 홈런을 칠 필요는 없다. 1루타와 2루타로도 목표를 이룰 수 있다. 베이브 루스Babe Ruth는 역사상 가장 많은 홈런을 쳤지만 한편으로는 가장 많은 삼진을 기록하기도 했다. 그러니 목표에 도달하기 위해 크나큰 위험을 감수할 필요는 없다. 뭐든지 적당히 하자. 복리의 힘을 과소평가해선 안 된다.

기업가의 최우선 과제는 회사를 계속 살아남게 하는 것이다. 스스로 이렇게 질문해보자. 어떤 위협이 우리를 경기장에서 끌어낼 수 있는가? 만약 결정이 잘못됐다면 돌이킬 수 없는 결과가 나오는가? 오차범위는 얼마인가? 위험과 실패의 가능성이 없으면 성공범위도 제한된다는 사실을 받아들여야 하지만 그것이 사업을 망칠 수 있다. 따라서 모든 걸 다 걸지 말고 자신의 불리한 부분을 보호해야 한다.

매니 스툴 역시 누구보다 위험을 좋아하지만 아무리 확실한 사업이라도 모든 걸 다 걸지는 않을 것이라는 점을 인터뷰에서 강조했다. 단, 사실상 가진 게 아무것도 없어 잃을 것도 없는 시작단계에서는 예외다.

첫 번째 사업을 시작할 때 스툴은 허디거디hurdy-gurdy(손잡이를 돌려서 현을 타는 현악기-옮긴이)라는 선물용품에 수중에 있는 자산을 몽땅 쏟아부었다. 재고가 없어 4월에 주문하면 크리스마스 즈음에야 물건을 받을 수 있는 상황이었는데도 말이다. 이 도박은 스툴에게 좋은 결과를 안겨줬지만 그 뒤 스툴은 회사가 성장하는 동안 자신을 망칠 수 있는 위험을 감수하지 않으려고 주의를 기울이게 됐다.

파산을 피하려면 항상 안전을 보장할 수 있는 여지가 있어야 한다. 휴스뉴 외즈예인은 사업을 할 때는 현금이 절대 바닥나지 않아야 한다고 강조한다. 은행에서 일한 적이 있는 사람에게 흔히 나타나는 특징으로 그는 자신의 불리한 부분을 보호하는 데 매우 보수적이다. 그에게는 리스크를 평가하는 게 정말 중요하다.

프랑크 하센프라츠에게 사업을 하면서 기피하는 게 뭐냐고 묻자 그는 "과도한 확장"이라고 단호하게 대답했다. 이처럼 위험을 회피하지 않되 재정적으로 너무 무리하게 사업을 확장해서는 안 된다. 그 부담 때문에 무너질 수도 있기 때문이다. 두세 번 정도는 운이 좋을 수도 있지만 어느 순간 너무 지나친 욕심을 부리게 될지도 모른다. 잃어도 감당할 수 있는 수준까지만 위험을 감수하자. 억만장자가 되려면 빚을 관리가 가능한 수준으로 유지하는 게 중요하다.

▌위험과 보상을 냉정하게 파악하라

기업가의 중요한 자질 중 하나는 위험을 평가하는 능력이다. 잭 코원에 따르면 리스크는 우리를 죽일 수도 있다. 하지만 위험이 아예 없

세상에서 가장 위대한 사람들의 열정

는 일은 실행할 가치가 없는 것도 사실이다. 따라서 자기가 얼마나 많은 위험을 감수해야 하는지 판단하는 건 매우 아슬아슬하면서도 중요한 일이다. 리리오 파리소토는 이에 대해 이렇게 말한다.

"내게는 위험이 필요합니다. 우리는 항상 위험을 감수해야 해요. 살아 있는 동안에는 늘 죽을 위험에 처해 있죠. 하지만 사업을 하면서 어떤 선택을 할 때는 일이 잘못되더라도 감당할 수 있는 여유가 있어야 합니다."

목표에 다가가는 데 도움이 되지 않는 불필요한 위험을 감수하는 것도 어리석은 일이다. 차오더왕은 "특정 프로젝트에 어떤 위험이 발생할 수 있는지 분석하고 추정하라"고 권고한다. 잭 코윈 역시 사업을 하면서 늘 불필요한 위험을 피하는 데 주의를 기울였다.

억만장자들이 잠재력과 관련해 부정적인 면만 보는 건 아니다. 억만장자들은 늘 안전보다 기회를 택한다. 잭 코윈은 너무 많이 공부한 사람들의 문제는 어떤 일을 해서는 안 되는 이유를 일일이 다 찾아내는 것이라고 지적한다. 지나치게 신중해져서 잠재력보다는 실패가능성을 측정하는 데 열중하는 것이다.

그렇다면 위험에서 승리할 수 있는 공식이 있을까? 간단하다. 가진 걸 다 걸지 말고 최고의 위험 대비 보상 비율을 가진 '계산된 위험'을 감수하면 된다. 다시 말해 장점은 가장 크고 단점은 가장 작은 위험을 선택하라는 것이다.

위험은 주관적인 것이다. 반드시 그 크기가 잃을 돈의 액수와 비례하는 것도 아니다. 딜립 샹비는 매일 말 그대로 수십억 달러를 잃을 위험을 무릅쓰지만 그것에 동요하지 않는다고 하며 이렇게 말했다.

"사람들은 내가 큰 위험을 감수한다고 생각하지만 솔직히 저는 그렇게 큰 위험을 감수하지 않습니다. 위험을 효과적으로 관리할 수 있으니까요. 리스크를 합리적으로 분배하는 내부 메커니즘을 가지고 있고 항상 수익률과 함께 리스크를 정하죠."

팀 드레이퍼는 모험을 예찬하는 노래인 〈리스크마스터Riskmaster〉를 직접 작곡할 정도로 위험을 내재화시켰다. 그는 엘론 머스크가 CEO로 취임하기도 전에 테슬라Tesla의 초기투자자가 됐는데 계기가 특이했다. 테슬라의 공동창업자 이안 라이트Ian Wright가 PVC 튜빙과 임시장치를 합쳐서 만든 전기차를 직접 타보고 그 차가 얼마나 빠른지에 매우 흥분한 것이 그 동기였다.

나중에 드레이퍼는 테슬라가 초기 전기차 피스커Fisker를 망가뜨린 배터리 폭발 문제를 해결했다는 걸 알게 됐다. 그는 테슬라의 다른 설립자인 마틴 에버하드Martin Eberhard를 만나 소액을 투자했다. 사실 더 큰돈을 투자하고 싶었지만 그의 파트너들이 이 사업은 자본집약적인 사업이 될 테니 조금만 투자할 것을 권유했다. 나중에 드레이퍼의 회삿돈이 바닥났을 때 엘론 머스크는 1,000만 달러를 들고 찾아와 그의 회사를 인수했다.

▌적절하지 못한 제안을 두려워하지 마라

억만장자들은 적절하지 못한 제안을 하는 걸 두려워하지 않는다. 1986년, 경영대학원을 막 졸업한 28세의 팀 드레이퍼는 서터 힐 벤처스 액티비전Activision at Sutter Hill Ventures의 이사진을 찾아가 CEO를 시켜주면 마이크로소프트와 로터스Lotus 및 미상장된 가치가 낮은 다른 소프트웨어 회사들을 사들이기 위해 주식을 사용하겠다고 말했다. 당연히 거절당했지만 말이다.

터키에서 가장 부유한 자수성가 억만장자 휴스뉴 외즈예인은 오리건 주립대학의 학생회장이었다. 그는 미국 대통령의 동생인 로버트 바비 케네디Robert Bobby Kennedy 상원의원에게 서부의 주들을 순방하는 길에 오리건 주립대학을 방문해달라고 편지를 썼다. 놀랍게도 상원의원은 이 초대를 받아들였다.

외즈예인은 훗날 하버드 경영대학원에 진학했는데 자신이 합격한 것에 상당히 놀랐다. 평균 학점 2.17점으로 대학교를 간신히 졸업했기 때문이었다. 그는 그해 오리건 주립대학 졸업생 3,000명 중 유일하게 받은 총장의 추천서와 바비 케네디와 함께 찍은 모든 사진, 학생회 선거운동 자료들을 지원서에 동봉했다. 4년간의 취업경력이 필수조건임에도 불구하고 하버드 경영대학원은 성적이 매우 낮고 직장에서 일해본 경험이 없는 외즈예인을 받아들였다.

큰일을 이루려면 종종 바닥이 보이지 않는 까마득한 절벽에서도 도약을 해야 한다. 자신의 안전지대를 훨씬 넘어서는 일을 하려고 노력해야 한다. 억만장자들은 터무니없는 도전을 하거나 심지어 불가능해 보이는 일을 위해 노력한다.

나빈 자인은 스마트폰이 없을 때 인포스페이스Infospace를 설립해 모바일 인터넷 서비스를 구축했다. 사람들은 모바일 인터넷이 결코 일어나지 않을 일이라고 여겼다. 자인이 인터넷에서 정보를 파는 정보거래사업을 시작하려고 할 때는 모두들 정말 미친 짓이라고 생각했다. 자인은 이 사실을 지적하며 이렇게 말했다.

"생각해보세요. 저는 달에 가고 싶은데 사람들은 그게 미친 짓이라고 말하죠. 당신이 하는 일을 사람들이 미친 짓이라고 생각하지 않는다면 그 아이디어는 별로 혁신적이지 않다는 뜻입니다."

이렇듯 대담한 제안을 하자. 이때 절대 결과를 두려워해서는 안 된다. 페터 스토달렌은 사업에서 성공하고 싶으면 사람들이 잘 다니지 않는 길을 택하고 남들과 달라지는 건 두려워하지 말라고 이야기한다. 설령 그 길에 있는 사람이 아무도 없을지라도 억만장자들은 신경 쓰지 않는다.

몇 달 동안 마이크로소프트에서 중간관리자로 일할 때 나빈 자인은 어느 날 빌 게이츠와 윈도우 NT에 관한 회의를 했다. 그 회의에는 최고위급 임원들이 모두 참석해 있었다. 빌 게이츠는 누군가 윈도우에 대해 발표하는 것을 듣고 자인에게 "이 운영체제에 대해 어떻게 생각해?"라고 물었다. 자인은 이렇게 답했다.

"아주 크고 뚱뚱하고 느릴 거라고 생각합니다."

방에 있는 모두가 조용해졌다. 빌 게이츠는 아무 말 없이 10초 동안 자인을 뚫어져라 바라보더니 이렇게 말했다.

"내 말이!"

회의는 중단됐다. 자인의 상사가 자인에게 "당신이 내 밑에서 일한다는 것 그리고 당신이 한 일 때문에 큰 대가를 치르게 될 거라는 것 알아?"라고 말했다. 자인은 "당신한테는 그게 놀라운 일일지도 몰라요. 하지만 노예제는 오래전에 사라졌다고요. 난 당신을 위해 일하지 않아요. 난 회사를 위해 일하고 나 자신을 위해 일하고 있으니까 절대로 내가 당신을 위해 일한다고 말하지 말아요"라고 대꾸했다. 그러자 상사가 말했다.

"당신을 수습직원으로 강등시킬 거야. 그러면 자기가 누구를 위해 일하는지 알게 되겠지."

실제로 자인은 강등됐다. 그 뒤에 무슨 일이 일어났을까? 마이크로소프트는 그 운영체제의 모든 부분을 뜯어고쳐서 더 가볍고 효율적인 운영체제를 만들었다. 자인이 '이 길로 가면 바로 이런 일이 일어날 겁니다'라고 말했기 때문이었다. 그로 인해 해고위기에 처해도 자인은 두려워하지 않았다. 억만장자들은 직접 나가서 말하고 실행한다. 이게 그들의 기업가정신이다.

█ 용기를 기르는 여섯 가지 방법

억만장자들은 대부분 자신에게는 한계가 없다고 생각한다. 심지어 때로는 두려움도 느끼지 않는다. 그들은 위험을 감수하는 걸 멈추지 않는다. 그렇다면 어떻게 용기를 기를 수 있을까?

먼저 첫 번째로 실패할 수도 있다는 사실을 받아들여야 한다. 이에 대해서는 뒤에서 더 자세히 보여줄 것이다.

두 번째로 자기가 아주 작고 중요하지 않은 먼지 같은 존재며 삶은 매우 제한적이라는 사실을 깨달아야 한다. 차오더왕은 모든 사람의 수명은 정해져 있다는 점을 강조한다. 이 세상에 비하면, 긴 역사에 비하면 인간은 아주 작은 존재며 따라서 그 어떤 것도 두려워할 이유가 없다.

세 번째로 사업에서의 위험은 본인의 무지에서 비롯된다는 것을 깨달아야 한다. 축적된 경험은 미지에 대한 두려움을 없애는 데 도움이 된다. 나빈 자인은 위험은 무지에서 비롯되기 때문에 도전을 꺼리는 것은 당신의 마음과 신념에 두려움이 도사리고 있다는 걸 의미한다고 이야기한다. 따라서 모퉁이 너머에 뭐가 있는지 안다면 위험도 느껴지지 않는다. 어두운 골목에 있을 때는 방향을 꺾기가 두렵지만 손전등이 있으면 괜찮은 것처럼 말이다.

네 번째로 더 멀리 보는 버릇을 들여야 한다. 칩 윌슨은 조부모에게 위험을 감수하는 성격을 물려받았다. 그의 조부모는 가구를 파는 사업가였지만 뮤추얼 펀드와 관련된 사기 때문에 집을 잃었다. 이러한 불우한 유년기 덕분에 윌슨은 열네 살 때 주머니에 단돈 47달러를 가지고 혼자 비행기에 올라 안티구아로 떠났다. 열일곱 살 때는 석유 파이프라인을 개발하기 위해 알래스카로 갔고 이 결정 덕분에 스무 살이 되기 전에 부유해졌다. 그는 이 일을 위해 대학을 포기했다. 당시에는 단기적인 이익을 위해 인생을 맞바꾼 것처럼 보였지만 결과적으로는 잘된 일이었다.

다섯 번째로 인생 자체를 모험과 도전으로 여겨야 한다. 위험을 재미로 간주하는 것이다. 위험은 페터 스토달렌의 인생에서 필수요소다. 그는 이에 대해 이렇게 말했다.

"의도한 것처럼 인생을 사십시오. 위험을 감수하세요. 실패하거나 쓰러지는 걸 두려워하면 안 됩니다. 멍 하나하나마다 이야기가 담겨 있고 언젠가는 그걸 보면서 웃을 수 있게 될지도 모릅니다."

여섯 번째로는 안전망을 확보해야 한다. 떨어져도 다치지 않을 쿠션을 확보한다면 더 날개를 펴고 걱정을 덜고 대담해질 수 있을 것이다. 나빈 자인에게 이런 쿠션을 제공해주는 것은 그의 가족이다. 피터 하그리브스의 안전망은 공인회계사 자격증이었다.

위험을 감수할 의향이 있는가? 당신이 이루고 싶은 일에 덤벼들 만큼 용기가 있는가 아니면 두려움 때문에 과감한 조치를 취하지 못하는가? 대담한 행동을 하는 게 두려운가? 위험에 의식적으로 대처하는가?

보통 사람 vs 백만장자 vs 억만장자

- 이리저리 방황하는 사람들은 안전책을 강구한다.
- 백만장자들은 위험에 대처하는 데 능숙하지 못하다. 그들은 가진 걸 전부 걸거나 긍정적인 면이 별로 없는 위험을 감수한다.
- 억만장자들은 위험에 대처하는 방법을 알며 장점은 크고 단점은 작은 위험을 감수한다.

"어떤 일에 기꺼이 도전해서 돈을 잃거나 창피를 당하거나 체면을 잃거나 문제가 생기더라도 다음 날 다시 일어나 일하러 나가는 것. 그게 바로 성공하는 힘이다. 자기가 어리석어 보이거나 실패할 수 있는 일도 기꺼이 도전해야 한다."

_팀 드레이퍼

기회가 장애물처럼 보일 때도 있다

Mistakes are the portals to discovery.

실수는 발견으로 향하는 관문이다.

_제임스 조이스

억만장자들은 인생을 모험이 가득한 여행이라고 생각한다. 미하일 솔로포프는 자신의 삶을 롤러코스터를 타는 것에 비유했다.

"제 인생은 높디높은 알프스산맥에서 매우 빠르게 움직이는 롤러코스터를 타는 것과 비슷합니다. 롤러코스터 운전자인 저는 계속 곤경에서 벗어나야 하죠. 객차가 궤도를 벗어나거나 다음번 모퉁이에서 제대로 돌지 못할 수도 있고 역이 말도 안 되게 작을 수도 있습니다. 잠깐이라도 한눈을 팔았다가는 정거장을 놓치게 돼죠. 처음 롤러코스터를 탔을 때는 산이 얼마나 높은지 몰랐고 이렇게 모퉁이와 역이 많다는 것도 몰랐어요."

▍장애물로 가장한 기회

나쁜 일이 생기면 그 일의 좋은 점을 찾자. 그게 어디에 좋은지는 모를 수 있지만 때로는 이것이 진짜 축복이 되기도 한다. 자동차부품업계의 거물인 프랑크 스트로나흐는 실패가 행운이 되기도 한다는 걸 깨닫는 경험을 했다.

스물두 살 때 스트로나흐는 포드의 공구와 다이 제작업무에 지원했지만 경험이 부족하다는 이유로 탈락했다. 훗날 포드 사장에게 스트로나흐는 이렇게 말했다.

"그때 포드에 입사하지 않은 건 당신에게 행운이었습니다. 입사했다면 지금쯤 내가 포드의 사장이 됐을 테니까요."

스트로나흐가 포드에 입사했다면 임원, 어쩌면 CEO가 됐을지도 모르지만 마그나를 창업해서 억만장자가 되지는 못했을 것이다.

억만장자들은 대부분의 사람들이 문제를 발견하는 지점에서 문제를 해결할 기회를 찾아내고 장애물을 유리하게 이용한다. 가령 딜립 샹비는 한 번에 많은 환자를 볼 수 없어 제약업계가 홀대하던 정신과 의사들과 수익을 거둘 수 있는 시스템을 구축했다. 이 덕분에 제약업계에서 가장 부유한 사람이 됐다. 그는 자신뿐만 아니라 페이스북, 링크드인LinkedIn, 구글 등 모든 성공한 기업들은 문제를 해결하는 것에서 시작했다고 이야기한다. 다른 사람들은 문제가 존재하는지조차 몰랐더라도 문제를 발견하고 해결하면 거기서 기회가 생긴다.

모헤드 알트라드는 위기를 곧 회사를 매입할 기회로 여긴다. 그는 위기가 닥칠 때마다 다른 회사를 인수해서 자기 회사의 규모를 확장했다. 처음에는 돈이 많지 않았기 때문에 손해를 보고 있는 기업, 싼 값에 살 수 있는 기업들만 사들였다. 그렇게 해서 30년 사이에 230개가 넘는 회사를 알트라드 그룹에 포함시켰고 알트라드는 몸담은 업계에서 세계적인 리더가 됐다.

우리는 위기와 역경에서 가장 많은 걸 배울 수 있다. 피터 하그리브스는 경기침체가 재계를 정화하는 작용을 하고 나쁜 기업에 갇혀 있는 선량한 사람들을 해방시킨다고 생각한다. 그리고 그렇게 풀려난 사람들 중 일부는 실제로 사업에 성공한다. 하그리브스는 내게 다음과 같은 훌륭한 조언을 해줬다.

"항상 모든 것에서 배워야 합니다. 저는 불행을 통해 더 많이 배울 수 있다고 생각해요. 이상한 이야기지만 나쁜 경험에서 더 많은 교훈을 얻을 수 있고 좋은 기업보다 나쁜 기업에서 일하는 편이 배울 게 많죠. 하지 말아야 할 일이 뭔지 배우게 될 테니까요."

▌ 기꺼이 실패하되 교훈을 얻어라

첫 번째 시도에서 성공을 기대해선 안 된다. 몇 번이고 반복해서 시도하고 또 실패해야 한다. 그리고 딱 한 번만 제대로 해내면 된다. 그렇게 마침내 성공을 거두면 '하룻밤에 성공한 사람'이 된다.

매니 스툴에게 그가 겪은 가장 큰 실패가 뭐였는지 물어봤더니 그는 이렇게 답했다.

"많은 실패가 있었습니다. 사업하는 과정의 일부죠. 실패가 없이는 성공도 없습니다. 그런 건 불가능해요. 실수하지 않는 사람은 아무것도 하지 않는 사람이에요. 말썽을 피하고 싶다면 정부기관에서 일하면 돼요."

정상까지 올라가는 길에서 여러 번 실패를 만난 것이다. 실패를 받아들여야 계속 도전할 수 있다. 그리고 도전해야 성공할 수 있다. 팀 드레이퍼는 이런 점에서 더욱 급진적이다. 그에게 있어 성공은 계속해서 실패하려는 의지다.

세르게이 갈리츠키는 실수를 전혀 개의치 않는다. 그에게 만약 처음부터 다시 시작한다면 어떤 부분을 다르게 하고 싶은지 물어봤다. 그는 "아무것도 다르게 하지 않을 겁니다. 실수 없는 인생은 재미가 없으니까요. 노력하지 않고 사는 것도 재미가 없죠"라고 답했다.

여러 번 실패할 각오를 하자. 어떤 일이든 처음에는 많은 실수를 저지르게 될 것이다. 그런 실수를 감당할 채비를 해두자. 론 심은 사업을 하고 싶다면 손을 더럽힐 각오를 해야 한다고 말한다. 무슨 일이 있어도 계속 걸어갈 자세가 돼 있어야 한다는 뜻이다. 도중에 여러 번 넘어지고 실패하고 패배하게 될 것이라고 스스로 되뇌야 한다.

그 순간은 성공하려면 우리가 극복해야 하는 시험의 순간들이다. 올바른 마음가짐으로 교훈을 받아들이기만 한다면 식은 죽 먹기다.

하지만 똑같은 실수를 반복하는 건 피하자. 매니 스툴은 첫 번째 회사를 차린 첫해에 일을 할 때마다 시행착오를 겪고 많은 실수를 저지르면서 사업에 대한 모든 걸 배웠다. 그 시절의 경험 덕에 이제 사업에 대해서는 모르는 게 없다. 하지만 같은 실수를 두 번 한 적은 없다. 스툴은 실수는 괜찮지만 실패는 불필요하다고 여긴다. 그에 따르면 경험을 통해 교훈을 얻어 같은 실수를 두 번 다시 되풀이하지 않는 것이 가장 중요하다.

많은 억만장자들은 자신의 아이디어를 사업에서 테스트하는데 이때 효과가 없을지 모르는 일들도 기꺼이 시도한다. 팀 드레이퍼는 드레이퍼 대학 학생들에게 실험도 하고 실수도 저지를 수 있는 안전한 환경을 제공해 기업가정신을 가르친다고 하며 이렇게 말했다.

"우리는 위험을 감수하고 실패하는 걸 장려합니다. 안전하다는 걸 깨달으면 사람은 다른 일을 시도할 수 있습니다. 다른 학교에서는 어떤 실수도 저질러선 안 되고 시험에서 A를 받지 못하면 큰일이 난다고 생각하죠.

우리는 학생들이 기꺼이 실패하는 법을 배우고 효과가 없을지 모르는 일들도 시도했으면 합니다. 우리 학교의 학생들은 '한번 해볼래. 잘 안 돼도 괜찮아'라고 생각해요. 체면을 잃거나 주변 사람과 다른 모습을 보일까 봐 걱정하지 않습니다."

김범수는 이 개념에 체계적으로 접근한다. 그에게 사업은 가설을 세우고 증명하는 과정이다. 그는 일단 시간을 들여 새로운 사업의 성장률을 측정해보고 그 뒤 사업의 성패를 평가하는 과정을 거친다. 6개월이나 12개월 정도 어떤 일을 시도해보면 사람들이 이에 대해 어떻게 반응했는지 확인할 수 있는 객관적 자료가 쌓이고 그때 이 일을 계속할지 결정하는 것이다.

어떤 억만장자들은 간단한 경험법칙을 이용한다. 모헤드 알트라드의 회사는 인수합병을 통해 곧바로 해외로 진출했다. 내가 처음부터 그렇게 하는 건 위험하지 않느냐고 물었더니 그는 이렇게 답했다.

"아뇨, 쉬웠습니다. 스페인과 이탈리아에서 우리가 인수하려고 목표한 회사는 110만 달러 정도밖에 안 되는 소기업들이었거든요. 그러니 그렇게 큰 위험을 감수한 건 아니죠. 그 두 회사가 파산하면 우리 회사가 어떻게 될지 미리 시험해보기 위해서 진출을 시도했어요. 사실 파산해도 상관없었어요. 타격을 입긴 하겠지만 이겨낼 수 있습니다. 원래 사업은 다 그런 거예요."

토니 탄 칵셩은 싱가포르에 졸리비 매장을 열었지만 실패했다. 대만에서도 마찬가지였다. 그는 졸리비를 글로벌 기업으로 만들고 싶다는 꿈 때문에 준비가 되지 않은 상태에서도 대담하게 나아갔다. 그리고 실패한 뒤에는 안주하지 않고 어떻게 하면 더 발전할 수 있을지 계속 생각했다.

두려워하지 말고 일단 한번 해보자. 효과가 없더라도 실패하는 과정에서 어딘가 성장하는 부분이 있을 것이다.

▌억만장자는 문제를 좋아한다

나빈 자인은 기업가정신에 대한 흥미로운 생각을 가지고 있다. 바로 기업가란 문제를 해결하는 사람이라는 것이다.

자인에 따르면 세상의 모든 사람은 세 가지 유형으로 분류할 수 있다. 한 유형은 '인간'으로 문제가 뭔지 아는 사람이다. 두 번째 유형은 해결책을 제시하는 이들로 우리가 '교수'라고 부르는 사람이다. 밖에 나가서 뭔가를 하는 유형은 딱 하나뿐이다. 이 세 번째 유형의 사람들은 문제가 생기면 '빌어먹을. 내가 직접 나가서 해결할 거야'라고 말한다. 이들이 바로 기업가다. 자인은 기업가정신은 반드시 창업을 해야만 생기는 게 아니라 문제해결과 관련된 것이라고 말한다.

억만장자 중에는 문제해결을 자신의 강점 중 하나로 여기는 이들이 많다. 미하일 솔로포프는 본인을 위기관리자라고 생각한다. 솔로포프는 이렇게 설명했다.

"저는 그런 어려운 상황에서 오히려 더 도움을 받습니다."

딜립 샹비도 마찬가지다. 샹비에게 인터뷰에서 그처럼 성공하고 싶은 사람들을 위해 조언을 해달라고 하자 "해결할 문제를 찾는 게 가장 중요하다"고 대답했다. 그는 아버지에게 문제에서 도망치지 말고 항상 맞서 싸우라고 배웠다.

아버지와 함께 도매업에 종사할 때 샹비는 통화하고 싶지 않은 사람이 전화를 걸면 아예 받지 않았다. 아버지가 왜 전화를 안 받는지 묻자 "빚을 졌는데 오늘은 돈이 없어서요"라고 대답했다. 그러자 샹비의 아버지는 이렇게 말했다고 한다.

"그럴 땐 네가 먼저 전화를 해서 약속을 못 지켜서 미안하지만 오늘은 돈을 줄 수 없으니까 내일 주겠다고 말해야지. 어려운 상황을 피하면 안 된다. 제대로 부딪쳐야 해. 오늘 어떤 문제에서 도망치면 해결방법을 배우지 못할 뿐만 아니라 사람들이 널 믿지 않게 될 테니까 말이다."

모헤드 알트라드의 인생은 고난과 역경의 연속이었다. 어머니는 일찍 세상을 떠나고 아버지는 그를 내쳤다. 프랑스에 온 뒤에는 언어 때문에 또 다른 문제가 생겼다. 사람들과 의사소통을 제대로 할 수가 없었다. 문화적인 차이도 너무 컸다. 대학에 들어가서도 어떻게든 잘해내고 싶었지만 돈이 전혀 없었다. 그래서 알트라드는 한 달에 겨우 25달러 정도로 밥도 먹고 옷도 사고 교통비도 해결하며 하루하루를 버텼다.

사업을 시작했을 때는 그 어떤 은행도 알트라드에게 계좌를 개설해주려고 하지 않았다. 이민자에 시리아인에 아랍인에 유목민 출신에 컴퓨터 공학을 전공했으면서 건축자재사업을 하려고 한다는 게 이유였다. 그들 말에 따르면 이런 조합은 반드시 대참사로 이어진다는 것이었다.

성공하지 못한 사람들은 문제가 발생하면 먼저 범인부터 찾는다. 하지만 억만장자들은 그렇게 하지 않는다. 그들은 해결책부터 찾는다. 어떤 역경이든, 그 역경이 언제 어느 단계에서 일어나든 돌파구는 늘 존재한다고 생각한다. 억만장자들에게는 문제해결 자체가 하나의 동기가 된다.

매니 스툴도 마찬가지다. 그는 사실 모든 사업이 체스와 비슷하다고 생각한다. 미하일 솔로포프도 비슷한 태도를 보인다. 그는 문제를 접하면 의욕이 샘솟는다. 그리고 일상생활에서 문제에 맞닥뜨리면 어떻게든 해결하려고 애쓴다.

▍ 실패는 늘 일어난다

실패해도 괜찮다. 실패하면 재빨리 일어나서 다시 게임에 뛰어들자. 실패나 작은 불상사 때문에 가던 길을 멈춰서는 안 된다. 미하일 솔로포프의 말은 실패에 대한 억만장자들의 태도를 잘 요약한다.

"성공하려면 결단력이 필요합니다. 패배한 뒤에도 다시 일어날 수 있는 능력이 필요하죠. 패배는 늘 일어나기 때문입니다. 그걸 받아들이고 개선하기 위해 최선을 다해야 해요. 또 한 가지 중요한 건 패배에서 결론을 이끌어내는 능력입니다. 실패를 통해 지속적으로 배우면서 자기를 개선시켜야 하니까요."

페터 스토달렌은 넘어져도 바로 일어나는 태도의 완벽한 예를 보여준다. 쇼핑센터 개발회사에서 일하던 그는 성공의 정점에서 해고됐다. 자기는 뭐든지 다 아는 무적의 존재라고 여겼던 바로 그 순간 모든 걸 잃은 것이다. 그때 그는 이렇게 중얼거렸다.

"좋아, 이제 어떻게 해야 하지? 쇼핑센터는 절대 아냐. 쇼핑센터와의 인연은 이제 끝났어."

가능한 다른 선택지를 찾던 중 이거다 싶은 게 생겼다. 민간의료와 호텔 사업이었다. 당시 노르웨이의 민간의료는 막 시작되는 단계에 있었다. 그에 비해서 호텔 업계에는 지난 20년 동안 별다른 일이 없었다. 50년 넘게 짙은 회색 정장을 입은 노인들이 운영하는 늘 똑같은 호텔들뿐이었다. 서른 살이었던 그는 호텔 분야로 진출하기로 결정했다.

스토달렌이 기자회견을 열어 "내 새로운 사업은 호텔입니다"라고 말하자 사람들은 웃기 시작했다. 그는 굴하지 않고 말을 이었다.

"왜 웃는지 압니다. 노르웨이에서 가장 큰 호텔 회사를 만드는 게 내 야망이니까요."

청중들은 계속 웃어댔다. 스토달렌이 말을 덧붙였다.

"왜 계속 웃는지 압니다. 내가 만든 호텔은 스칸디나비아에서 가장 큰 호텔이 될 테니까요."

그러자 말 그대로 다들 쓰러질 듯이 웃어댔다. 한 남자가 물었다.

"그래서 페터, 호텔이 몇 개나 있습니까?"

스토달렌은 당당하게 대답했다.

"하나 있습니다. 파산한 호텔을 어제 막 사들였죠."

그날 이후 스토달렌은 2주에 한 번씩 호텔 하나를 소유하고 직원 50명을 고용했다. 결국 3년도 안 돼 하나뿐이던 스토달렌 소유의 호텔이 100개로 늘어났다. 단 몇 명뿐이던 직원 역시 5,000명으로 늘었다.

이 책을 쓰는 현재, 스토달렌은 클라리온 호텔Clarion Hotel, 컴포트 호텔Comfort Hotel, 퀄리티 호텔Quality Hotel 등의 브랜드가 포함된 노르딕 초이스Nordic Choice 호텔 체인을 통해 200개 가까운 호텔을 소유하고 있다. 이는 스칸디나비아에서 가장 큰 호텔 체인이다. 이제 사람들은 웃음을 멈췄다.

절대 뒤돌아보지 말자. 실패에 연연하지도 말자. 그보다는 미래를 개선하기 위해 지금 할 수 있는 일에 집중해야 한다. "실수하지 않았다면 제대로 하고 있는 것이 아니다"라는 잭 코윈에게 다시 스물한 살이 된다면 어떤 일을 다르게 할 건지 물어봤다. 그러자 그는 지금까지 살아온 것과 다르게 할 수 있는 일은 그리 많지 않을 것이라고 답했다.

"더 열심히 할 수도 있겠지만 잘 안 된 일에 연연하지 않는 게 정말 중요하다고 생각합니다. 빨리 다음 일로 넘어가야 해요. 앞으로 잘 될 일에 힘을 쏟아야 합니다. 오만하게 굴려는 게 아닙니다. 우리도 처음부터 많은 실수를 저지르면서 여기까지 왔습니다."

휴스뉴 외즈예인도 마찬가지로 자기 실수에 연연하지 말고 거기서 교훈을 얻으라고 권한다. 프랑크 스트로나흐는 "나는 세상 그 무엇도 실패라고 여기지 않습니다. 일이 잘 안 풀려도 그걸 통해 배우는 게 있으니까요. 뒤돌아보지 말고 화내지 말고 그냥 앞만 바라보면 됩니다"라고 말했다. 프랑크 하센프라츠는 이렇게 조언했다.

"너무 자주 뒤를 돌아보면 발을 헛디디게 됩니다."

▌사업을 하려면 변화해야 한다

억만장자들과 인터뷰하는 동안 되풀이해서 등장했던 개념이 하나 있었다. 바로 '변화'다.

우리는 급변하는 세상 때문에 어려움을 겪곤 한다. 그래서 상황이 항상 똑같이 유지돼 어제 했던 일을 오늘도 계속할 수 있길 바란다. 변화를 받아들이고 적응하는 게 힘들기 때문이다. 하지만 억만장자들은 완전히 다르다. 변화를 수용하고 그에 대비할 뿐만 아니라 적극 활용하기도 한다. 억만장자들은 변화의 주도자다.

변화는 잭 코윈이 사업을 할 때 가장 좋아하는 부분이기도 하다. 그는 사업의 장점 중 하나는 매일이 다른 것이라고 말한다. 이와 더불어 프랑크 하센프라츠는 "우리는 매일 달라져야 합니다. 변하지 않으면 죽음뿐이니까요"라고 하며 이렇게 말을 이었다.

"보여줄 게 있어요. 지금 막 알아낸 것입니다. 상공회의소에서 해마다 발행하는 간행물이 있는데 1964년판을 보면 당시 이 도시에는 약 100개 정도 되는 제조공장이 있었습니다. 그중 지금까지 남아 있는 게 몇 개일까요? 세 개입니다. 나머지는 모두 소비자들에게 버림받았어요. 변화하지 않았기 때문입니다.

사업을 하려면 늘 변화해야 합니다. 저는 60년 동안 이곳에서 버텼어요. 당신이 사업가인데 만약 조금이라도 불안하지 않다면, '내일은 더 잘해야지. 더 발전된 제품을 만들어야지'라고 생각하지 않는다면 버티지 못할 것입니다. 저는 성공했냐고요? 당연히 아니죠! 저는 아직 그럴 주제도 못 됩니다."

리리오 파리소토는 변신의 귀재다. 그는 여러 차례 비즈니스 모델을 바꿔 수익이 100만 달러에도 훨씬 못 미치는 중소기업을 수십억 달러 규모의 대기업으로 만들었다.

파리소토는 처음에 전자제품 소매업에 종사했다. 그러다 비디오 대여사업에 뛰어들었다. VHS를 시작으로 CD, DVD, 블루레이 등 다양한 매체가 등장했다 사라지는 동안 그는 그의 회사 비디올라를 계속 재편했다. 한 가지 기술의 쇠퇴를 제때 파악하고 그다음에 오는 기회를 맞이한 것이다. 이와 동시에 사업 포커스를 영상녹화사업에서 미디어 산업 쪽으로 옮겼다.

저장매체가 소멸될 상황이 되자 파리소토는 막대한 재원을 동원해서 회사의 주력사업을 석유화학사업으로 바꾸기 위해 엄청난 노력을 기울였다. 그러고나서 다시금 회사를 개편해 플라스틱 자재와 제품을 대규모 생산하는 쪽으로 방향을 트는 데 성공했다.

이처럼 억만장자들은 변화의 귀재다. 김범수에게 세상에 전하고 싶은 메시지가 뭐냐고 물었을 때 그가 이야기한 강력한 경고로 이 장을 마치도록 하겠다.

"미래는 인류가 지금껏 살아본 적이 없는 시간입니다. 우리는 이전에 살던 세계와 우주를 떠나 미래의 새로운 세계로 나아갈 준비가 필요합니다. 이전에도 과도기나 혁명기가 존재하긴 했지만 4차 산업혁명의 등장으로 예측이 불가능한 미래가 빠른 속도로 다가오고 있습니다. 디지털 세계와 가상세계는 갈수록 중요해지며 영향력이 커지고 있습니다. 여기에 더해 또 하나의 완전히 다른 세계인 인공지능과 로봇의 세계가 열리고 있는데 이 부분에 대해서는 좀 더 깊이 다양하고 진지하게 고민할 필요가 있습니다. 우리가 대비하지 못한 완전히 새로운 세계가 도래할 텐데 그 미래를 어떻게 준비할 것인지에 대한 진지한 논의는 충분히 이루어지지 않았습니다. 제대로 준비하지 않은 사람들도 많이 보이고요.

안전을 지키면서도 모험적인 태도로 세상과 어울릴 수 있는 사람은 적응을 잘하겠지만 그렇지 못한 사람은 소득이든 생활수준에서든 더 큰 격차를 경험하게 될 것입니다. 우리 사회가 양극화될 가능성도 큽니다. 대부분의 사람들은 이 세상을 본 적도 배운 적도 들은 적도 없습니다. 이러한 변화에 적응하지 못한다면 존재를 위협받는 상황에 처하게 될 것입니다. 따라서 사람들이 새로운 미래에 적응해 일자리를 찾고 안전하게 살아남을 수 있도록 준비를 시켜야 합니다. 저는 사람들을 도울 방법을 찾고 있습니다."

당신은 살면서 생기는 문제와 장애물을 어떤 태도로 대하는가? 그걸 기회로 여기는가? 실험하고 실패하고 교훈을 얻을 의향이 있는가? 당신은 문제해결사인가? 실패할 때마다 다시 일어나 뒤를 돌아보지 않고 계속 앞으로 나아가는가? 그리고 변화를 받아들이고 포용하는가?

보통 사람 vs 백만장자 vs 억만장자

- 목표 없이 전전하는 사람들은 실수하는 게 두려워 아예 행동을 취하지 않는다.
- 백만장자들은 행동을 하긴 하지만 실수를 피하려고 하고 과거의 실패를 곱씹는 데 너무 많은 시간을 허비한다.
- 억만장자들은 기꺼이 실패를 감수하고 받아들이며 그 실패를 통해 배우고 나아가며 결코 뒤돌아보지 않는다. 그들은 종종 자신의 아이디어를 시험해 좋은 아이디어와 나쁜 아이디어를 구별한다. 또한 앞으로 나아가기 위해서는 실수가 불가피하다는 걸 안다.

이기려면
계속 싸워라

Our greatest weakness lies in giving up.
The most certain way to succeed is
always to try just one more time.

우리의 가장 큰 약점은 포기하는 것이다.
성공하는 가장 확실한 방법은
항상 한 번 더 노력하는 것이다.

_토머스 에디슨

중요한 뭔가를 만드는 건 결코 쉬운 일이 아니다. 비즈니스 제국을 건설할 때는 투지와 결단력, 회복력을 증명해야 한다.

앞으로 나아가면서 우리는 극복해야 할 수많은 장애물에 직면하게 될 것이다. 고난도 견뎌야 한다. 여러 번 넘어져도 다시 일어나야 한다. 목표에 도달할 때까지 계속 싸워야 한다.

▌기꺼이 경쟁을 즐겨라

사업에서 큰 성과를 거두려면 성공을 위해 전념할 필요가 있다. 장난은 그만 치고 진지해지자. 성공하기 위해서는 때로 힘겨운 상황에 처할 필요도 있다.

잭 코윈도 그렇게 했다. 그의 인생 초반부는 그가 살던 캐나다 온타리오 반경 160킬로미터 안에서 전부 이루어졌다. 그러다 그는 사업을 시작하려고 머나먼 대륙 호주로 갔다. 이는 대단한 도전인 동시에 큰 결심이었다.

우리에게 뭔가를 거저 줄 사람은 아무도 없다. 원하는 걸 얻기 위해, 자신의 권리를 지키기 위해 싸워야 한다. 큰 꿈을 꾸는 데서 그치지 말고 용기 있게 나아가자. 그러려면 강한 의지를 갖고 자기가 뭘 원하는지 알아야 한다. 프랑크 하센프라츠도 이런 식으로 자기 사업을 시작했다.

하센프라츠는 오래전에 포드의 부품을 생산하는 업체인 쉽브리지 엔지니어링Sheepbridge Engineering에서 일한 적이 있다. 당시 하센프라츠의 상사는 너무 고집이 세서 잘못된 방식으로 일을 하는데도 그의 말에 따를 수밖에 없었다. 훨씬 효율적인 방법을 알았던 하센프라츠는 공장장에게 "내 상사를 해고해줬으면 좋겠습니다. 도저히 그와 일을 할 수가 없어요. 그는 자기가 틀렸다는 걸 몰라요. 아니면 제가 관두겠습니다"라고 말했다. 그러자 공장장은 "그럼 당신이 그만두세요"라고 했다. 그는 그렇게 할 테니 공장장에게 이 일을 자기에게 맡기라고 했고 공장장은 이를 수락했다. 그게 그의 첫 번째 계약이었다.

세르게이 갈리츠키는 사업은 정신적인 시합이며 경쟁자들보다 강해지는 것이 성공의 비결이라고 밝혔다. 이기려면 강해져야 한다. 페터 스토달렌이 지적한 것처럼 남들을 이기려면 육체적인 힘이 아니라 정신적인 힘을 길러야 한다.

차오더왕은 비즈니스를 끝없는 전쟁터라고 생각한다. 때로는 다른 사람들이 우리를 비난하거나 이용할지도 모르지만 인생이 원래 그렇다는 것이다. 그러면서 이렇게 덧붙였다.

"조금 앞서나가는 사람을 깎아내리려고 하는 것은 일반적인 일입니다. 덩치가 작은 사람은 덩치가 큰 사람들에게 업신여김을 당합니다. 그들이 계속 당신을 깔아뭉개려고 하기 때문에 버티기가 쉽지 않죠. 일어설 수는 있지만 계속 견딜 수는 없을지 모릅니다. 우리도 예전에는 몇몇 큰 회사들에게 괴롭힘을 받은 적이 있었어요. 하지만 정말 열심히 일해서 회사가 아주 잘되기 시작하자 그들은 더 이상 우리를 건드리지 않았습니다."

프랑크 하센프라츠는 경쟁을 정말 좋아한다. 꿈이 뭔지 묻자 그는 "카드게임에서도, 골프에서도 무슨 일을 하건 다 이기는 것"이라고 답했다. 그는 경쟁이 우리를 더 강하게 하고 어떻게 하면 일을 더 잘할 수 있을지 생각하게 만든다고 생각한다. 이처럼 억만장자들은 경쟁심이 많을 뿐만 아니라 이기는 걸 좋아한다.

▌절대 거절을 받아들이지 마라

리리오 파리소토는 그가 시도한 거의 모든 일에서 눈부신 성공을 거뒀다. 그의 성공비결은 절대 거절을 받아들이지 않는 것이다. 파리소토는 '안 된다'는 말을 들으면 다른 방법을 찾는다.

파리소토는 사업을 처음 시작할 때 할리우드의 스튜디오들과 함께 일을 하려고 지방 소도시를 떠나 브라질의 가장 큰 도시로 거처를 옮겼다. 그때부터 뭐 하나 쉬운 게 없었다. 아는 사람도 전혀 없었다. 사람들은 세일즈맨인 파리소토와 이야기를 나누고 싶어 하지 않았다. 하지만 그는 이런 일로 좌절하지 않았다.

파리소토가 가장 간절히 원했던 고객은 워너였는데 그 회사 직원 중 매우 까다롭고 거만한 브라질 사람이 있었다. 파리소토는 그에게 몇 년 동안이나 거절을 당했지만 마침내 그를 설득시켰다. 그렇게 결국 여섯 개의 주요 영화사 모두를 설득해 독점계약을 체결했고 브라질 미디어 시장의 90퍼센트 이상을 손에 쥐었다. 파리소토는 '안 된다'를 '어쩌면'으로 받아들이는 게 성공에 도움이 된다고 말한다.

아이디어를 떠올리는 건 쉽다. 하지만 그 아이디어를 훌륭한 사업으로 바꾸는 건 정말 어렵다. 그러려면 오랜 세월 동안 투지와 결단력, 회복력을 유지해야 한다.

빈털터리에서 억만장자가 되는 건 기나긴 과정이다. 많은 억만장자가 비유한 것처럼 마라톤과 같다. 길은 험하게 굽이져 있고 출발하면 다음 모퉁이 너머의 길은 보이지 않는다. 심지어 그 길이 얼마나 긴지도 모른다. 당면한 과제는 도저히 극복할 수 없을 것만 같다. 코끼리를 잡아먹는 격이다. 페터 스토달렌은 내게 이렇게 말했다.

"코끼리를 먹을 수 있다고 생각합니까? 그러려면 한 조각씩 해치워야 합니다. 거대하고 무시무시한 괴물 같은 코끼리를 떠올리지 마세요. 작은 조각으로 나눠서 생각해야 합니다."

휴스뉴 외즈예인도 이런 시각에 동의한다. 그는 인생은 한 번 넘어지더라도 42.195킬로미터 동안 꾸준히 달리면 승리할 수 있는 마라톤과 같다고 이야기한다.

세상은 항상 억만장자의 경력 중 가장 두드러지는 사건과 눈부신 성공으로 이어지는 극적인 전환점만 보여준다. 그러나 현실적으로 이런 엄청난 사건 하나로 억만장자가 되는 경우는 거의 없다. 이는 올바른 방향으로 향하는 수많은 작은 발걸음에서 나온 결과물이다. 억만장자가 되는 건 하나의 과정이다. 그러니 수십 년 동안 활기차게 움직일 채비를 하자.

성공은 저절로 찾아오는 게 아니다. 모헤드 알트라드의 지적처럼 성공하기 위해 필요한 것들을 만들어야 한다. 어느 날 아침 일어나보니 갑자기 성공해 있을 수는 없다. 알트라드는 성공적인 조직을 만들기 위해서는 정말 오랜 시간과 경험이 필요하며 이렇게 공들여 만든 조직도 순식간에 무너질 수 있다는 사실을 강조한다. 그게 바로 게임의 법칙이라는 것이다. 그리고 대부분의 백만장자들은 이걸 이해하지 못한다.

미하일 솔로포프 역시 매일 생존을 위해 싸워온 사업 초기와 억만장자가 된 오늘날이 전혀 변한 게 없다고 이야기한다. 그는 늘 아침에 출근해서 최선을 다해 업무시간을 활용한다. 독자들에게 전하고 싶은 메시지를 묻자 솔로포프는 이렇게 말했다.

"계획을 세우고 꿈을 꾸고 그걸 일관되게 실현하기 위해 노력하세요. 쉽게 포기해선 안 됩니다. 무엇보다 자신의 약점과 한계를 알고서 싸워야 합니다."

잭 코윈도 사업에 성공하더라도 매일 사무실에 얼굴을 내밀라고 충고했다. 백만장자가 됐다고 회사에 출근하지 않으면 억만장자가 될 수 없다.

실패와 패배는 다르다. 실패한 후에 포기해야만 패배할 수 있다. 쉬운 길을 택하지 말고 인내하며 버티자. 패배와 성공의 차이는 포기와 전진을 구분하는 가느다란 선과 같다. 쓰러졌다고 목표를 포기하지 말고 다른 방법을 궁리해야 한다. 성공할 때까지 다시 시도하자. 포기하지 않는 한 패배한 게 아니다.

회복력은 후반부에만 필요한 게 아니다. 혹독한 시발점을 견뎌야 하는 단계에서도 필요하다. 예컨대 사회주의 체제가 무너졌을 때 동유럽의 기업가들은 가혹한 환경을 견뎌야 했다. 세르게이 갈리츠키는 그때의 상황을 떠올리며 다음과 같이 말했다.

"당신이 아직 젊고 이게 첫 번째 경험이라면 항상 내가 그 일을 해낼 수 있을지 없을지를 걱정하게 될 것입니다. 그래서 때로 작은 실패에도 금방 포기하고는 '난 못해. 내 능력을 너무 과대평가했어'라고 생각하고 말지요.

저는 사업을 시작하고 처음 몇 년 동안 돈을 벌지 못했습니다. 먹여 살려야 하는 가족 때문에 스트레스를 많이 받았죠. 그 당시 유통업은 별로 수익성이 높지 않았습니다. 세금을 내지 않는 경쟁자들과 싸워야 했기 때문입니다. 우리는 잘못된 결정도 많이 내려서 당연히 회사의 상황이 나아질 리가 없었습니다.

러시아에는 기업문화가 없었기 때문에 본보기로 삼을 만한 것도 없었습니다. 우리에게 남은 건 우리의 실수에서 배우는 것뿐이었죠. 게다가 당시에는 사회적 분위기도 매우 복잡했습니다. 때로는 정부와 당국도 폭력배들처럼 행동했습니다. 한 번은 누군가 우리 집 대문에 장례식 화환을 걸어놓기도 했고 사무실에 수류탄을 던지기도 했어요. 화염방사기를 소지한 사람들이 매장에 나타난 적도 있었죠. 하지만 젊음은 모든 걸 극복할 수 있었습니다. 저는 겁을 먹을 만큼 똑똑하지 않았으니까요.”

나빈 자인은 연속으로 회사를 세워 억만장자가 되기 전에 초창기 마이크로소프트에서 일했다. 따라서 세계에서 가장 부유한 인물이 된 설립자 빌 게이츠와 많은 시간을 보낼 수 있었다. 더블린에서 만났을 때 자인은 빌 게이츠에 대한 개인적인 생각을 들려줬는데 그간 주요언론을 통해 알려진 이야기와는 상당히 달랐다.

“제가 아는 빌은 자수성가한 사람, 무에서 새로운 산업을 창조한 사람, 다른 사람들이 비웃는 것에서 뭔가를 찾아낼 줄 아는 사람이었습니다. 다들 컴퓨터는 원래 거대한 물건이라고 알고 있을 때 빌은 ‘책상 위에 컴퓨터를 올려놓을 수 있다’고 말하는 사람이었죠.”

자인에 따르면 기업은 모두 고객에게 무엇을 원하는지 묻는다. 그러면 고객들은 완전히 다른 뭔가는 아니지만 지금보다 성능이 좋고 빠르고 저렴한 걸 원한다고 답한다. 그러나 혁신은 결코 그런 식으로 생기지 않는다. 자인은 아무리 위대한 아이디어도 돌파구가 생기기 전까지는 그냥 허튼소리일 뿐이며 그 돌파구를 만들어내는 사람이 바로 빌 게이츠라고 말했다. 자인은 게이츠를 매우 견실하고 추진력 있고 열정적이며 신념이 충만한 사람이라고 묘사했다.

"다른 사람들 같으면 그가 끈질기게 추구한 많은 것들을 진즉에 포기했을 것입니다. 윈도우 1.0은 완전한 실패작이었습니다. 윈도우 2.0도 완전히 실패했죠. 윈도우 386도 마찬가지였어요. 하지만 빌은 윈도우 3.0이 나올 때까지 포기하지 않았고 그때부터 우리의 삶은 완전히 달라졌습니다."

모헤드 알트라드의 인생은 항상 힘겨운 싸움이었다. 하지만 우리를 죽이지 못하는 시련은 우리를 더 강하게 만들 뿐이다. 고통은 그의 성공에 있어 필수적인 요소였다. 알트라드는 지금도 고난을 겪지 않고는 성공할 수 없다고 생각한다. 온갖 역경에도 흔들리지 않고 끝까지 해내는 힘을 기르자.

█ 붙잡아야 할 때와 포기해야 할 때

살다 보면 우리는 딜레마에 자주 직면한다. 목표로 향하는 길이 실패로 뒤덮인다면 어떻게 해야 할까? 언제 포기해야 하고 언제 붙잡아야 할까?

성공한 회사들은 모두 어느 순간 거의 실패할 뻔한 경험이 있다.

그러니 자기가 진행하는 프로젝트에 확신이 있다면 포기하지 말자. 나빈 자인이 설립한 인포스페이스도 마찬가지였다.

인포스페이스를 운영할 때 자인은 계좌에 직원들 월급이 한 달 치도 안 남을 정도의 위기를 맞닥뜨렸다. 그는 모든 직원에게 한 달 안에 뭔가를 이루거나 사업을 지속할 방법을 찾지 못하면 회사가 망할 것이며 상황을 호전시켜야 한다고 말했다.

당시 인포스페이스는 사람들이 팔려고 내놓은 집을 찾아주는 광고 서비스를 구축하려는 중이었다. 그런데 어느 날 자인의 사업 파트너가 이렇게 말했다.

"이봐, 어떤 남자가 자기가 가진 주택매물 리스트를 우리한테 공짜로 주고 싶다는데?"

그 주택매물 리스트는 인포스페이스에 꼭 필요한 정보였다. 그냥 그 정보를 받아서 원하는 대로 광고만 하면 돈을 벌 수 있었다. 게다가 그 목록을 주겠다는 남자는 아무 대가도 바라지 않았다. 하지만 어떻게든 지금 당장 돈을 벌어야 하는 상황이었던 자인은 파트너에게 이렇게 말했다.

"그 남자가 우리에게 돈을 지불했으면 해."

그 말을 들은 파트너는 의아한 표정으로 목록을 무료로 제공하는데 왜 돈까지 내야 하는지 물었다. 자인은 "돈이 필요하니까 그렇지!"라고 답하며 목록을 넘기고 싶으면 돈을 지불하라고 전달하게 시켰다. 그래서 파트너가 그 남자에게 전화를 걸었다.

"우리 사장님이 돈을 내라고 하시네요. 이 목록을 넘기고 싶으면 돈을 내라고요."

잠깐의 침묵 뒤 이윽고 수화기 저편에서 "얼마나요?"라는 질문이 들렸다. 당시 인포스페이스에는 한 달에 1만 달러 정도의 비용이 들어갔기 때문에 파트너는 "사장님이 1만 달러를 원한다"고 말했다. 그러자 남자는 잠시 생각하더니 이렇게 물었다.

"첫 달에는 일단 5,000달러를 내고 두 번째 달부터 1만 달러씩 내도 되나요?"

자인과 파트너는 그 제안을 받아들였다. 사실 그때까지는 남자가 제공하는 콘텐츠에 대해 아무도 돈을 지불하지 않았다. 하지만 자인은 주택매물 리스트를 공개하는 것이 사실상 광고라는 걸 알고 있었다. 이런 깨달음이 그의 회사를 구했다. 인포스페이스는 400억 달러 규모의 기업으로 성장해 닷컴 붐의 주역 중 하나가 됐다.

모든 사업에는 장애물이 존재한다. 죽음의 계곡 가까이에 가보지 않은 사업은 결코 성공하지 못한다. 모든 성공한 회사는 거의 죽을 뻔한 경험을 했다. 거기서 빠져나오면 더 성장하고 강해진다. 자인은 이를 설명하며 이렇게 말했다.

"제가 말하려는 요점은 사업이 망하기 직전까지 몰리면 돈이 많을 경우에는 생각지도 못했을 비즈니스 모델이 떠오른다는 것입니다. 당시 제가 돈이 많았다면 절대로 그 남자에게 돈을 얼마나 내겠느냐고 물어보지 않았을 거예요."

한편 실패의 원인을 분석한 후 적절한 조치를 취해야 하는 순간도 있다. 중국의 자동차부품업계 거물인 차오더왕은 어떤 사업에서 손해가 나기 시작하면 일단 잘못된 결정을 내린 게 틀림없다는 사실을 인정한다. 그리고 잘못된 부분을 바로잡기 전에 원인부터 찾아본다.

전략, 실행과정, 환경변화 등 무엇 때문에 이런 결과가 일어났는지 살펴보고 만약 환경변화가 이유라면 조사를 제대로 하지 못해서 틀린 결정을 내렸다고 보고 이에 대처하든지 아예 중단하는 것이다.

터키어에 "팔을 잘라내라"라는 관용구가 있다는 것을 아는가? 때로는 몸 전체를 살리기 위해 팔다리 하나를 포기하는 게 현명한 선택인 경우도 있다. 휴스뉴 외즈예인은 성공을 거두지 못한 프로젝트를 과감히 끝내 손실을 줄이라고 조언하며 이렇게 말했다.

"힘든 결정을 내려야 할 때도 있습니다. 자기가 걷고 있는 길에 끝이 보이지 않는다고 생각되면 당장 빠져나가야 합니다. 성공하지 못할 사업을 계속 고집하면 안 됩니다. 물론 성공하려면 인내심을 가져야 하지만 터널 끝에 빛이 보이지 않는다면 되돌아가야 하죠. 어려운 일이지만 일단 결론을 내리고 나면 기분이 좋아질 것입니다."

성공할 수 없다면 손해라도 줄이자. 자기 자신에게 잘되고 있다는 거짓말을 하지 마라.

피터 하그리브스는 프로젝트의 실패를 빨리 파악하는 방법을 알고 있으며 이를 깨달으면 즉시 프로젝트를 중지시킨다. 그는 사업의 성공여부가 첫해에 판가름이 난다고 본다. 따라서 뭔가가 효과가 없을 거라는 사실을 알아채면 오래 기다리지 말고 즉시 그만둬야 한다고 이야기한다.

하그리브스는 어떤 문제를 논의하는 데 너무 많은 시간이 든다면 그 사실 자체가 무언가 제대로 작동하지 않고 있다는 반증이라고 말한다. 그리고 일이 잘못되고 있다는 것은 누구보다 본인 스스로 제일 잘 알기 마련이다. 그의 말대로 잘돼가지 않는 일에 잘 풀리는 일보다 더 많은 시간을 써서는 안 된다.

역경에 맞서서 긴 싸움을 벌일 준비가 돼 있는가? 당신의 목표를 진지하게 여기면서 성공을 위해 전념하고 있는가? 다른 사람들의 거절을 가만히 받아들이는가? 죽음의 골짜기를 끈기 있게 헤쳐 나가는 데 필요한 투지와 회복력을 지니고 있는가? 붙잡아야 할 때와 포기해야 할 때를 아는가?

보통 사람 vs 백만장자 vs 억만장자

- 뚜렷한 목표 없이 전전하는 이들은 실패를 최후의 패배로 받아들인다.
- 백만장자들은 쉽게 포기하지는 않지만 별로 집요하지 않을 때도 있고 잘돼가는 일보다 잘 풀리지 않는 일에 시간을 더 많이 쏟는 경우가 종종 있다.
- 억만장자들은 매우 집요하지만 프로젝트가 효과가 없다는 걸 깨달으면 그 즉시 그만둬 손실을 줄인다.

관습에
순응하지 마라

The reasonable man adapts himself to the world,
the unreasonable one persists
in trying to adapt the world to himself.
Therefore all progress depends on the unreasonable man.

합리적인 사람은 세상에 적응하지만
불합리한 사람은 세상을 자신에게 적응시키려고 노력한다.
그러므로 모든 진보는 불합리한 사람의 손에 달려 있다.

_조지 버나드 쇼

모든 성공의 규칙을 배우고 그걸 잘 지키면 부자가 될 수 있다는 생각은 잘못됐다. 다른 사람들이 만들어놓은 고리 사이를 통과하다 보면 누군가의 기계에 완벽하게 어울리는 톱니바퀴는 될 수 있겠지만 억만장자가 될 수는 없다. 이렇게 해서는 평범하고 금전적으로 실패한 삶을 살아가게 된다.

억만장자들은 자기만의 방식을 택하고 자기만의 규칙을 고수한다. 그들은 다른 사람들이 정해놓은 규범에 순응하지 않는다. 그들은 유행을 따르지 않고 다른 사람들에게 복종하지도 않는다. 억만장자는 세상이 따를 수 있는 트렌드를 만들어낸다.

자수성가한 억만장자들은 훌륭한 개인주의자들이다. 어떤 사람은 자신을 외톨이 혹은 외로운 늑대라고 지칭하기도 한다. 하지만 그들이 애초에 정상에 오를 수 있었던 이유는 독립적인 사고로 본인의 판단을 믿었기 때문이다.

▌억만장자들은 반항아다

억만장자들의 권위에 대한 건전한 반항은 유년기 때부터 나타나는 경우가 많다. 세르게이 갈리츠키는 어릴 때 구소련의 열악한 환경이 자신과 맞지 않는다는 생각이 머릿속에서 떠나지 않았다. 한번은 의무적으로 참석해야 하는 퍼레이드를 빼먹은 바람에 학교에서 큰 곤욕을 치른 적도 있다. 반항심이 매우 강했던 갈리츠키는 성적이 썩 좋지 않아 선생님들과 늘 갈등을 빚었다.

칩 윌슨의 경우 열두 살 때 부모가 이혼하면서 굶주림에 시달리게 되자 불가피하게 반항을 했다. 그는 점심거리를 사기 위해 수표에 어머니 서명을 위조했다. 이 순간 그는 살아남으려면 혼자서 모든 일을 해결해야 하고 부모를 비롯한 누구에게도 의존할 수 없다는 걸 깨달았다. 이런 태도가 곧 그의 성공공식이 됐다.

매니 스툴은 학교가 지루하고 바보 같다는 걸 깨달았다. 성적은 좋았지만 학교생활에 관심이 없었다. 스툴은 항상 말썽에 휘말렸고 건방지고 말대꾸를 하는 학생으로 악명이 높았다. 열여섯 살 때는 며칠간 가출을 한 적도 있었다.

나빈 자인은 어릴 때부터 현실을 경멸하는 태도를 보였다. 자인이 MBA를 딴 인도의 예수회 학교는 종교적 이유에 따라 금주해야 한다는 교칙이 엄격했다. 그는 사실 술을 마시지 않았지만 규율이 마음에 들지 않았기 때문에 술을 마셔서 분란을 일으키기로 결심했다. 자인은 다른 사람들이 이래라 저래라 하는 게 싫었다. 술을 마시고 싶지 않다는 결정은 스스로 내려야지 누군가 술을 마실 수 없다고 말하는 건 옳지 않다고 생각했다.

이로 인해 자인은 교장인 메그라트 신부에게 불려갔다. 메그라트 신부는 그에게 술을 마셨느냐고 물었다. 그는 그랬다고 자백했다. 신부는 그의 잘못된 행동 때문에 퇴학을 당할 것이라고 말했다. 자인은 이렇게 대꾸했다.

"신부님, 아마 당신 말씀이 맞을 겁니다. 하지만 전 기독교인이 아닙니다. 기독교인은 신부님이시죠. 방금 신부님 입장에서 제게 질문을 하셔서 전 죄를 고백했는데 제 고백을 당신이 원하는 목적대로 쓰시겠다면 이는 전적으로 신부님 책임입니다."

이 말은 신부의 허를 찔렀다.

"내가 자네의 고해성사를 이용할 수 없다는 건 알잖나."

"그건 압니다. 그럼 제가 왜 말했을 것 같습니까?"

결국 자인은 처벌받지 않았다.

신학교에서 사제가 되려고 했던 리리오 파리소토도 나빈 자인과 비슷한 경험이 있다. 파리소토의 강한 기질은 가톨릭 교회의 종교적 기준에 어울리지 않았다. 지나친 무정부주의자였던 그는 결국 다른 학생들에게 해로운 영향을 끼쳤다는 이유로 신학교에서 쫓겨났다.

▎본인이 통제할 수 없는 것은 거부하라

억만장자들은 사회가 그들에게 부여한 역할에 의존하지 않고 자립하려고 노력한다. 그들은 규범을 깨고 규칙을 어기고 남들이 자주 다니는 길에서 벗어나고자 하는 사람들이다.

모헤드 알트라드는 시리아의 가난한 유목민으로 태어났다. 그의 가족은 그에게 양치기로서의 타고난 운명을 받아들이라고 강요할 작정이었다. 그의 할머니는 그가 학교를 다니지 못하게 했다. 하지만 알트라드는 학교에 다녔다. 또한 알트라드의 가족은 알트라드에게 그의 계급에 어울리는 가난한 소녀와 결혼하도록 밀어붙였다. 알트라드는 약혼을 취소하기 위해 법정에 가서 이 혼약은 본인의 의사에 반하는 것이라고 주장했다.

알트라드의 부족은 그가 누구와 결혼해야 하는지, 옷은 어떻게 입어야 하는지, 무엇을 먹어야 하는지 그리고 무엇을 해야 하는지 등

그의 삶과 관련된 모든 걸 대신 결정하려고 했다. 하지만 그는 다른 사람들이 자기 운명을 선택하는 걸 허락하지 않았고 그의 부족의 관행에서 벗어났다.

캐나다의 자동차부품 제조업자이자 또 한 명의 반항적인 영혼인 프랑크 하센프라츠는 공산주의 시대에 헝가리에서 자랐다. 공장에서 견습공으로 일하던 그는 십여 개 신문에서 헝가리의 독재자 마차시 라코시Matyas Rakosi의 사진을 오려내 화장실에서 휴지로 사용했다. 이로 인해 하센프라츠는 30일 동안 투옥됐으며 심문을 받고 고문까지 당했지만 절대 죄를 인정하지 않았다.

이후 조정에 관심을 갖게 된 하센프라츠는 올림픽에 출전하려는 다른 공장의 조정선수들과 함께 훈련을 하고 싶어졌다. 하지만 훈련센터는 그 공장 직원들만 사용할 수 있었다. 그래서 하센프라츠는 그 공장에 입사지원서를 내고 출근했다. 하지만 공산주의 체제에서는 일터를 바꾸는 게 허용되지 않았다. 당시 헝가리 정권은 한 사람이 규칙을 어기면 공장의 5개년 계획이 위태로워진다고 생각했다.

하센프라츠는 이로 인해 또 처벌을 받았다. 그가 받은 처벌은 학업을 지속하는 것이 평생 금지되고 임금이 10퍼센트 삭감되는 것은 물론 이전 직장으로 돌아가서 일하라는 것이었다. 임금삭감보다 훨씬 큰 문제는 학업금지였다. 그래도 하센프라츠는 군에 복무하는 동안 가까스로 학업을 마칠 수 있었다. 대령이 그가 다시 공부할 수 있게 허락해준 덕분이었다.

하센프라츠의 군 복무기간이 평화로웠느냐면 그것도 아니다. 그의 군생활은 불복종사건으로 얼룩졌다. 하센프라츠는 어떤 장교를 '멍

청이'라고 부르는 바람에 수감됐다. 또 훈련 중에 규칙을 따르지 않다가 대공포로 소련 항공기 한 대를 격추시킬 뻔하기도 했다.

하지만 육군교도소도 하센프라츠가 옳다고 생각하는 일을 못하도록 막을 수는 없었다. 여동생이 결혼할 때 그는 자기를 담당하는 중사를 설득해 영창을 빠져나갔다. 심지어 중사의 제복까지 빌려 입었다. 만약 그가 붙잡혔다면 탈영과 장교 사칭이라는 두 가지 중범죄로도 기소됐을 것이다. 하지만 그는 결혼식에 참석했고 모두가 행복해했다. 본인이 투옥 중이라는 사실을 가족들에게 숨겼을 뿐만 아니라 자기를 중사라고 믿게 만들었기 때문이었다.

여동생이 결혼식을 올린 부다페스트에서 너무나도 즐거운 시간을 보낸 그는 계획했던 것보다 3일 더 머물기로 했다. 그런데 부다페스트에서 부대로 돌아가는 기차에서 그는 대령의 눈에 띄고 말았다. 대령이 물었다.

"어디 갔었나? 감방에 갇혀 있는 줄 알았는데. 게다가 교도소에서 승진까지 했군."

하센프라츠가 뭐라고 대답해야 하나 궁리하는 찰나에 대령은 "좋아, 나중에 이야기하지"라고 말하고는 걸음을 옮겼다. 분명 그는 무슨 일이 일어난 건지 정확히 알고 있었지만 너그럽게 눈감아주고 다시는 그 사건을 언급하지 않았다. 그저 이따금씩 '난 자네가 무슨 짓을 하는지 알고 있어'라는 시선만 던질 뿐이었다.

이후에도 하센프라츠는 일반적인 관행을 따르지 않는 성향을 보였다. 가장 명백한 증거는 헝가리 혁명 당시 공산주의 헝가리 정부와 러시아 군대에 반대하는 저항세력의 편에 서서 싸웠던 일일 것이다.

〈포브스〉에서 발표하는 자수성가한 억만장자 목록을 보면 이민자들의 비율이 눈에 띄게 높다. 내가 인터뷰한 이들 중에도 도움이 되지 않는 환경에서 탈출하거나 사회가 부여한 역할에서 벗어나 본인이 목표로 하는 인물이 되기 위해 조국을 떠난 이들이 많다.

이 책에서 소개한 스물한 명의 억만장자 가운데 다섯 명이 이민자다. 프랑크 하센프라츠는 러시아 군대에 의해 혁명이 진압된 후 헝가리를 떠났다. 프랑크 스트로나흐는 제2차 세계대전 후 빈곤한 오스트리아를 떠나 캐나다로 갔다. 나빈 자인은 미국에서 더 나은 미래를 찾기 위해 인도를 떠났고 모헤드 알트라드는 시리아에서 가장 우수한 학생 중 한 명이었지만 프랑스로 이민을 가서 그곳에서 공부할 권리를 얻었다. 잭 코윈은 캐나다를 떠나 호주로 향하면서 기회를 찾을 수 있으리라고 확신했다. 토니 탄 칵셩이나 리리오 파리소토, 매니 스툴은 이민자의 자녀로 큰 성공을 거두기도 했다.

자수성가한 억만장자들의 마음속에는 기본적으로 본인이 통제할 수 없는 것에 거부하겠다는 생각이 있다. 즉, 자기가 태어난 가정환경이나 자신이 맞닥뜨린 상황, 가족이 그에게 부여한 역할, 사회적 오명 등에 따라 미래를 결정하지 않을 것이라고 생각한다.

또한 억만장자들은 대부분 다른 사람에게 고용돼 일하길 싫어한다. 그들은 항상 독립적으로 자기 책임하에 일하는 걸 선호한다. 억만장자들은 길들여지지 않는 성격 때문에 정규직원으로서는 쓸모가 없는 경우가 많다. 그리고 회사에서 벗어나 자율적인 사업주체가 되고 싶다는 충동을 느낀다.

리리오 파리소토가 좋은 예다. 스무 살의 파리소토는 브라질리아의 직장에서 해고된 뒤 노바 바사노에 있는 육가공회사의 인사팀에서 일하게 됐다. 하지만 이 직장은 한자리에 가만히 있지 못하는 그의 성격에 맞지 않았기 때문에 그는 중등교육과정을 마치려고 계속 공부를 했다. 또 회사를 마치고는 폭스바겐 콤비에 사람들을 태우고 100킬로미터 떨어진 파소 풍두까지 태워다주는 일도 했다.

파리소토는 보통 밤늦게 귀가했다. 그래서 다음 날 너무 피곤해 일은 안 하고 친구 사무실 뒷방에서 잠을 자곤 했다. 공장장이 파리소토를 찾을 때마다 사람들은 그가 공장에서 직원들과 이야기를 나누고 있다고 거짓말을 했다. 감독이 진실을 알아차리고 그를 해고하기까지 무려 2년이 걸렸다.

나중에 파리소토는 최고의 연봉과 종신고용, 은퇴연금을 보장하는 브라질 은행의 입사경쟁에서 승리를 거뒀다. 모두가 원하지만 실제로 입사하는 사람은 극소수인 꿈의 직장이었다. 하지만 그는 의사가 되겠다는 꿈을 좇기 위해 이 직장을 포기했다. 수많은 사람이 꿈꾸는 직장을 그만둔 것이다. 파리소토는 대학을 졸업하고 의사가 됐지만 그는 이 직업에도 만족하지 못했다. 파리소토는 마침내 자기가 남에게 고용돼 일할 수 없는 사람이라는 걸 깨달았다. 그래서 취업을 포기하고 학생일 때 시작한 사업에 집중했다.

▌아무도 가보지 않은 곳에 가라

억만장자들은 아무리 심각한 논란이 벌어지더라도 남들과 다른 일을 하거나 새로운 분야에 첫발을 디디는 걸 두려워하지 않는다. 차오더왕이 대표적인 예다.

1980년대 초 차오더왕은 중국공산당이 체제개혁을 시작했을 때 사업활동을 시작했다. 차오더왕은 아무도 감히 인수할 엄두를 내지 못하던 공산당 소유의 공장을 인수해서 중국 최초의 민간공장주가 됐다.

1993년, 차오더왕은 업계 최초로 증권거래소에 회사를 상장했고 2년 후에는 중국에서 처음으로 독립된 이사회를 설치했다. 2004년에는 미국에서 반덤핑 소송에 승리한 최초의 중국 사업가가 됐다. 그는 2008년 금융위기 때 사용하지 않은 국가보조금을 정부에 돌려준 최초의, 아마 유일한 기업인이었을 것이다.

팀 드레이퍼는 미개척 사업 분야에 뛰어드는 데 능숙하다. 그는 세계 최초의 웹메일 서비스인 핫메일의 창업투자자로 스타트업 분야에 혁명을 일으킨 바이럴 마케팅의 창시자다. 이 회사 설립자들은 드레이퍼의 조언으로 마케팅 예산이 없는 상태에서 기반을 키우는 방법을 알아냈다. 드레이퍼는 핫메일을 통해 발송하는 모든 이메일 하단에 '추신: 사랑합니다. 핫메일에서 무료 이메일 계정을 받으세요'라고 적힌 가입 링크를 추가하라고 권했다.

처음 핫메일의 설립자들은 이 제안을 실행에 옮기길 주저했다. 하지만 드레이퍼는 몇 주 동안 그들을 설득해서 이 전략의 장점을 납득시켰다. 결국 '사랑합니다' 부분은 제외하고 나머지 부분만 메일에 집어넣기로 합의했다. 이걸 통해 이른바 바이럴 루프viral loop가 생겼다. 핫메일을 이용해 전송된 모든 이메일이 동시에 서비스를 이용하라고 권유하는 초대장이 된 것이다. 단 몇 시간 만에 핫메일 사용자가 기하급수적으로 늘어나기 시작했다. 6개월 뒤, 이 회사의 사용자 수는 0명에서 100만 명으로 늘어났다. 다시 100만 명이 늘기까지는 3주 밖에 걸리지 않았고 이후로도 꾸준히 상승했다.

휴스뉴 외즈예인이 오리건 주립대학에서 공부할 때 그는 학교에서 유일한 터키 학생이었다. 하버드 경영대학원에서는 그 학교에 입학한 두 번째 터키 학생이 됐다. 그는 또 은행을 운영할 자금이 거의 없으면서도 터키에서 금융전문가 자격으로 재무부에 은행면허를 신청한 유일한 인물이었다.

한국의 모바일 억만장자 김범수는 세상에 드러나지 않은 사업 분야에 여러 번 도전했다. 그는 정해진 인터넷 표준이 없던 1990년대, 플레이어들이 인터넷으로 함께 테트리스를 하거나 바둑을 둘 수 있는 게임 시스템을 발명했다. 이 시스템은 오늘날 온라인 게임의 선구자 역할을 했다.

닷컴 거품이 꺼지고 자금이 빠듯해지자 김범수는 새로운 수익 모델이 절실히 필요해졌다. 그는 추가기능을 이용하려면 돈을 지불해야 하는 프리미엄freemium 비즈니스 모델을 고안했다. 대부분의 콘텐츠는 공짜로 이용할 수 있지만 프리미엄 서비스를 사용하려면 매달 4달러를 내야 하는 방식이었다. 이 프리미엄 멤버십 프로그램을 처음 시작할 때 김범수의 회사는 유료 온라인 게임에서 좋은 반응을 얻지 못해 재정적으로 어려움을 겪고 있었다. 따라서 어떤 성과가 나올지 다들 불안해했다. 하지만 기우였다. 그 서비스를 시작한 날에만 7만 9,000달러의 수익을 기록했다.

개척자로서 김범수의 지위는 회사의 다음 모험을 통해 더욱 굳어졌다. 한게임 포털은 게임 분야에서 가장 먼저 가상 아이템과 아바타를 제공했다. 그다음에 김범수는 카카오를 설립했는데 한국의 스마트폰 소유자 거의 100퍼센트는 그가 개발한 메신저를 사용한다. 나아가 그는 카카오톡에서 타사 게임을 할 수 있는 플랫폼을 제공하고 수수료를 부과하는 방식으로 무료 메신저를 수익화할 방법을 찾았다. 이로 인해 한국의 모바일 게임 시장은 20배 이상 성장했고 이는 전 세계에서 성공적인 새 비즈니스 모델이 됐다.

최근 김범수는 모든 걸 무료로 받는 데 익숙한 모바일 이용자들에게 콘텐츠를 판매하는 방법을 알아내 업계가 골머리를 앓던 또 다른 문제를 해결했다. 2년 동안 해결책을 모색한 끝에 카카오페이지를 만든 것이다. 카카오페이지는 사용자가 만화나 책을 읽거나 다른 사이트 방문자들이 만든 만화와 동영상을 무료로 볼 수 있는 플랫폼이다. 수익화 방법은 무료 이용자보다 일주일 먼저 다음 장을 읽거나 다음 편을 보고 싶다면 돈을 지불하는 방식이었다. 이 모델은 사용자, 창작자, 카카오 모두에게 윈-윈이었다.

▌억만장자는 트렌드를 창조한다

칩 윌슨은 서로 다른 종류의 옷을 생산하는 회사 네 개를 설립했다. 처음에는 일반적인 패션 상품에 주력하다가 이후 웨스트비치Westbeach를 설립해 해수욕과 서핑할 때 입는 옷을 만들었는데 관련 의류제품이 유행하기 시작한 시기보다 5~7년 정도 앞선 행보였다. 그다음에는 스케이팅 의류를 만들었는데 이것도 스케이팅이 유행하기 전의 일이다. 그는 상황을 이렇게 설명한다.

"제가 사업 구상을 말하면 아무도 믿어주지 않았습니다. 저는 항상 원하는 일을 그냥 밀어붙여야 하는 세상에 사는 셈이죠."

곧 윌슨은 스노보드의 인기가 높아지고 있다는 걸 알아차렸다. 그는 새롭게 부상하는 이 고객층을 위해 스노보드 의류를 만들고 싶었다. 하지만 윌슨의 회사 사람들은 서핑과 스케이트에 푹 빠져서 사업방향을 바꾸고 싶어 하지 않았다. 그는 웨스트비치 서프 컴퍼니 Westbeach Surf Company라는 회사명을 웨스트비치 스노보드Westbeach Snowboard로 바꾸고 갱스터룩을 변경해 헐렁한 스노보드 바지를 제작하기 시작했다. 1987년, 단 세 개뿐이던 스노보딩 회사는 1993년에 500개로 늘어났다.

1998년, 윌슨은 우연히 요가를 접했다. 그는 아무도 여성의 운동복에 관심을 기울이지 않는다는 사실을 깨달았다. 그리고 고기능성 직물과 운동복에 대한 경험을 바탕으로 여성의 다리와 엉덩이 라인에 잘 어울리는 몸에 꼭 끼는 원단을 개발했다. 이렇게 해서 세계적인 스포츠웨어 업체 룰루레몬이 태어났다.

윌슨은 밴쿠버에서 유일하게 요가 수업이 열리는 곳에 첫 번째 요가복 전문 매장을 차렸다. 몇 년 후, 룰루레몬은 나이키나 언더 아머 Under Armour 같은 대형 브랜드와 경쟁하면서 300개가 넘는 매장을 보유하고 수십억 달러의 수익을 올리는 주요 스포츠웨어 브랜드가 됐다. 이 모험으로 윌슨은 억만장자가 됐다.

윌슨은 차세대 거대시장을 예상하는 일에 있어 거리낌이 없다. 그는 룰루레몬을 명상 분야로 확대하려고 했을 때도 다시 직원들의 격

럴한 반대에 부딪혔다. 그 과정에서 키트 앤 에이스Kit and Ace에 대한 아이디어가 탄생했다. 이는 운동복에 적용되는 디자인 원칙을 평상복에 적용한 브랜드다.

월슨은 비즈니스 모델의 위대한 혁신가이기도 하다. 1980년, 그는 의류 소매업의 수직적 비즈니스 모델을 발명해 대성공을 거뒀다. 그는 그때를 이렇게 회상한다.

"당시에는 그런 식으로 일을 하는 사람이 아무도 없었습니다. 다들 내가 하는 방식이 옳지 않다고 말했지만 어쩐지 항상 효과가 있는 것 같았어요."

▍다르게 생각하라

억만장자의 DNA에는 남들과 다른 사고방식이 새겨져 있다. 그들은 독자적으로 생각하고 현상에 도전하며 낡은 진실을 받아들이려고 하지 않는다. 억만장자들은 주류세상 밖에서 자신만의 진실을 찾는다. 페터 스토달렌은 이렇게 충고한다.

"모두가 만족감을 느끼고 청운을 기대할 때 두려워하고 모두가 두려워할 때 용기를 내야 합니다. 모두가 하는 일을 똑같이 따라 하기만 해서는 절대 성공할 수 없습니다. 그때는 이미 늦었어요. 뭔가 다른 일을 해야 합니다. 남들과 달라지는 걸 두려워하지 마세요. 자기 의견을 최대한 멋지게 홍보하고 남의 말은 듣지 마세요."

억만장자들은 자기만의 관점으로 사물을 바라본다. 사물을 있는 그대로 보는 게 아니라 그 가능성을 보는 것이다. 스토달렌은 예테보리에 있는 100년 된 우체국 건물을 보고는 호텔로 안성맞춤이라고 판단했다. 하지만 다들 강하게 반대했다. 그 건물은 15년 동안이나 방치된 것도 모자라 엄격한 규제를 받아 아무것도 할 수 없는 상태였다. 하지만 스토달렌은 뜻을 굽히지 않았다.

스토달렌은 기어코 그 건물을 샀다. 관료적 장애물을 모두 타파하고 건물과 주변 지역을 리모델링한 그는 큰 성공을 거뒀다. 호텔 근처가 그 도시의 새로운 중심지가 될 정도였다.

남의 뒤를 따라가기만 하는 사람은 억만장자 수준에 도달할 가능성이 없다. 그보다는 시스템에 존재하는 구멍을 찾아 그걸 이용해야 한다. 겉보기에 명백한 진실을 따르지 말고 간단한 것처럼 보이는 선택도 다 피하자. 세르게이 갈리츠키는 이에 대해 냉철한 견해를 가지고 있다. 그는 이렇게 말한다.

"중요하고 확실해 보이는 결정을 믿어선 안 됩니다. 간단한 결정도 믿으면 안 되고요. 항상 모든 것을, 심지어 가장 명확한 결정까지도 의심해야 합니다. 이것이 성공의 열쇠입니다."

억만장자들은 다른 사람의 의견을 듣고 본인의 행동을 결정하거나 자긍심에 영향을 받지 않는다. 물론 누구나 불평보다는 박수갈채 받는 걸 선호하지만 리리오 파리소토의 말처럼 억만장자는 어떤 면에서 박수를 받든 방해를 받든 상관없다고 생각한다. 그들은 자기만의 내적 기준을 가지고 있고 그게 그들의 심판관이다.

억만장자들은 비판을 각오하며 오늘 박수를 받더라도 내일 또다시 곤경에 처할 수 있다는 것을 안다. 오늘 나에 대해 불평한 사람이 내일은 박수갈채를 보낼지도 모르기 때문이다. 억만장자는 그런 걸 극

복할 수 있는 성격을 가지고 있으며 가장 큰 비판은 나 자신에게서
나온다고 믿는다.

▌자신의 삶을 살아라

독립은 억만장자들의 삶에서 중요한 요소다. 그들은 스스로도 독립
성을 주장할 뿐만 아니라 자녀들에게도 이런 독립적인 사고방식을
물려주려고 한다. 자녀가 자유롭게 생각할 수 있는 사람이 되기를 바
라기 때문이다.

페터 스토달렌은 평범한 부모가 자녀에게 하는 말과 반대로 성적
은 중요하지 않다고 말한다. 그는 자녀들에게 다음과 같은 점을 강조
한다.

"무슨 일을 하든 행복하게 해야 한다. 아빠의 방식을 따르는 게 아
니라 너만의 방식을 택해야 해. 엄마가 원하는 길이 아니라 너의 인
생을 선택하라고. 네가 원하는 대로 인생을 사는 게 중요해. 자기가
하는 일에 만족하기만 한다면 네가 원하는 일은 뭐든지 해도 좋다."

토니 탄 칵셩도 자녀들에 대해 비슷한 철학을 갖고 있다. 그는 아
이들이 인생을 즐기면서 자신의 요구와 열정에 따라 살아가는 방법
을 알았으면 좋겠다고 이야기한다. 다른 사람의 신념이나 사회의 믿
음만 따른다면 자기가 원하는 인생을 살 수 없기 때문이다.

휴스뉴 외즈예인은 대학교 졸업식에서 축사를 할 때면 이런 말을
자주 한다.

"부모님이 시키는 대로만 하지 말고 자기가 하고 싶은 일을 해야

합니다. 그렇게 하지 않으면 후회할 겁니다. 하고 싶은 일을 하면서 살다가 불행해진다면 스스로 책임을 지면 됩니다. 하지만 다른 사람의 말대로 살다가 불행해진다면 이건 순전히 그들의 말을 들은 당신 잘못입니다."

억만장자들의 개인주의를 바라보는 시선에는 다른 측면도 있다. 바로 협력을 포기해서는 안 된다는 것이다. 김범수의 회사 한게임이 한국 최고의 게임 회사가 됐을 당시 서로 치열하게 경쟁을 벌이던 넷마블이라는 회사가 있었다. 넷마블은 김범수에게 공동 프로젝트를 몇 가지 제안했다. 하지만 김범수는 냉정하게 거절했다.

김범수는 두 회사의 격차가 더 커질 것이라고 생각했지만 그러지 않았다. 넷마블은 무섭게 성장했고 한게임은 정상을 지키려고 고군분투했다. 만약 그들이 제휴를 했다면 더 좋은 성과를 거뒀을지도 몰랐다. 하지만 그는 자신이 가진 게 더 많고 혼자서도 할 수 있다는 편견에서 벗어날 수 없었다. 김범수는 이것이 자신의 사업경력에서 큰 실수 중 하나라고 생각하며 이 일을 통해 때로는 함께하면 더 중요한 일을 할 수 있다는 걸 알게 됐다고 말했다.

자기가 취약한 부분에 대해 도움이나 조언을 구하는 걸 부끄러워해서도 안 된다. 자신의 능력과 주제를 파악하고 그에 따라 행동해야 한다. 도움받는 걸 혐오하면 실수를 저지르거나 혼자서 처리해야 하는 업무량에 중압감을 느낄 수도 있다.

억만장자들은 일반적인 관행을 따르지 않는 사람이며 어릴 때부터 정해진 규칙을 어기면서 개인주의적인 성향을 드러낸다. 주위 사람들이 다 저 사람은 제정신이 아니라고 여기면서 모험을 하지 말라고 충고할 때에도 억만장자들은 자신의 본능을 믿고 정상적인 궤도에서 벗어나는 법을 익힌다.

도약해야 할 때와 원래 경로와 반대로 달려야 할 때를 아는 게 파산과 수십억 달러의 차이를 가르는 경우가 많다. 당신은 관습을 거스를 수 있을 만큼 대담한가?

보통 사람 vs 백만장자 vs 억만장자

- 목표 없이 전전하는 사람들은 규칙을 모르거나 이해하지 못해 따르지 못한다.
- 백만장자는 모든 규칙을 알고 이를 능숙하게 적용하는 능력이 탁월하다.
- 억만장자는 규칙을 전부 숙지하고 있지만 그런 규칙도 다 사람이 만들었다는 걸 안다. 그들은 시스템의 허점을 찾아서 그걸 자기에게 유리하게 활용한다. 그리고 새로운 규칙과 새로운 패러다임을 창조한다.

"내가 구상한 사업방식을 이야기하면 아무도 그게 될
거라고 믿어주지 않았다. 당시에는 그런 식으로 일을
하는 사람이 아무도 없었다. 다들 내가 하는 방식이 옳
지 않다고 말했지만 항상 효과가 있었다. 나는 항상 내
가 원하는 일을 그냥 밀고 나가야 하는 세상에 사는 셈
이다."

_칩 윌슨

열정으로
모든 걸 뛰어넘자

*It has been my observation that most people get ahead
during the time other people waste.*

우리는 대부분 다른 사람이 낭비하는 시간 동안 앞서나간다.

_헨리 포드

사람들은 '힘들이지 말고 효율적으로 일해라' 같은 말을 하곤 한다. 하지만 이건 말도 안 되는 소리다. 고된 일을 피할 방법은 없다. 노력하면 할수록 성공할 확률이 높아진다.

그러니 부지런해져야 한다. 다른 사람들과의 경쟁에서 뒤지지 않도록 똑똑하게 동시에 열심히 일해야 한다. 세르게이 갈리츠키는 이렇게 말했다.

"당신이 남보다 낫다고 생각하지 마세요. 열심히 일해야만 다른 사람들보다 많은 걸 이룰 수 있습니다."

▌재능만으로는 충분하지 않다

모헤드 알트라드는 자신이 소유한 몽펠리에의 럭비 구단에서도 재능 있는 선수가 열심히 하지 않는 경우를 종종 본다고 말한다. 그러면 알트라드는 "재능만으로 충분하지 않다"고 충고한다. 그 구단은 2018년 유러피언 컵을 차지한 유명 구단이다.

진부한 표현처럼 들릴지도 모르지만 억만장자들은 대부분 열심히 일하는 걸 필수적인 성공비결로 꼽는다. 좌우명으로 "근면"을 말한 휴 스뉴 외즈예인은 자기 주변에는 항상 자기보다 똑똑한 사람들이 있었다고 말했다. 그는 지금도 자기가 제일 똑똑한 사람이라고 생각하지는 않는다. 하지만 외즈예인은 항상 그런 사람들을 노력으로 능가할 수 있었다.

리리오 파리소토는 가치관은 인격에 의해 결정되며 열심히 일하고 공부하면 승부에서 이길 수 있다고 생각한다. 론 심 역시 중학교 입학시험에 떨어졌을 때 이 훌륭한 인생교훈을 얻었다. 아무리 똑똑해도 부지런히 노력하지 않으면 아무런 성과도 얻을 수 없다는 걸 깨달은 것이다.

열심히 일한다는 개념이 모호하게 느껴질 수도 있고 사람마다 생각하는 노력의 강도가 다를 수도 있다. 그러니 구체적으로 정리해보자. 열심히 일하는 것에는 높은 강도로 일하는 것과 긴 시간 일하는 것의 두 가지 측면이 존재한다.

전성기의 억만장자들은 대부분 깨어 있는 시간에 일에만 매달린다. 하루에 최대 열여덟 시간, 주말에도 여덟 시간 이상 일한다는 뜻이다. 그들은 쉬는 날도 주말도 없이 일하는데 특히 사업을 시작한 첫해에는 평균 주당 105시간씩 일에 매진한다. 이렇게 일할 경우 훨씬 많은 걸 성취할 수 있다는 것은 굳이 생각해보지 않아도 당연하다. 그러니 시간을 투자하면서 계속 열심히 해야 한다. 항상 노력해야 하는 것이다.

때로는 프랑크 스트로나흐가 사업 초기에 그랬던 것처럼 3일 내내 일하거나 회사에서 잠을 자야 할 수도 있다. 그는 첫 번째와 두 번째 공장을 갖게 됐을 때 어떻게든 제품을 제시간에 납품하겠다고 다짐했다. 심지어 이 결심을 지키려고 72시간 동안 계속해서 일을 한 적도 있었다.

차오더왕은 자기 사업을 시작하기 전에 새벽 두 시에 일어나 아버지와 함께 과일을 팔았다. 푸야오그룹을 설립하고 처음 20년 동안은 하루 수면 시간이 여섯 시간이 채 안 됐다. 매 순간 일만 했고 토요일에도 일요일에도 쉬지 않았다. 매일 똑같이 지냈다. 그와 마찬가지로 모헤드 알트라드, 매니 스툴도 주말에 일을 한다.

80세가 넘은 프랑크 하센프라츠조차 "나는 겨우 반나절만 일합니다. 오전 일곱 시부터 오후 일곱 시까지요"라고 말한다. 하센프라츠는 80세가 넘었지만 여전히 회사일에 매우 열심이다. 그뿐만 아니라 휴스뉴 외즈예인처럼 70세가 넘은 억만장자들도 일주일에 60시간 이상 규칙적으로 일한다.

이처럼 사업에 성공하고 싶다면 절대적인 시간을 투자해야 한다. 모헤드 알트라드는 하루에 겨우 두 시간씩 일하면서 성공할 수는 없다고 생각한다.

억만장자들은 항상 더 많이 일하고 싶어 한다. 팀 드레이퍼에게 그의 인생에서 바꾸고 싶은 게 뭐냐고 묻자 그는 일을 더 많이 할 수 있도록 시간이 더 많았으면 좋겠다고 말했다.

처음부터 쉽고 편한 일은 없다. 억만장자들도 과거에는 귀천을 가리지 않고 일했다. 프랑크 하센프라츠가 캐나다에 도착해서 처음 한 일은 세차였다. 프랑크 스트로나흐는 공장에서 일자리를 얻기 전에 병원에서 접시 닦는 일을 했다. 실리콘밸리에 있다가 회사가 이전하며 실직한 나빈 자인은 급여와 조건에 상관없이 모든 일자리에 지원했다. 자인은 비록 1달러를 벌더라도 실업급여로 먹고사는 것보다는 성실하게 돈을 버는 게 더 중요하다고 말한다.

사업을 발전시키기 위해 자기가 할 수 있는 일은 늘 있기 마련이다. 따라서 억만장자들은 항상 바쁘게 하루를 보내며 시간을 최대한 활용한다. 근면함을 경쟁력으로 삼는 것이다. 잭 코윈은 이런 태도를 대학시절 풋볼 선수로 활동하며 배웠다. 그는 타고난 선수는 아니었지만 팀에서 가장 훈련을 많이 하는 선수였다.

모나코에서 미국의 유명 연예인이자 억만장자인 마크 큐번Mark Cuban을 만났을 때 그는 나에게 사업이야말로 최고의 스포츠라고 말했다. 이 스포츠는 끝도 없고 중단되지도 않으며 규칙도 없이 진행된다. 그리고 항상 누군가가 우리를 때려눕히려고 한다. 그러니 이 게임에서 이기려면 단 1초라도 경쟁을 멈춰서는 안된다.

세르게이 갈리츠키 역시 과학과 달리 비즈니스에는 공식이 없다는 점을 지적한다. 비즈니스에서는 '좋아, 내년에도 괜찮을 거야. 기분 좋게 지낼 수 있을 거야'라고 말하는 건 불가능하다.

▌힘든 길을 택하라

성공하려면 쉬운 길을 택하지 말고 힘든 일을 자처해야 한다. 팀 드레이퍼가 인터뷰에서 들려준 이야기도 이와 같은 맥락이다. 드레이퍼는 온갖 힘든 일이란 일은 다 하는 게 성공할 수 있는 방법이라고 늘 생각했다. 쉬운 길을 택하려고 하지 말고 힘들다고 생각되는 일을 전부 도맡아서 해야 한다는 것이다. 쉬운 길이 우리를 좋은 결과로 이끄는 경우는 드물다.

스스로 편한 삶을 택했는지 아니면 남에게 봉사하는 모험 가득한 삶을 택했는지 자문해보자. 편안한 삶은 헛된 삶이다. 반대로 힘든 길을 택하면 보상을 받게 된다. 공학학사와 인재관리 및 인적자원 분야의 MBA를 취득한 나빈 자인은 한 예로 인도에서 우연히 적성시험을 본 경험을 이야기했다.

먼저 그 시험을 본 자인의 친구들은 여태까지 본 시험 가운데 가장 어려웠다고 자인에게 겁을 줬다. 그 말을 들은 자인은 '그 빌어먹을 시험을 직접 봐서 얼마나 어려운지 확인해야겠어'라는 생각이 들었다. 그래서 충동적으로 시험을 쳤고 아주 좋은 점수를 받았다.

점수가 나온 다음 날 배루스 코퍼레이션**Barous Corporation**이라는 컴퓨터 회사에서 자인에게 컴퓨터 프로그래머 자리를 제안했다. 자인은 살면서 컴퓨터라고는 본 적도 없었고 컴퓨터가 뭔지도 몰랐다. 하지만 그 회사는 자인이 프로그래밍에 소질이 있다고 생각했고 미국으로 데려와 가르치며 일을 시키겠다고 제안했다. 급여는 한 달에 500달러였고 자인이 아는 거라곤 비트**bit**가 바이트**byte**보다 작다는 것뿐이었다. 하지만 자인은 미국으로 떠났다.

월 500달러로 뉴저지에서 버티기는 턱없이 부족했다. 게다가 자인은 한 번도 겨울을 경험해본 적이 없었다. 그의 집에는 단열재도 깔려 있지 않고 자인은 찬바람이 씽씽 부는 가운데 옷도 부츠도 없이 가죽 샌들을 신고 눈 속을 걸어 다녔다. 하지만 자인은 인도에 돌아가지 않았고 그가 택한 도전에 대한 큰 보상을 받았다.

인생을 정처 없이 표류하고 싶은가 아니면 중요한 일을 하고 싶은가? 소비만 할 것인가 아니면 뭔가 가치 있는 걸 만들고 싶은가? 뒷줄에 물러나 앉아 관찰만 할 생각인가 아니면 인생이라는 게임에 직접 참여하고 싶은가? 룰루레몬의 설립자인 칩 윌슨은 이런 이야기를 들려줬다.

"어떤 길을 택하느냐는 인생에서 어떤 가치에 초점을 두느냐의 문제입니다. 유람선을 타고 유유자적하고 싶습니까 아니면 새로운 걸 창조하고 싶습니까? 저는 죽기 전에 최대한 많은 걸 만들어내고 싶습니다."

█ 최대한 전속력으로 달려라

경쟁에서 이기고 싶다면 절대 한순간도 해이해지면 안 된다. 전속력으로 달리면서 자기가 가진 걸 전부 쏟아붓자. 오직 이 방법을 통해서만 이길 수 있다.

페터 스토달렌은 내가 아는 사람들 가운데 가장 활기찬 사람이다. 나는 그에게 그토록 강한 에너지를 유지할 수 있는 비결이 뭐냐고 물었다. 스토달렌은 "에너지를 많이 쏟으면 더 많은 에너지를 얻을 수 있다"고 답했다.

사람들은 보통 훈련을 하려면 에너지가 많이 필요하다고 생각하지만 스토달렌에 따르면 실은 그 반대다. 훈련을 통해 많은 에너지를 얻을 수 있다. 아침 달리기 같은 운동을 하고 나면 정신적으로나 육체적으로나 좋은 기운으로 가득 차게 된다.

팀 드레이퍼는 매일 자기 에너지를 다 쏟고 완전히 지친 상태로 잠자리에 든다. 하루 일과가 끝나고 침대에 누울 때 그날 그가 할 수 있는 일을 다 한 상태라는 것이다.

'그때 그걸 했더라면 어떻게 됐을까?'라는 궁금증을 안고 일생을 보내고 싶지 않다면 항상 최선을 다해 노력해야 한다. 이는 칩 윌슨이 수영선수였을 때 얻은 교훈이다. 윌슨은 열 살 때 수영장 끄트머리에서 아버지가 해준 말을 자주 떠올린다.

"아버지는 저에게 '처음부터 전력을 다해보는 게 어떻겠니? 해낼 수 없다면 어쩔 수 없지만 일단 시도는 해봐'라고 하셨죠. 저를 무엇도 대충 하지 말고 처음부터 최선을 다하라고 가르치신 건 바로 아버지였습니다. 그리고 이런 충고 덕분에 당시 저는 캐나다 기록을 깰 수 있었습니다.

그때부터 늘 모든 일에 내 힘을 98퍼센트만 쏟았다가 실패한다면 나머지 2퍼센트의 힘을 쏟지 않은 걸 평생 후회하지 않을까 하는 생각을 합니다. 무덤에 들어갈 때 '만약 그때 그랬다면 어떻게 됐을까?' 하고 후회하는 것은 피하고 싶습니다."

▎자신의 일을 사랑하는 사람만이 성공한다

열정은 사업가의 중요한 자질 중 하나며 내가 인터뷰한 많은 억만장자들의 성공비결이다. 자기가 하는 일에 열정이 있다면 스스로 동기를 부여할 수 있고 추진력이 생기며 끈질기게 도전하게 된다. 오직 열정만이 우리에게 혹독한 시작을 이겨내고 앞으로 마주치게 될 많은 장애들을 극복하는 데 도움을 줄 수 있다. 그러니 투지를 품자.

피터 하그리브스의 말에 따르면 사업을 하면서 얻게 되는 가장 큰 이점은 자기가 종사하는 업계를 사랑할 수 있다는 것이다. 하그리브스는 출근하는 게 기쁘기까지 할 정도라고 한다. 토니 탄 칵셩도 마찬가지다. 그는 무슨 일을 하든 그 일에 열정, 즉 관심을 가져야 한다고 말한다.

잭 코원도 이에 동의한다. 코원은 어떤 일에 관심을 가지면 일과

놀이의 차이를 구별할 수 없게 된다고 이야기한다. 즐기지 않으면 결국 실패하게 된다. 따라서 그는 본인이 어디에 속해 있는지, 무엇이 자기를 행복하게 해주는지 아는 것이 중요하다고 말한다.

코윈의 말처럼 자기가 하는 일을 즐길 때는 쉴 시간이 필요하지 않다. 그래서 매니 스툴은 하루에 열여덟 시간까지 일하곤 한다. 그러면서도 전혀 스트레스를 받지 않는다.

그렇다면 어떻게 열정을 가질 수 있을까? 간단하다. 자신이 좋아하는 일을 찾는 것이다. 스툴에 따르면 스트레스에는 좋은 스트레스와 나쁜 스트레스가 있다. 자기가 하는 일을 사랑하면 누구나 하루에 열여덟 시간씩 일해도 스트레스를 받지 않는다. 하지만 만약 자기가 하는 일이 싫고 그곳에 있는 게 싫다면 하루에 세 시간만 일해도 비참한 기분이 들거나 덫에 걸린 듯한 느낌 때문에 병이 난다.

프랑크 스트로나흐는 좋아하는 일, 즐기는 일을 하면 자연스럽게 그 일을 잘하게 된다고 이야기한다. 나빈 자인 역시 스무 살 때의 본인에게 전화를 걸 수 있다면 열정을 품을 수 있는 일을 찾으라고 충고할 거라고 말한다.

많은 억만장자들은 돈을 벌지 못하더라도 지금 하는 일을 계속 할 것이라고 말한다. 자인은 돈은 좋아하는 일을 할 때 따라오는 부산물이라는 사실을 항상 기억해야 한다고 주장한다. 돈 때문이 아닌 좋아해서 어떤 일을 한다면 그 일을 계속 하게 되고 자연스럽게 잘할 수 있게 되기 때문이다.

칩 윌슨도 자인과 비슷한 생각이다. 그는 돈을 전혀 못 벌더라도 지금까지 한 일들을 다 했을 것이라고 이야기한다. 지금까지 그가 일을 한 이유는 '내게 아이디어가 하나 있고 콘셉트도 있는데 사람들이 그걸 정말 원하는지 궁금하다'는 단순한 생각 때문이었다. 윌슨은 지금껏 아무도 만들지 않았던 뭔가를 만들기 위해 한밤중에도 일했다. 또한 아침에 매장에서 사람들의 눈을 들여다보며 그들이 실제로 그 물건을 원하는지 가격은 얼마이기를 바라는지 알아보고 결실을 맺는 게 좋았다.

이와 더불어 억만장자들은 사업을 하면서 자기가 만들어내는 것들을 자랑스러워한다. 피터 하그리브스는 기업이 없다면 그리고 그것이 만들어내는 이익과 일자리가 없다면 많은 사람들이 지금과 같은 생활방식을 영위할 수 없었을 거라고 생각한다. 따라서 기업가들이 자기가 하는 일을 스스로 자랑스럽게 여겨야 한다고 주장한다. 실제로 하그리브스 본인도 자기 업계에 대해 스스로 가지고 있는 독특한 전문지식을 매우 자랑스러워한다.

토니 탄 칵셩은 고객들이 '와, 이 식당 음식 정말 맛있네요'라고 말할 때마다 뿌듯함을 느낀다. 차이둥칭도 마찬가지로 본인의 업적과 고객에게 전달하는 가치를 자랑스럽게 여긴다.

▌결과가 아닌 과정을 즐겨라

큰 성공을 거두려면 결과보다는 과정을 더 즐겨야 한다. 많은 억만장자들은 성공한 회사를 이미 소유한 상태보다 회사를 설립하는 과정 자체를 더 좋아한다. 또한 돈이 있는 상태보다 돈을 버는 과정을 더 좋아한다.

2009년 EY 올해의 기업가로 선정된 차오더왕은 살면서 많은 명예와 부를 얻었다. 하지만 그는 그것을 중요하게 생각하지 않으며 기업을 키워가는 모든 과정을 즐긴다.

성공과 행복에 이르는 방법은 자기가 잘하고 열정을 품고 있고 하고 싶은 일을 찾아 그 일을 하면서 인생을 즐기는 것이다. 피터 하그리브스는 브리스톨에 있는 그의 사무실에서 만났을 때 이런 의견을 들려줬다.

"저는 잘하는 일이 하나도 없었습니다. 달리기를 했지만 절대 잘하지는 못했습니다. 누구도 이긴 적이 없죠. 스쿼시나 테니스를 할 때도 한 번도 이긴 적이 없었어요. 학교 팀이나 스포츠 팀 같은 데 소속돼본 적도 없습니다. 그러다 제가 소질이 있다는 걸 깨달은 분야가 사업이었습니다.

자기가 잘하는 일을 찾아내고 그걸 실제로 하는 건 정말 멋진 일입니다. 때로는 자기가 잘하는 일을 별로 하고 싶어 하지 않는 사람도 있습니다. 저는 타고난 운동선수인데도 그 일을 싫어하는 사람들을 알고 있어요. 하지만 저는 제가 잘하는 걸 발견했고 그 일을 즐깁니다. 참으로 간단하지 않나요?"

▌즐겁지 않다고? 그럼 기차에서 내려라!

자기가 하는 일이 즐겁지 않다면 어떻게 해야 할까? 잭 코윈과 시드니에 있는 그의 집 현관에 앉아 이야기를 나누면서 이 문제에 관한 가장 훌륭한 충고를 받았다.

코윈은 물살을 거슬러서 헤엄치는 것이 어렵듯이 억지로 어떤 일을 하도록 강요하는 것은 어렵다고 말했다. 따라서 그는 어떤 일을 할 때는 그 일을 정말 좋아하는지가 가장 중요하다고 생각한다.

"무언가를 하려면 정말 그 일을 하고 싶어 해야만 합니다. 자기가 하는 일을 진정으로 즐기지 못한다면 싫증이 나고 피곤하고 너무 힘들어서 그만두게 되죠. 하지만 그 일을 즐긴다면 아마 곧 잘하게 될 테고 일을 잘하게 되면 그 자체가 긍정적인 강화로 작용합니다. 긍정적 강화는 그 일을 더 많이 하고 싶어지게 만듭니다.

성공에는 전염성이 있어요. 실패도 마찬가지고요. 그러니 지금 하는 일을 즐겨야 합니다. 그 일이 즐겁지 않다면 기차를 잘못 탄 것일지도 모릅니다. 엉뚱한 방향으로 가고 있다는 뜻이니 얼른 기차에서 내려야 해요."

원하는 목표를 달성한 뒤 그 일이 재미없게 느껴지는 경우도 있다. 매니 스툴은 1993년에 첫 번째 회사를 통해 꿈꿔온 성공에 도달했다. 이루고 싶은 것을 달성하기 위해 모든 열정과 추진력을 사용했고 마침내 그 꿈을 이룬 것이다. 그러자 갑자기 '이제 뭘 해야 하지?'라는 생각이 들면서 지루해졌다.

아무것도 하기 싫어진 스툴은 600~700만 달러 정도에 회사를 매각하려고 했지만 실패했다. 다행히 증권거래소에 첫 번째 회사를 상장할 수 있었고 18개월의 에스크로 기간이 끝난 뒤 그는 많은 현금을 가지고 회사를 떠났다. 그리고 두 번째 회사로 억만장자가 됐다. 그는 아이들에게 하고 싶은 일, 자기만의 열정을 찾기를 바라며 이렇게 조언한다.

"싫어하는 직장에서 일하거나 마음에 들지 않는 일을 하면서 사는 사람들이 너무나도 많단다. 그런 식으로 살면 안 돼. 자기가 하는 일을 정말 즐겨야 해. 그건 정말 중요한 일이야. 본인이 좋아하지 않고 즐기지도 않는 일을 하면서 인생을 살아간다면 삶의 에너지를 많이 잃게 될 거란다."

당신은 어떤가? 경쟁자들보다 더 많은 일을 해내고 싶은가? 자기가 하는 일을 즐기고 있는가? 그 일에 얼마나 열정을 품고 있고 또 그 일을 얼마나 자랑스럽게 여기는가? 당신은 얼마나 성실한가? 장시간 전력을 다해 일하는가? 힘든 길을 택하는가 아니면 지름길로 가려고 하는가?

보통 사람 vs 백만장자 vs 억만장자

- 목표 없이 전전하는 사람들은 게으르고 열정적이지 않다. 그들은 항상 쉬운 길만 택한다.
- 백만장자들은 성실하지만 일관성이 없다. 최선을 다하지 않고 소비에 정신이 팔려 있다. 이들의 열정은 본인이 하는 사업과 일치하지 않는 경우가 많다.
- 억만장자들은 자기가 하는 일에 열정적이다. 그들은 근면하고 성실하며 주변 사람 누구보다 열심히 일한다. 그들은 소비하기보다는 창조한다. 항상 힘든 길을 택해 전속력으로 달린다.

"자기가 하는 일을 사랑하고 자기가 하는 일에 열정이 있다면 하루에 열여덟 시간씩 일할 수 있다. 그래도 스트레스를 받지 않을 것이다. 반면 자기가 하는 일이 싫고 그곳에 있는 게 싫다면 하루에 세 시간만 일해도 비참한 기분이 들거나 덫에 걸린 듯한 느낌 때문에 병이 날지도 모른다. 나는 스트레스를 받지 않는다."

_매니 스툴

끝없는 발전을 추구하라

*One must still have chaos in oneself
to be able to give birth to a dancing star.*

내면에 아직 혼돈이 가득한 사람만이 춤추는 별을 낳을 수 있다.

_프리드리히 니체

성과를 올리려면 철저한 준비가 필요하다. 세르게이 갈리츠키의 경우 성공하고 싶다면 두 가지가 전제돼야만 한다고 믿는다. 첫 번째는 모든 정보를 완벽하게 알고 있어야 하고 두 번째로는 자신을 믿어야 한다는 것이다. 리리오 파리소토 역시 부를 쌓고 싶으면 그걸 위한 준비가 필요하다고 생각한다.

▌끊임없이 배워라

배움은 중요하다. 파리소토는 자신의 성공을 결정지은 요소로 교육을 꼽는다. 그의 아버지는 늘 "난 자식들에게 물려줄 유산이 없다. 내가 할 수 있는 일은 자식들을 공부시키는 것뿐이다"라고 말했다. 안타깝게도 파리소토의 집안은 가난해서 파리소토 혼자 형제들의 학비를 전부 책임져야 했지만 형제들에 대한 책임감이 그에게 큰 자극이 됐다.

하지만 학교에서 배운 것만이 성공에 결정적인 역할을 하는 것은 아니다. 학교의 지식과 생활의 배움에는 큰 차이가 있다. 억만장자들 중에는 교육을 받지 못한 사람이 많지만 그들은 배움에 뛰어나다. 차이둥칭은 이렇게 말했다.

"학교에서 배운 지식은 성공에 중요한 요소가 아닙니다. 저는 일찍 학교를 중퇴했고 교과서를 보며 배우는 것에도 서툴렀습니다. 공부보다 중요한 요소는 새로운 지식을 익히려는 욕망과 능력 그리고 청렴함이나 책임감 같은 성격과 행동입니다."

차이둥칭의 원칙은 항상 배우고 발전하는 것이다. 사업을 하면서도 계속 배워서 모든 단계를 개선해야 한다. 스무 살 때의 자신에게 어떤 조언을 해주고 싶은지 묻자 그는 "더 배워라!"라고 말했다.

차오더왕은 정규교육을 5년밖에 받지 않았지만 내가 만난 사람 중 가장 현명하다. 그는 중국 철학자를 닮았고 불교 승려처럼 보이기도 한다. 그에게는 졸업장이 하나도 없다. 어떤 대학에도 다닌 적이 없다. 그의 가난한 가족은 초등교육을 시킬 여유도 없었다. 그가 살면서 습득한 지식은 전부 독학한 것들이다. 그럼에도 불구하고 지금은 중국에서 가장 존경받는 사람이자 억만장자다. 그에게 젊은이들에게 부를 쌓는 데 도움이 될 만한 조언을 해달라고 부탁했다. 그의 대답을 들으면 다들 놀랄 것이다.

"젊은이들에게 해주고 싶은 조언은 그냥 돈만 버는 게 아니라 지혜를 쌓기 시작해야 한다는 것입니다."

▌모든 배움의 기회를 활용하라

성공하려면 가능한 모든 기회를 이용해 배워야 한다. 언제 어디서든 가능할 때마다 배워라. 그게 어디에 도움이 될지는 결코 알 수 없다.

리리오 파리소토는 우연히 듣게 된 주말강좌에서 많은 걸 배웠다. 기술설계, 세금신고 등과 관련된 내용이었다. 노동조합원을 위한 법률 수업도 들었다. 수강료는 무료였고 주말 내내 강의를 듣고 나면 머리가 더 맑아졌다.

이후 파리소토는 직원 수가 스물세 명인 작은 육류가공공장에 일자리를 얻었다. 월말에는 직접 직원들의 급여명세서를 작성했다. 1월,

2월, 3월에는 소득세를 계산하기 위해 특별근무도 했다. 주말강좌에서 소득세, 특히 트럭 운전사들의 소득세를 최적화하는 방법을 배웠기 때문이다.

당시 트럭 운전사들은 소득세를 3퍼센트 감면받을 수 있어 연말이 되면 환급을 위해 결산작업을 해야 했지만 대부분 아무런 조치도 취하지 않았다. 돈을 돌려받을 수 있다고 말해줘도 믿지 않았다. 그래서 파리소토는 운전사들의 환급신청을 해주는 대신 환급금의 20퍼센트를 달라고 했다. 그 돈으로 파리소토는 폭스바겐 비틀을 사고 학비를 벌었다.

토니 탄 칵셩은 기회가 있을 때마다 모든 사람들에게 배운다. 그는 항상 열린 마음으로 남의 말을 경청하고 올바른 질문을 던지는 것이 최고의 공부법이라고 생각한다. 그에게는 세상 모든 사람이 다 선생님이고 매 순간이 배움의 기회다. 그래서 그는 항상 열린 마음으로 좋은 피드백을 듣기 위해 노력한다.

▎세상이 돌아가는 방식에 대해 배워라

백만장자와 억만장자의 중요한 차이점 하나는 지식의 범위다. 억만장자는 세상이 어떻게 돌아가는지 배우려고 하고 그걸 보통 사람과 완전히 다른 수준에서 이해한다. 고층 빌딩은 어떻게 짓는가? 공장에 필요한 자금은 어떻게 조달하는가? 광산을 매입할 때 정부와 어떻게 협상하는가? 억만장자들은 이런 것을 공부하고 그 답을 알고 있다.

예를 하나 들어보겠다. 론 심에게 브룩스톤Brookstone을 인수할 때 필요한 자금을 어떻게 조달했는지 묻자 그는 이렇게 답했다.

"은행가들을 많이 상대해야 했기 때문에 금융과 회계의 모든 측면을 이해하려고 애썼습니다. 사업을 하려면 모든 금융파생상품과 그것이 초래할 수 있는 결과를 알아야 합니다. 손익계산서, 대차대조표, 현금흐름도 이해해야 합니다. 운영적인 관점과 재정적인 관점에서 시장이 어떻게 작동하는지도 알아야 합니다."

억만장자가 되고 싶다면 이보다 넓은 범위의 일들까지 유념해야 할 필요가 있다. 특히 재무와 관련해서는 알아야 할 것들이 아주 많다. 세상에는 기업은행, 투자은행, 개인은행 등 온갖 종류의 은행이 존재하고 그 하나하나가 다 전문성을 가지고 있다. 그리고 이들을 어떻게 대해야 하는지 모르면 이들과의 거래에서 발휘할 수 있는 영향력이 약해지고 잘못된 선택을 하게 된다. 대가를 치르게 된다는 이야기다.

▌사업을 배우는 세 가지 방법

이론서만 가지고 사업하는 법을 배울 수는 없다. 이는 안내책자만 읽고 수영을 배우려는 것과 같은 일이다. 수영을 배우려면 물에 뛰어들어 온몸이 푹 젖은 상태로 헤엄을 치려고 애써야 한다. 그리고 물에 뛰어들자마자 익사하지 않으려면 미리 준비를 해두는 게 좋다.

첫 번째 방법은 기초부터 배우는 것이다. 사업을 하려면 기본적인 정보들을 최대한 많이 알고 있어야 있다. 자기가 몸담으려는 업계에 대해서도 마찬가지다. 휴스뉴 외즈예인은 외즈예인 대학 학생들에게 다른 사람 밑에서 일하며 배우라고 하며 이렇게 말한다.

"외즈예인 대학에 다니는 학생들, 페이스북이나 트위터 같은 아이디어가 없는 이상 무작정 새로운 사업을 시작하거나 기업가가 되려고 하지 마세요. 우선 회사에 다니면서 일을 배우는 게 좋습니다. 먼저 기업체에서 일하면서 기업이 어떻게 운영되는지 보고 사람들을 만나고 네트워크를 구축하고 다양한 업계를 접해보세요."

프랑크 하센프라츠도 이런 접근방식을 지지한다. 먼저 업계에 대해 배우고 밑바닥부터 시작해 차근차근 올라가야 한다는 것이다. 그가 아는 한 위에서부터 시작해서 성공할 수 있는 일은 딱 하나, 구멍을 파는 일 말고는 없다. 그 외에는 전부 밑에서부터 시작해 위로 올라가는 게 훨씬 낫다.

나라야나 무르티는 현재 억만장자지만 그의 첫 사업은 실패했다. 1976년, 소프트로닉스Softronics라는 회사를 설립했는데 당시 인도에는 소프트웨어 시장이 형성돼 있지 않았고 그의 회사 같은 중소기업에게는 은행에서 대출도 해주지 않았기 때문이다. 컴퓨터 가격도 너무 비싸서 결국 실패하고 말았다.

실패를 겪은 무르티는 아주 중요한 교훈을 얻었다. 사업을 하려면 내 아이디어를 발휘할 수 있는 시장이 준비돼 있어야 한다는 것이었다. 시장이 준비되지 않으면 그 어떤 아이디어도 날개를 펼칠 수 없다. 1년도 되지 않아 회사를 정리한 무르티는 다른 회사에서 일하면서 그 업계의 경영방식을 먼저 배워야겠다고 결심했다. 그리고 수출과 경영에 필요한 것들을 배우기 위해 뭄바이에 있는 PCS의 소프트웨어 책임자가 됐다. 이곳에서 소프트웨어 엔지니어 200여 명이 속한 팀을 이끌면서 해외출장을 많이 다녔고 소프트웨어 시장의 수출 기회, 기업을 홍보하는 방법, 수출 중심의 기업을 조직하는 방법 등에 대해 배웠다.

리리오 파리소토의 충고대로 컨퍼런스나 박람회에 참석하는 것도 좋은 방법이다. 실제로 파리소토는 여행을 다니면서 자기가 관심 있는 특정 분야의 컨퍼런스나 박람회에 가서 좋은 기회를 얻었다. 이는 이 장 후반부에서 다시 살펴볼 것이다.

두 번째 방법은 타인에게 배우는 것이다. 존경하고 신뢰하는 이들에게 조언을 받으라는 뜻이다. 첫 번째 대상은 언제나 가족이다. 조부모님이나 부모님이 사업을 했다면 꼭 조언을 구하자.

가족 다음에 찾아갈 사람은 업계의 위대한 인물들이다. 때로는 경쟁자일 수도 있다. 그들과 접촉해서 여러 가지를 배우자. 휴스뉴 외즈예인은 터키의 유명 기업가이자 자선사업가인 베흐비 코크Vehbi Koc에게 조언을 받았다. 야피 크레디 은행의 총괄관리자로 일하던 시절 외즈예인은 코크와 같은 아파트에 살았다. 외즈예인은 코크보다 마흔 살이나 어렸지만 코크는 아주 겸손한 사람이어서 항상 외즈예인의 말에 귀를 기울여줬다. 외즈예인은 그때 그가 말을 더 많이 하게 했더라면 좋았을 거라고 후회하곤 한다.

프랑크 하센프라츠는 이런 일에 특히 적극적이다. 그는 제조업에 종사하는 사람들 열 명을 모아 모임을 조직했다. 자동차뿐만 아니라 제조업 전체를 대표하는 그룹으로 각자 자기가 잘한다고 생각하는 것, 다른 사람이 보고 배울 수 있는 걸 알려주는 것이 모임의 목표다.

페터 스토달렌처럼 자기보다 경험이 많은 사람들에게 조언을 구할 수도 있다. 스토달렌은 마음이 열린 사람이라면 모두에게 배울 수 있다고 생각한다. 그는 자기 회사에서 일하는 사람들에게 많은 걸 배웠고 특히 사업 초기에 자신보다 훨씬 노련한 사람들과 일할 수 있었던 것은 행운이라고 말한다.

차이둥칭 같은 일부 억만장자들은 자기와 관점이 다른 사람들에게서 가장 많이 배운다. 그가 생각하기에 가장 유용한 충고는 내 의견과 다른 의견을 제시하고 그것의 문제점을 지적해줄 수 있는 사람들의 충고다.

세 번째 방법은 실전을 통해 배우는 것이다. 잭 코윈에게 사업을 배울 수 있는 가장 좋은 방법이 뭐냐고 물었더니 이렇게 답했다.

"그야 물론 직접 경험하는 것이죠. 그런 지식은 교실에서는 얻을 수 없어요. 수영을 배울 때처럼 선착장에서 뛰어내려 물속으로 들어가 직접 물장구치는 법을 익혀야 합니다. 이론만 공부하는 게 아니라 직접 시련을 겪어봐야 해요."

나빈 자인도 사업하는 법을 배우려면 직접 해보는 것보다 더 좋은 방법은 없다고 생각한다. 책을 얼마나 많이 읽었든 얼마나 많은 교수들과 이야기를 나눴든 상관없다. 사업을 배우는 유일한 방법은 직접 회사를 차리고 훌륭한 멘토를 곁에 두는 것이라고 그는 말한다.

어떤 여정을 걷고 있든 경험은 우리가 삶에서 얻을 수 있는 가장 소중한 보석이라는 사실을 기억하자. 차이둥칭은 경험은 우리 인생에서 가장 의미 있는 콘텐츠며 목표가 있을 때 영감과 성취감으로 더욱 풍요로워진다고 이야기한다. 그 목표가 정말 하고 싶은 일과 일치할 때 우리는 경험을 즐길 수 있다.

▌끝없는 호기심을 가져라

억만장자가 되려면 마음의 젊음을 유지하는 게 매우 중요하다. 호기심을 품자. 새로운 아이디어에 열린 자세를 취하고 기회를 탐색하자.

페터 스토달렌은 열린 태도를 가지는 것이 정직 다음으로 성공에 중요한 특성이라고 생각한다. 좋은 사업가가 되려면 정답을 안다고 우기지 말고 주변 사람들의 말에 귀를 기울여야 한다는 것이다.

나라야나 무르티도 이에 동의한다. 무르티는 새로운 아이디어를 받아들이는 자세를 유지하고 올바른 질문을 던지는 것이 성공에 가장 중요한 자질이라고 여긴다.

리리오 라피소토가 완벽한 마케팅 모델을 찾을 수 있었던 것도 호기심 덕분이다. 항상 호기심이 넘쳤던 파리소토는 어느 날 뉴욕에 갔다. 그때 한 박람회에서 처음으로 비디오와 카메라를 봤다. 카메라로 직접 녹화를 해서 바로 텔레비전에 재생하는 것이나 영상을 재녹화하거나 여러 번 반복해서 재생하는 것도 처음 접했다. 장비와 카메라, 영화와 브로드웨이 쇼를 담은 비디오테이프도 팔고 있었다.

파리소토는 여행가방 두 개에 영화를 가득 채워 브라질로 돌아와 비디오 클럽을 개점했다. 처음에는 소매점으로 시작했다. 이곳을 비디오 클럽이라고 부른 이유는 회원이 되려면 매달 소정의 회비를 내야 했기 때문이다. 다달이 돈을 내야만 비디오를 빌릴 권리를 누릴 수 있었다.

그런데 비디오를 재생시킬 장비가 없는 고객도 많았다. 그래서 파리소토는 비디오 장비와 텔레비전까지 함께 팔았다. 이런 장비를 사는 고객들은 이미 구매력이 좋다는 것을 입증한 사람들이었다. 이들은 더 좋은 장비를 사기 위해서라면 얼마든 돈을 썼고 그렇게 파리소토의 사업은 성장했다.

비디오 클럽은 사실 사업을 위한 미끼였다. 파리소토는 비디오 클럽을 매장 제일 안쪽에 배치해서 고객들이 장비가 진열된 통로를 한참 걸어오게 만들었다. 이 방법을 통해 많은 고객을 끌어들여서 매출을 올릴 수 있었다. 곧 그는 브라질 비디오 시장을 지배하게 됐다.

▌어떻게 성공을 유지할 것인가

성공하는 것과 그 성공을 유지하는 건 완전히 다른 일이다. 경주에서 낙오하지 않으려면 끊임없이 배우고 실력을 향상시켜야 한다. 성공하려면 교육을 받은 상태로 머물러서는 안 된다.

차오더왕은 자기가 알고 있는 모든 걸 독학으로 익혔다. 열네 살 때까지 글도 모르는 악동이었던 그는 억만장자가 됐다. 차오더왕은 어디서든 스스로 노력하기만 하면 엄청난 성공을 거둘 수 있다는 사실을 증명하는 살아 있는 표본이다. 그는 계속해서 배우지 않는다면 성공에 한계가 올 거라고 말한다.

중국의 또 다른 억만장자 차이둥칭에게서도 비슷한 말을 들었다. 차이둥칭은 배움과 자기변혁을 꾸준히 계속하는 것이 성공을 유지하는 열쇠라고 생각한다. 이처럼 억만장자들은 개선을 절대 멈추지 않는다. 세계 최고의 기업가가 되면 스스로 아주 완벽한 사람이라고 생각하게 될 것 같지만 본인의 바꾸고 싶은 점이 무엇인지에 대한 모헤드 알트라드의 답은 매우 놀라웠다.

"내가 하는 일을 더 잘하고 싶습니다. 개선이 필요해요."

미하일 솔로포프는 개선을 위한 자극이 따로 필요 없는 사람이다. 그의 내면에는 항상 '계속 전진해라', '지금보다 나아져라'고 속삭이는 목소리가 있다. 그는 자신의 성공비결로 패배에서 결론을 도출하는 능력을 꼽는다. 솔로포프는 이렇게 덧붙였다.

"꾸준히 배우면서 자신을 계발해야 합니다. 자기보다 더 똑똑한 사람들을 관리하고 있다는 사실을 인정하고 그들의 가장 좋은 점을 취할 수 있는 능력도 필요해요. 성공을 거두려면 꾸준히 교훈을 줄 수 있는 사람들을 계속 찾아야 합니다."

미하일 솔로포프는 자신의 약점과 한계를 안고 싸우라는 중요한 조언을 건넸다. 그리고 토니 탄 칵셩은 이 조언의 탁월한 모범사례다. 그는 성공적으로 사업을 시작한 후 아시아 경영대학원 마닐라 캠퍼스에 진학해 최고경영자 과정을 배웠고 2004년에 EY 올해의 기업가로 선정된 뒤 지금까지도 매년 일주일씩 하버드 경영대학원에서 공부를 한다. 그리고 비즈니스 서적을 종종 읽고 일반상식도 꾸준히 공부한다.

칩 윌슨 역시 수많은 강좌를 들었는데 이를 통해 사업의 중요한 전환점을 맞았다. 당시 윌슨은 파트너 둘과 함께 회사를 창업했지만 수익을 전혀 내지 못했고 둘 중 한 동업자와 사이도 나쁜 상태였다. 하지만 함께 랜드마크에 대한 강의를 듣고 과거를 과거로 묻어버릴 수 있게 됐다.

윌슨과 파트너들은 현재를 미래를 위한 시간으로 만들기 위해 결국 회사를 매각하기로 결정했다. 그러자면 여러 가지 일을 처리해야만 했다. 그래서 다 함께 모여 과거를 용서하고 앞으로 나아가기로 했다. 이로 인해 윌슨은 '내게는 전과 완전히 다른 방식으로 인생을 살아갈 선택권이 있다'는 것을 깨달았다. 또한 사업가이자 리더이자 아버지로서 살아갈 방법은 다양하며 정답 같은 건 없다는 사실을 깨닫고 인생의 분기점을 맞았다.

억만장자가 되기 위해 모든 걸 다 알 필요는 없다. 하지만 한 가지 일에 최고가 돼 그 일에 집중할 필요는 있다. 성장하려면 자기 자신을 돌아보고 나의 재능과 결점이 뭔지도 알아야 한다. 그래야만 어디를 개선하고 무엇을 발전시켜야 하는지 알 수 있다.

이와 관련해 론 심은 자신의 강점에 집중하면서 그걸 완벽하게 다듬으라고 권한다. 그 외의 모든 건 다른 사람에게 위임하거나 대신 맡아줄 파트너를 찾으면 된다.

딜립 상비는 다른 억만장자들처럼 끊임없이 개선을 꾀하면서 과거의 성과와 경쟁한다. 그는 본인이 잘하는 일을 과거의 자신보다 더 잘하고 싶다는 생각으로 항상 노력한다. 페터 스토달렌도 어제보다 오늘, 오늘보다 내일 더 잘해낼 것이라는 생각으로 일에 매진한다. 세르게이 갈리츠키는 본인에게 이상적인 게 존재한다고 믿지 않고 항상 개선을 꾀한다.

아무리 억만장자라도 세상 모든 걸 다 알 수는 없다. 항상 뭔가 배울 게 있다. 모헤드 알트라드에게 억만장자가 되는 과정에서 만물의 이치를 마침내 깨닫게 된 순간이 있지 않았는지 물어봤다. 그러자 그는 이렇게 답했다.

"그런 경지에 도달한 적은 한 번도 없었습니다. 그냥 배우고 또 계속 배우는 것뿐이죠. '난 모든 걸 알고 있다'고 말하는 게 과연 옳은 일일까요? 그럴 리가 없죠."

프랑크 하센프라츠는 사업에 대한 지식이 거의 없는 상태에서 일을 시작해 수십 년 동안 단계적으로 회사를 개선했다. 그와 그의 회사는 날마다 변한다. 그리고 이 끊임없는 개선의 효과는 놀라울 정도다. 처음 사업을 시작했을 때는 아무것도 없었지만 지금 그의 공장에는 도처에 로봇이 있다. 하센프라츠는 뭘 배우든 간에 해마다 꼭 교훈을 적어둔다. 50년 동안 쌓인 그 교훈의 내용은 바로 자신들이 잘못한 일들에 대한 것이다.

회사가 성장하면 배워야 하는 내용과 과제도 변하기 마련이다. 다음 단계로 나아가기 위해서는 자신의 관점을 바꾸고 다른 사람의 관점에서 사물을 바라봐야 하는 경우가 많다. 김범수에게 현재 그가 이룬 것들을 성취하기 위해 스스로를 어떻게 변화시켜야 했는지 물어봤더니 이렇게 답했다.

"제게 가장 큰 영향을 미친 변화는 열린 마음을 갖는 것, 사물에 대해서 다른 시각을 갖는 것, 나와 다른 관점을 가진 사람들과 관계를 맺는 것이었습니다. 자신의 틀을 통해 세상을 바라볼 때 얻을 수 있는 것에는 한계가 있다는 걸 인식하고 다른 방법이 있음을 깨달아야 합니다. 이것이 제 성공에 매우 큰 역할을 했다고 생각합니다."

가장 중요한 건 자신의 틀에 사로잡히지 않는 것이다. 새로운 해결책을 찾아내고 새로운 관계를 맺으려면 새로운 세계에 마음을 열고 새로운 시각으로 접근해야 한다. 매니 스툴이 남긴 말로 지금까지 이 장의 모든 내용을 요약해보자.

"우리가 이 행성에 존재하는 이유는 배우고 성장하고 진화하기 위해서입니다. 그리고 열망과 욕구를 지니고 있는 한 중요한 건 목적지가 아닙니다. 거기까지 향하는 동안 무엇을 하느냐가 중요하죠. 자기가 이루고자 하는 어떤 목표를 향해 나아가는 여정, 그것이 바로 인생입니다. 목표나 성취, 돈이나 부, 권력이 아니죠. 중요한 건 그 과정에서 우리가 하는 일입니다. 그 과정이 우리 영혼의 상태를 결정하게 됩니다. 더 높은 영역에 대한 열망을 계속 품는 건 정말 멋진 일입니다. 저는 이제 더 이상 의식적으로 그렇게 하지 않아요. 그건 이기는 것과 마찬가지로 나의 일부분이 됐죠."

보통 사람 vs 백만장자 vs 억만장자

- 목표 없이 이리저리 떠도는 이들은 학교를 졸업한 뒤부터 발전을 멈춘다. 그들의 교육은 빨리 끝난다.
- 백만장자는 개인의 부를 축적하면 발전을 멈춘다. 그 뒤로는 시간이 지날수록 교육수준이 하락한다.
- 억만장자는 발전을 절대 멈추지 않는다. 정규교육을 받지 못했을 수도 있지만 그들의 배움은 멈추지 않는다.

세상에서 가장
위대한 사람들의 습관

억만장자가 되는 데 필요한 여섯 가지 기술

Force has no place where there is need of skill.

기술이 필요한 곳에는 힘이 설 자리가 없다.

_헤로도토스

억만장자는 완벽한 인간이 아니다. 그들은 단지 사업에서 큰 성공을 거둘 수 있게 해준 적절한 기술과 올바른 습관, 올바른 사고방식을 가지고 있는 것뿐이다. 억만장자들에게도 약점과 단점은 있다. 리리오 파리소토는 살면서 항상 체중과 관련된 문제를 겪었다. 그는 농담으로 이렇게 말했다.

"돈을 많이 버는 건 별로 어려운 일이 아니에요. 정말 어려운 건 돈을 많이 벌면서도 체중이 늘지 않는 거죠."

중국의 월트 디즈니라 불리는 차이둥칭은 "백만장자가 그 성공을 다음 단계로 이어나갈 수 있는지 여부는 그들의 사고방식, 지식, 성격, 기술 등과 많은 관련이 있다"고 말했다. 그러니 수준을 한 단계 높이고 싶다면 업계에 상관없이 꼭 필요한 여섯 가지 성공의 기술을 익히자.

▎ 첫 번째 기술: 논리적 사고

사업을 하려면 상식이 필요하다는 건 꽤 명백한 사실이다. 논리적 사고는 억만장자가 되는 데 절대적으로 필요한 기술이다. 억만장자들에게 자신의 강점이 뭔지 물었더니 거의 만장일치로 상식이나 논리적 사고 혹은 이 두 가지의 조합이라고 대답했다.

논리적 사고는 세르게이 갈리츠키가 제시한 성공한 사업가의 네 가지 자질 중 첫 번째 자질이다(다른 세 가지는 꿈을 가지는 것, 위험 감수, 근면성실). 사고의 과정이 빠르면 빠를수록 더 좋다. 갈리츠키는 젊을 때 체스를 둔 덕분에 논리적으로 빨리 생각하는 데 능숙하다.

상식은 학교에서 배우는 정규교육과는 다른 것이다. 매니 스툴은 성공하는 데 있어 상식은 매우 중요하지만 이를 학교에서 배우는 것이 아니라 직접 개발해야 한다고 말한다.

억만장자들이 생각하는 논리적 사고에는 숫자감각도 포함된다. 사업에서는 숫자를 다뤄야 하니 당연하다. 미하일 솔로포프는 이 세상이 숫자에 기반을 두고 있으며 계산은 많은 분야에서 유용하고 보편적인 기술이라고 이야기한다. 수학은 형식논리학이기도 하며 함수를 알면 논리적인 추론능력을 발휘할 수 있기 때문이다. 잭 코윈 역시 "돈이 바닥나지 않으려면 계산을 할 수 있어야 한다"고 말했다.

▌ 두 번째 기술: 사람에 대한 이해

사업은 다른 사람들과 하는 것이다. 따라서 사람을 이해하지 못하면 성공할 수 없다. 억만장자가 되려면 사람들을 움직이는 것이 무엇인지 알고 있어야 한다. 사람은 성공의 가장 큰 장애물이 될 수도 있고 성공을 위한 효과적인 수단이 될 수도 있다. 사람들에게 대응하는 법을 배우자.

잭 코윈에게 성공을 결정지은 요소가 뭐냐고 묻자 그는 사람들이 원하는 걸 이해하는 능력을 꼽았다. 코윈은 사람들에게 목표를 이루도록 도와주면서 5~10년 정도는 이 프로젝트를 맡아서 성과를 낼 준비가 돼 있다고 말하게 만들어 자신의 성공을 이뤘다.

수학의 중요성을 강조한 미하일 솔로포프의 경우 사업가에게 이상적인 조합은 계산을 할 줄 알면서도 가벼운 인문학적 또는 심리학적,

사회학적 욕구를 가지는 것이라고 말했다. 그에 따르면 사람들과 자연스럽게 교류하려면 그들의 행동과 반응을 인식하는 것이 필요하기 때문에 성공하려면 자연스럽게 심리학자가 될 수밖에 없다.

심지어 어떤 억만장자들은 대학에서 인간의 심리를 심층적으로 공부하기까지 했다. 리리오 파리소토는 사람을 이해하지 못하면 사업에서 성공할 수 없다고 생각한다. 회계나 재무는 회계사나 변호사, 다른 전문가를 고용해서 맡기면 된다. 하지만 어떻게 하면 원하는 일을 하게 할 수 있을지, 얼마나 보상을 해줘야 할지, 어떻게 하면 그들이 자기 자신을 자랑스럽게 생각할지, 어떻게 해야 그들이 내가 추구하는 방향을 받아들이게 할 수 있을지는 스스로 알아내야 한다. 그냥 사람을 이해하는 것만으로는 충분하지 않다. 다른 사람의 관점에서 사물을 바라보면서 그들과 공감할 수 있어야 한다.

매니 스툴은 사업을 시작하기 전에 카드놀이를 하면서 사람들의 마음을 읽는 법을 배웠다. 누군가가 진실을 말하는지 아닌지를 직관적으로 깨닫는다. 그리고 본인이 좋아하지 않거나 신뢰하지 않는 사람들과는 거래하지 않는다.

▌세 번째 기술: 인간관계

사업을 한다는 것은 곧 사람들과 관계를 맺는 것이다. 내가 인터뷰한 억만장자들은 전부 이 기술이 사업가에게 필수적이라고 하거나 자기가 성공할 수 있었던 비결이라고 했다.

수십억 달러 규모의 회사를 건설한 나빈 자인은 IBM과 거래를 하고 싶다면 절대 IBM을 기업으로 생각하지 말라고 이야기했다. 어떤 회사와 관계를 맺을 때는 항상 직접 대화를 나눠야 하는 사람이 존재하기 때문이다. 그 사람을 이해하고 신뢰를 쌓아야 한다. 자인에 따르면 '어떤 회사와 거래를 하고 싶다'고 말할 때 그 회사의 이름은 공허한 존재다. 우리가 정말로 알고 신뢰를 쌓아야 할 대상은 미팅에 나와 있는 사람이다.

관계는 지속가능한 사업의 토대다. 외국인의 신분으로 호주에 편리하고 저렴한 음식을 소개함으로써 수십억 달러를 벌어들인 잭 코원은 사람들과 잘 어울리는 것으로 정평이 나 있다. 나는 그에게 사업에서 관계의 중요성에 대해 물어봤다. 그러자 코원은 다음과 같이 대답했다.

"제게는 인간관계가 가장 중요합니다. 사업은 관계를 바탕으로 이루어집니다. 어떻게 해야 그들이 서로 협력할 수 있는가, 서로 반대하지 않고 화합해서 일을 처리할 수 있는가 말이죠."

휴스뉴 외즈예인 역시 하버드 경영대학원에서 공부할 때 가장 어려워했던 과목이자 가장 유익했던 수업으로 인간의 행동과 관련된 수업을 꼽았다.

좋은 관계를 쌓으려면 주변에 좋은 사람들을 두는 게 중요하다. 외즈예인도 이것의 중요성을 강조한다. "좋은 친구를 사귀는 게 정말 중요하다"던 그의 아버지 말처럼 외즈예인은 주변에 있는 사람들이 당신의 미래를 결정한다고 주장한다.

그렇다면 어떤 관계가 좋은 관계인가? 중요한 건 인맥의 넓이가 아니라 관계의 깊이다. 타인과의 관계를 유지하는 데 시간과 노력을 투자하자. 딜립 샹비는 넓은 인맥을 보유하고 있지는 않지만 누구와 관계를 맺든 정말 깊은 관계를 맺는다. 샹비에게 지인의 수는 중요하지 않다. 그는 주변 사람을 돕기 위해 전력을 다하고 짧은 인생에서 좋은 관계를 유지하기 위해 늘 최선을 다한다.

나빈 자인은 동양철학을 통해 좋은 관계를 맺는 법을 배웠다. 그는 좋은 관계란 자신의 나약한 부분까지 드러내는 관계라고 이야기 한다. 긴밀한 유대감이 형성되면 신뢰가 생겨난다. 그러고 나면 깊은 대화를 나눌 수 있다. 자인은 이렇게 말한다

"결국 인간관계에서 제가 깨달은 건 스스로에게 정직하고 진실해야 한다는 것입니다. 경영서에서는 '고심하는 모습을 상대에게 보이지 마라. 감정적으로 행동하지 말라'고 떠들지만 가끔은 나약한 모습을 보여야 합니다. 저는 제 삶에 대해 이야기하는 걸 거리끼지 않아요. 이를 통해 진정으로 깊은 관계를 맺고 더 많은 사람들과 사업을 진행하죠."

신뢰를 기반으로 관계를 구축하자. 이건 자인이 아무리 강조해도 모자란 부분이다. 그에게 사업에 있어 가장 중요한 것은 신뢰를 쌓는 일이다.

자인은 누군가와 거래를 하기 전에 그의 인간적인 모습을 엿보기 위해 기꺼이 함께 시간을 보낸다. 그리고 그가 신뢰에 대한 직감을 거스른다면 그 사업을 결코 오래 지속시키지 않는다. 상대를 좋아하지 않거나 믿지 못한다면 결국 그를 신뢰할 수 없는 이유를 찾아 사업을 중단하게 되기 때문이다. 반대로 그를 믿는다면 행여나 일이 잘못돼도 '저는 당신을 신뢰합니다. 그런데 이런 일이 벌어졌군요. 문

제를 해결해줄 수 있겠습니까?'라고 말하고 넘어간다. 그러면 상대는 문제를 고치기 위해 전력을 다한다.

▌네 번째 기술: 커뮤니케이션

커뮤니케이션과 스토리텔링은 홍보, 마케팅, 판매에 없어서는 안 되는 요소들이다. 훌륭한 커뮤니케이션 기술은 사업의 모든 단계에서 도움이 된다.

아마 내가 만난 최고의 커뮤니케이션 고수는 페터 스토달렌일 것이다. 그에게 무일푼으로 처음부터 다시 시작해야 한다면 어떻게 하겠느냐고 물었다. 그러자 그는 "노르웨이에서 최고의 호텔 매니저를 찾아 함께 회사를 차리자고 설득할 겁니다"라고 말했다.

스토달렌은 훌륭한 이야기꾼이기도 한데 이는 자수성가한 억만장자들 대부분이 갖고 있는 자질이다. 스토리텔링의 힘을 보여주는 아주 좋은 예가 바로 호텔 더 띠프the Thief다.

스토달렌이 호텔 이름을 띠프Thief(도둑)로 짓자 주변 사람들은 투숙객들이 이름을 보고 도둑맞을 걱정부터 할 거라고 이야기했다. 나아가 더 띠프는 고급 호텔이라 객실요금도 당연히 비쌀 테니 '더 띠프에 묵었는데 완전히 탈탈 털렸어'라고 투털거릴 거라고 주장했다.

하지만 스토달렌은 스토리텔링의 힘으로 그와 정반대의 결과를 증명했다. 호텔이 세워진 오슬로는 예전에 도둑, 강도, 매춘부의 섬이었으며 노르웨이에서 마지막으로 죄수가 교수형에 처해진 곳이기도 했다. 띠프라는 이름에 딱 어울리는 도시였다.

한술 더 떠 스토달렌은 프런트에 유명 사진작가 리처드 프린스 Richard Prince의 작품 〈말 도둑The Horse Thief〉을 걸어뒀다. 누군가 그에게 작품 앞에 경비를 세울 것을 추천했지만 그의 생각은 달랐다. 오슬로에 있는 도둑 호텔에서 〈말 도둑〉을 도난당했다고 상상해보라. 전 세계 언론에 보도되고 다들 이 화젯거리를 입에 올릴 것이다. 정말 완벽한 마케팅 아닌가.

스토달렌의 더 띠프 호텔은 결국 세계 50대 호텔 중 하나로 선정됐다. 〈컨데나스트〉라는 유명 여행잡지에는 물론 〈월스트리트 저널〉, 〈가디언〉에도 소개됐다. 호텔 영업을 시작하기도 전에 그에 얽힌 스토리부터 설계한 덕분이다.

이쯤 되면 이런 궁금증이 생겨날 것이다. 외향적인 성격을 타고나지 않은 사람도 효과적인 커뮤니케이션 기술을 배울 수 있을까? 내가 인터뷰한 억만장자들 중에도 내성적인 사람이 몇 명 있었다. 이들은 경력을 쌓는 동안 자연스럽게 커뮤니케이션 기술을 연마했다. 예를 들어 김범수는 삼성에서 근무할 때 프로젝트에 많이 참여했고 대학가에서 길거리 마케팅도 했는데 이를 통해 내성적인 성격을 많이 극복할 수 있었다고 회상했다.

▌다섯 번째 기술: 영업력

사업에서 성공하고 싶다면 뛰어난 세일즈맨이 돼야 한다. 내가 인터뷰한 억만장자들은 모두 우수한 영업사원들이다. 잭 코윈은 영업력이 자신의 성공을 결정지었다고 생각한다.

코윈의 영업력은 어릴 때부터 남달랐다. 유년시절에 그는 보내는 사람의 이름이 적힌 맞춤형 크리스마스카드를 무려 한여름에 완판시켰다. 대학생 때는 농장마다 돌아다니면서 묘목을 판매했는데 그가 여름방학에 번 돈은 그를 가르치는 대학교수의 연봉에 맞먹었다. 이렇게 코윈은 타고난 영업력을 더욱 발전시켰다.

칩 윌슨은 기업가정신이 투철한 할머니에게서 세일즈를 배웠다. 그의 할머니는 영업을 위해 약속을 잡을 때는 항상 두 번 부탁하라고 가르쳐줬다. 한 번 부탁하면 바빠서 안 된다고 거절할 가능성이 있지만 두 번 부탁하면 거절하기 힘들어진다는 것이다. 윌슨은 이런 가르침을 교훈 삼아 서커스를 열거나 레모네이드 가판대를 설치해서 온갖 것들을 팔았다. 그는 항상 최고의 세일즈맨이었다.

훌륭한 영업력은 모든 사업에 도움이 된다. 가진 것이 없어도 판매기술만 있으면 돈을 벌 수 있다. 피터 하그리브스에게 만약 무일푼으로 다시 시작해야 한다면 뭘 하겠느냐고 묻자 이렇게 대답했다.

"인터넷에서 뭔가를 팔 겁니다. 그 방법이 최고예요."

하그리브스가 성공을 거둔 비결 역시 영업력이었다. 그의 세일즈 노하우는 사람들이 상품을 쉽게 살 수 있게 하는 것이다. 하그리브스에 따르면 사람들은 은행에 돈을 맡겨두는 게 아주 쉽다고 생각한다. 따라서 투자상품으로 돈을 옮기는 것도 그만큼 쉽게 만들어야 한다는 것이다.

영업력을 기르기 위해서는 고객에게 진실해야 한다. 매니 스툴은 첫 번째 사업을 시작했을 때 판매에 관한 매우 중요한 교훈을 얻었다. 그는 전화로 사람들에게 물건을 팔려고 했지만 너무 많은 사람들에게 연락을 돌리는 바람에 스스로 무슨 말을 했는지 기억할 수가 없었다. 그래서 카드 시스템을 개발했다. 일종의 고객관계관리 시스템이었다. 사업 관련 데이터와 개인 데이터, 상대에게 팔려고 한 것, 팔려고 하지 않은 것, 상대가 받아들인 것과 판매한 내역, 팔리지 않은 것 등 관련된 내용은 전부 다 적었다. 그 카드를 놓고 전화를 하면서 스툴은 영업을 할 때는 절대 거짓말을 해선 안 된다는 걸 배웠다. 인생의 쉽고도 간단한 진리였다.

▌여섯 번째 기술: 리더십

억만장자의 회사는 직원 수천, 수십만 명의 직원을 고용하고 있다. 억만장자가 되려면 이 사람들의 마음을 움직이고 올바른 방향으로 이끌 수 있어야 한다. 그들을 리드해야 한다는 이야기다.

리더십이란 다른 사람을 통해서 내가 하고 싶은 일을 해내는 걸 의미한다. 사람들을 끌어들이고 관리하고 그들에게 영감을 주고 동기를 부여하는 모든 요소가 압축된 비즈니스의 고급기술이다. 억만장자들은 모두 뛰어난 리더십을 가지고 있다.

사업이 팀 스포츠라는 건 누구나 알고 있다. 팀 스포츠에서는 최고의 선수가 아닌 최고의 팀이 이긴다. 혼자 활약해 사업을 성공시키려고 하는 건 월드컵에서 혼자 세계 최고의 팀들에 맞서 우승을 차지하려는 것과 같은 일이다. 100미터 달리기 선수처럼 홀로 뛰어난 성공을 거두는 사람도 있지만 팀 스포츠에서는 코치의 말을 듣지 않고 독단적으로 행동하면 경기장에서 곧바로 쫓겨난다. 억만장자가 되려면 승리하는 팀을 만들어야 한다.

잭 코윈은 사업을 단순히 돈만 있으면 되는 일이 아니라 그 과정에 많은 사람들이 관여해야 하는 일이라고 생각한다. 그는 KFC 가맹점 교육을 받던 사업 초창기부터 자기 팀에 인재들이 필요하다는 걸 깨달았다.

KFC 가맹점 교육에서 코윈은 닭다리를 끓는 기름에 튀겼다가 다시 껍질이 벗겨지지 않게 재빨리 오븐에 구워야 했다. 그러다가 닭고기 조각 하나를 놓쳐 뜨거운 기름에 손을 데었다. 이 순간 그는 뭔가 깨달음을 얻었다. 요리능력에 사업의 성공여부가 달려 있다면 코윈은 불운한 결과를 맞을 것이다. 다행히도 이런 작업을 성공적으로 해내는 게 경영자의 자질은 아니었다.

코윈은 직접 닭다리를 튀기는 대신 그 일을 할 줄 아는 사람, 매장 운영을 책임질 사람을 고용하기로 마음먹었다. 그는 캐나다 서부에 있는 프랜차이즈 그룹에서 일하는 남자를 찾아가 이렇게 말했다.

"이봐요, 우리 회사로 오면 당신을 책임자로 만들어줄게요."

코윈은 실제로 그렇게 했다. 그때부터 코윈의 일은 닭다리를 튀기는 것이 아니라 사업을 키우는 방법을 궁리하는 것이 됐다. 그는 사업을 한 46년간 매장을 직접 운영해본 적은 한 번도 없다.

코윈이 자신에 대해서 깨달은 사실 중 하나는 어떤 일은 잘하지만 어떤 일은 못한다는 것이다. 마찬가지로 규모가 꽤 크고 중요한 일을 하는 사업체를 키우고 싶다는 꿈이 있다면 가지고 있는 기술을 극대화하거나 가지고 있지 않은 기술을 보완할 수 있는 상호보완적인 팀을 꾸려야 한다. 예컨대 당신이 재무에 아주 뛰어나다면 CFO가

별로 중요하지 않겠지만 재무를 잘 모르는 사람에게는 정말 훌륭한 CFO가 필요하다는 것이다.

혼자서 전부 다 하려고 애쓰지 말자. 사업을 하려면 최선을 다해 도와줄 수 있는 사람들이 필요하다. 중요한 것은 그 사람들을 잘 이끄는 일이다. 억만장자들은 이를 위해 인간본성에 대한 지식이나 인맥, 소통기술을 활용한다.

자, 억만장자가 되는 데 필요한 여섯 가지 기술을 모두 배웠는가? 이 가운데 당신이 사업을 하면서 큰 성공을 거두기 위해 아직 더 발전시켜야 하는 기술은 무엇인가?

보통 사람 vs 백만장자 vs 억만장자

- 목표 없이 이리저리 전전하는 사람은 부를 창출하지 못하는 기술을 발전시킨다.
- 백만장자는 비즈니스 숙달을 위한 여섯 가지 기술 중 일부만 발전시킨다.
- 억만장자는 비즈니스 숙달을 위한 여섯 가지 기술 전부를 최고 수준까지 터득했다.

부의
여섯 가지 습관

The chains of habit are too light to be felt
until they are too heavy to be broken.

습관의 쇠사슬은 너무 가벼워서
끊을 수 없을 정도로 무거워지기 전까지는 느껴지지 않는다.

_워런 버핏

습관은 미래를 결정한다. 정말 성공하고 싶다면 우선 습관의 토대를 만들어야 한다. 세계적으로 많은 존경을 받는 러시아의 기업가 세르게이 갈리츠키는 이렇게 말했다.

"가장 중요한 건 토대입니다. 결과가 아니라 당신이 건설하는 토대에 가장 관심을 가져야 한다는 이야기죠. 결과는 언제나 그 뒤를 따를 뿐이에요."

▍ 첫 번째 습관: 일찍 일어나기

일찍 일어나는 건 성공한 기업인들의 가장 흔한 습관이다. 내가 인터뷰한 자수성가한 억만장자들은 대부분 이를 성공의 중요한 요소로 꼽았다. 사람마다 약간씩 차이는 있지만 이들은 평균적으로 새벽 다섯 시 삼십 분에 일어났다.

일찍 일어나는 게 왜 그토록 중요할까? 여기에는 몇 가지 장점이 있다. 먼저 세상이 깨어나는 이른 시간에는 원시적인 기운 같은 게 감돈다. 또한 일찍 일어나면 자기 자신을 위한 시간, 조용히 생각에 잠길 시간, 방해받지 않고 일할 시간이 생긴다. 이 시간 동안 극도의 생산력을 발휘할 수 있다.

나아가 다른 사람들이 아직 잠들어 있는 시간에 뭔가를 하고 일을 진척시킨다는 사실은 아주 근사한 기분을 안겨준다. 이런 긍정적인 생각이 그날 하루를 활기차게 움직이는 추진력이 되고 원기를 더 북돋는다.

명심할 것은 잠을 적게 잔다고 해서 사업에서 성공할 수 있는 건 아니라는 점이다. 언제 잠들든 일찍 일어나는 게 중요하다. 어떤 억만장자는 하루에 세 시간만 자고 어떤 억만장자는 여덟 시간씩 자기도 하지만 다들 일찍 일어난다. 대신 오래 자야 하는 사람들은 일찍 잠자리에 들 뿐이다.

어떻게 하면 일찍 일어날 수 있을까? 지금까지 들은 것 중 가장 좋은 방법은 매니 스툴이 알려준 방법이다. 그는 일찍 일어날 수밖에 없도록 이른 아침에 약속을 잡는다.

매니 스툴은 40년 전만 해도 하루의 절반을 잘 수 있을 정도로 잠이 많았다. 그러던 어느 날, 한 친구가 아침 일찍 서킷트레이닝을 가자고 했다. 그러면서 아침 여섯 시까지 도착해야 하니 다섯 시 삼십 분에 데리러 오겠다고 했다.

스툴은 처음에는 매우 힘들었지만 2~3주 정도 지나자 알람이 울리지 않아도 저절로 일어나게 됐다. 그리고 그때부터 계속 그 습관을 고수하고 있다. 몇 시에 자든 상관없이 새벽같이 일어나서 한 시간 동안 운동을 하는 것이다.

▌두 번째 습관: 건강 유지

사업에서든 일상에서든 건강은 매우 중요한 요소다. 건강을 잃으면 삶이 불행해지고 아무리 성공해도 더 나아질 수가 없다. 건강하지 않다면 사업을 하는 의미가 없다. 잭 코원은 '지금 알고 있는 것을 그때도 알았더라면'이라는 제목의 강연에서 이 사실을 강조하며 이렇게 말했다.

"건강을 잃으면 다른 건 아무것도 중요하지 않습니다. 건강이 가장 중요해요. 당신이 얼마나 부자인지, 얼마나 중요한 인물인지, 얼마나 많은 힘을 가지고 있는지는 상관없습니다. 건강을 잃으면 다른 건 아무것도 필요하지 않거든요. 그러니까 건강을 잘 챙겨야 해요. 명상이나 신체단련 같은 기술을 생활에 포함시켜서 심신의 균형을 유지하세요."

건강을 지키는 가장 좋은 방법은 운동이다. 내가 인터뷰한 억만장자들은 나이에 상관없이 다들 규칙적으로 운동을 한다. 그들은 아내와 개와 함께 달리며 하루를 시작하는 페터 스토달렌처럼 아침일과에 스포츠를 포함시킨다.

스토달렌이 매일 아침 운동을 하기로 결정한 것은 몇 년 전이었다. 그는 보통 대여섯 시쯤에 일어나서 10킬로미터 조깅을 한다. 스토달렌은 잠자는 걸 좋아한 적이 없다. 그는 아내와의 조깅이 바쁜 일정에서도 서로의 소식을 알 수 있는 좋은 방법이고 이를 통해 수많은 훌륭한 아이디어를 얻고 아름다운 광경을 봤다고 이야기한다. 스토달렌은 매일 날씨나 장소에 상관없이, 심지어 아침 여섯 시에 비행기를 타야 하는 날에는 새벽 세 시에 일어나 운동한다.

운동은 꾸준히 하는 게 중요하다. 80세가 넘은 억만장자들도 매일 혹은 일주일에 두세 번 이상 달리기를 하거나 헬스클럽에 다닌다. 리리오 파리소토는 러닝머신을 이용한다. 그는 평균적으로 일주일에 세 번씩, 한 시간 삼십 분 동안 러닝머신을 달리며 1,000칼로리를 소모한다. 출장 중일 때는 돌아와서 못한 운동을 보충한다.

신기한 것은 인터뷰한 억만장자들 중 꽤 많은 수가 젊은 시절에 스포츠 분야에서 활약한 선수들이고 몇몇은 지금도 여전히 활동 중이라는 사실이다. 칩 윌슨의 인생은 수영선수 생활을 시작한 어린 시절부터 온통 스포츠로 점철돼 있었다. 앞서 말했듯이 그는 수영으로 열 살 때 캐나다 신기록을 세웠다. 12학년 때는 축구를 시작했고 대학에서는 레슬링을 했다. 그러다가 철인 3종 경기에 참가하기로 결심했는데 정신력을 이용해 내 몸을 어디까지 끌고 갈 수 있는지 알아보고 싶었기 때문이다. 그다음에는 10킬로미터 달리기, 스쿼시도 했다. 근육위축증을 앓으면서는 요가를 시작해서 마음챙김 명상, 등산에 큰 흥미를 느끼게 됐다. 수영선수 시절 그의 아버지는 이렇게 말했다.

"자신을 100퍼센트 쏟아붓지 않는다면 살면서 그 어떤 일을 하건 의미가 없다. 가서 다른 걸 하는 편이 나을 거야."

윌슨은 스포츠가 성공의 의지를 심어주고 스스로에게 지금보다 더 잘할 수 있다는 가능성을 보여준다고 이야기한다.

프랑크 하센프라츠는 16세부터 21세까지 조정선수로 활약했다. 헝가리에서 탈출하지 않았다면 아마 국가대표로 올림픽에도 출전했을 것이다.

매니 스툴도 마찬가지다. 그는 남들과 경쟁하고 이기는 걸 즐겼다. 그는 자기가 잘하는 운동은 다 선호하는데 특히 탁구, 테니스, 축구, 배드민턴, 크리켓처럼 눈과 손의 협응능력이 중요한 스포츠를 좋아한다. 어렸을 때는 체스도 아주 잘했고 나이가 든 뒤에는 스쿼시로 주 대회에 출전해서 트로피도 받았다.

잭 코윈은 고등학교 때 미식축구 온타리오 대표팀에 선발됐다. 대학에서도 그는 최고의 선수였으며 캐나다 대학 드래프트 순위에서 3위를 차지했다. 위니펙 블루 보머스라는 팀에서 프로선수 생활을 하기도 했지만 사업을 하고 싶다는 생각이 들자마자 포기했다. 레슬링 선수로 올림픽에 출전하는 꿈을 품기도 했다.

코윈은 스포츠에서 자신감을 얻었다. 또한 사람들과 어울리는 법, 절대 포기하지 않는 법도 배웠다. 이처럼 스포츠는 많은 부분에서 성공에 영향을 미친다. 일단 건강을 유지시켜 사업은 물론 모든 활동에 필요한 에너지를 제공한다. 또한 머리를 상쾌하게 하고 사물을 다른 관점에서 바라볼 수 있게 도와준다.

피터 하그리브스는 달리기를 예찬한다.

"머릿속에 온갖 생각이 뒤얽혀 있고 해결해야 할 문제도 많다면 그게 곪아 터지도록 놔두지 말아야 합니다. 이럴 때는 달리기를 하세요. 저는 머릿속에 심각한 문제가 있을 때 8~10킬로미터쯤 달립니다.

저는 낮 동안 뇌를 혹사하면 몸의 균형이 깨진다고 생각해요. 뇌만 열심히 움직이고 몸은 움직이지 않기 때문이죠. 그때 운동을 해서 몸도 혹사시키면 몸과 마음이 서로 균형을 이루게 됩니다. 그러면 운동을 하지 않았을 때에 비해 더 깨어 있는 느낌이 들고 기분도 좋아집니다."

이와 더불어 스포츠는 승부에서 이기고 지는 법을 가르쳐준다. 이는 인생과 사업을 건강하게 지속하기 위해 꼭 필요한 기술이다. 프랑크 스트로나흐는 운동을 통해 스포츠 정신, 경쟁하는 법, 페어플레이 정신을 배울 수 있었다고 한다.

싱가포르의 억만장자 론 심은 마라톤과 철인 3종 경기 선수다. 그는 스포츠를 통해 경쟁심, 팀워크, 규칙의 중요성, 끈기, 이기는 법과 지는 법을 배울 수 있다고 말했다. 그리고 론 심은 이것이 바로 삶의 기본원칙이라고 생각한다.

스포츠의 다른 미덕도 빼먹지 말자. 스포츠는 겸허한 태도를 가르쳐준다. 스포츠를 할 때는 스스로에게 거짓말을 할 수가 없다. 연습한 결과가 그대로 기술이 되고 경쟁을 통해 나의 위치가 어디인지를 정확하게 알려주기 때문이다. 나아가 팀 스포츠는 사람들을 평가하고 팀을 이끄는 방법을 가르쳐준다.

건강한 삶을 구성하는 요소는 운동뿐만이 아니다. 억만장자들이 자주 거론하는 다른 건강법으로는 명상, 금연, 건강한 식습관 등이 있다. 놀랍게도 내가 이 책을 쓰기 위해 인터뷰한 억만장자들 가운데 흡연자는 단 한 명뿐이었다. 나머지는 평생 담배를 피운 적이 없거나 오래전에 끊었다.

▌세 번째 습관: 독서

책은 지식이 망라된 보물창고다. 차오더왕에게 독자들에게 전하고 싶은 메시지가 있는지 묻자 그는 이렇게 대답했다.

"책을 읽으라고 권하고 싶습니다. 특히 일을 올바르게 처리하는 방법과 좋은 사람이 되는 방법에 대한 책을 많이 읽으라고요."

차오더왕이 초등학교에서 퇴학당해 열네 살 때까지 문맹이었다는 사실을 상기하자. 그는 자기가 읽은 책과 경험을 통해 읽고 쓰는 법은 물론 모든 지식을 얻은 독학자다. 이것이 그를 세계 최고의 기업가가 되도록 만들었다.

억만장자들은 운동과 더불어 독서에 규칙적으로 시간을 쏟는다. 거의 모든 인터뷰 대상자들이 날마다 꾸준히 하는 습관으로 독서를 꼽았다. 그들은 보통 출근하기 전이나 자기 전에 책을 읽는다.

책은 아무리 많이 읽어도 부족하다. 매니 스툴은 어린 시절 다독가였는데 아버지에게서 이런 습관을 물려받았다. 칩 윌슨은 열여덟 살 때부터 책을 읽기 시작했으며 알래스카에서 송유관 일을 할 때 너무 지루해서 거의 1년 반 동안 매일 소설을 한 권씩 읽었다고 한다.

그렇다면 억만장자들은 무엇을 읽을까? 성공한 사업가들은 으레 아침에 일간지나 잡지의 경제 코너를 읽는다는 고정관념을 갖고 있을 것이다. 물론 많은 억만장자들이 실제로 그렇게 한다. 어떤 사람은 전국 일간지를 읽고 어떤 사람은 〈이코노미스트〉, 〈파이낸셜 리뷰〉, 〈포춘〉, 〈타임〉, 〈뉴스위크〉 같은 경제잡지를 읽는다.

하지만 억만장자의 독서습관은 대개 그보다 더 정교하다. 많은 억만장자들은 재계 안팎에서 최고의 성과를 올린 이들의 전기를 열심히 읽는다. 때로는 역사상 가장 위대한 지도자에 관한 책을 읽기도 한다. 예컨대 리리오 파리소토는 사업가의 자서전이란 자서전은 전부 다 읽었다. 성공한 사업가들이 어떻게 처음으로 100만 달러를 벌었는지 알고 싶었기 때문이다. 그는 스스로 책 덕분에 자수성가한 사람이라고 말한다.

억만장자에게 있어 경영서는 사업을 시도했다 실패하는 과정에서 그들을 이끌어준 유일한 지침이었다. 모헤드 알트라드는 이 방법으로 사업을 배웠다. 그는 이에 대해 이렇게 말했다.

"그냥 무조건 시도하고 애쓰는 거죠. 그리고 경영서를 읽었습니다.

영업이든 아니면 다른 부분이든 상관없이 제가 아는 사업은 그저 책을 읽으면서 배운 겁니다."

하지만 모든 억만장자가 경영서를 읽지는 않는다. 페터 스토달렌은 지금까지 살면서 읽은 경영서가 딱 한 권뿐이라고 한다. 그는 추리소설을 즐겨 읽으며 순문학을 좋아하는 억만장자들도 있다.

책을 읽고 싶다면 독서에 대한 체계적인 접근방법을 정립하는 게 중요하다. 아무거나 닥치는 대로 읽지 말고 가치 있는 책을 골라 읽자. 가능하면 본인의 관심사와 멘토들의 추천에 따라 우선적으로 읽어야 할 책의 목록을 작성하는 게 좋다. 이 목록을 융통성 있게 활용하고 현재 당면한 과제에 따라서 읽을 책을 선택해야 한다.

읽을 책을 제대로 골랐다면 하루 중 정해진 시간에 그걸 읽는 습관을 길러야 한다. 예컨대 아침이나 점심시간, 잠자리에 들기 전 규칙적인 시간에 책을 읽는 것이다. 가능하면 매일 독서하는 시간을 확보하자. 또한 재미있는 구절을 표시하거나 자기가 읽은 자료를 바탕으로 메모, 생각, 아이디어, 할 일 등을 적는 독서 시스템을 마련하는 것을 추천한다.

▎네 번째 습관: 사색

억만장자들은 낮에 시간을 내서 혼자 생각에 잠긴다. 어떤 사람은 명상을 하면서, 어떤 사람은 스포츠 같은 활동에 열중하면서 사색에 빠진다. 앞으로 이어질 다음 습관과 관련된 사례를 통해 이 부분을 자세히 살펴볼 것이다.

▌다섯 번째 습관: 규칙적인 일과

일과와 의식은 장기적으로 꾸준히 할수록 엄청난 결과를 낳는다. 의식화된 습관은 지키기가 더 쉬워지므로 지속가능성도 높다. 무엇이든 장기적으로 하면 더 큰 효과를 낸다.

하지만 모든 습관이 좋은 결과만 가져오는 것은 아니다. 모든 일과와 의식에는 영향력이 존재하지만 담배를 피우는 것 같은 나쁜 의식은 부정적인 결과를 가져온다. 그렇기 때문에 자신의 목표를 뒷받침하는 긍정적인 일과와 의식을 정하고 따르는 게 중요하다.

먼저 아침일과를 살펴보자. 아침일과는 사업의 장기적인 성공을 위해 꼭 필요한 요소다. 내가 인터뷰한 억만장자들은 대부분 종교처럼 지키는 아침일과가 있다. 좋은 예가 김범수인데 그는 아침을 이용해 깊은 사색에 잠기거나 책을 읽는다.

김범수는 보통 아침 다섯 시에서 여섯 시 사이에 일어나고 밤 열한 시 삼십 분에 잠자리에 든다. 평균 여섯 시간 정도 자는 셈이다. 그의 하루에는 골프처럼 특정한 루틴이 있다. 너무 힘이 많이 들어가지 않는 체크리스트 같은 것이다.

김범수는 일단 아침에 일어나면 모자를 쓰고 이어폰을 끼우고 산책을 나간다. 30~40분 정도 걷고 난 뒤에는 30~40분 동안 샤워를 하면서 여러 가지 생각을 한다. 그리고 눈길을 끄는 책을 한 권 골라 30~40분 동안 그 책을 읽는다. 그 뒤 30~40분간 음악실에서 음악을 듣다가 가족과 함께 아침을 먹고 출근한다.

김범수의 가장 중요한 습관은 깊이 생각하는 것이다. 그는 샤워를 하거나 산책을 하면서 시간을 들여 여러 가지 일을 사색하는데 그 과정에서 생각이 정리돼 상황이 명확하게 보이고 새로운 아이디어도 떠오른다고 한다.

칩 윌슨의 아침일과는 스포츠와 정보를 중심으로 진행된다. 윌슨은 거의 매일 아침 다섯 시 삼십 분에 일어난다. 그리고 다섯 시 사십오 분부터 여섯 시 삼십 분까지 신문을 읽는다. 그런 다음 계단 오르내리기나 하이킹, 퍼스널 트레이닝을 받는다. 여덟 시 삼십 분쯤 집에 돌아와 아이들을 학교에 데려다주고 카푸치노 두 잔을 마신다.

어떤 억만장자의 루틴은 이보다 간단하기도 하고 복잡하기도 하지만 이들은 대개 일찍 일어나서 운동하고 책을 읽고 혼자 생각하면서 시간을 보낸다. 하루 중 언제 이런 활동을 하는지는 별로 중요하지 않다. 중요한 건 실행이다. 이런 일들을 정해진 일과에 포함시켜 놓으면 그걸 하고 싶은지 아닌지 따로 생각하지 않아도 된다. 그냥 저절로 하면서 일관성을 유지할 수 있다. 에너지가 가득한 아침시간에 일을 해치워버리는 것이다. 어떤 억만장자들은 명상을 추가하거나 아침식사나 다른 요소들을 더하기도 한다.

그렇다면 아침일과 이후에는 무엇을 할까? 억만장자들은 사무실에 들어서자마자 자동으로 루틴에 따라 일을 처리한다. 이 루틴은 사업의 종류와 규모에 따라 다른데 프랑크 스트로나흐에 따르면 회사의 규모가 작을 때는 먼저 공장에 들어가야 한다. 규모가 클 때는 비서를 통해 새로운 소식과 급한 일을 확인하고 경영진들과 만나야 한다.

어떤 억만장자는 우선 중요한 사안들을 확인한 다음 자기가 즉각적으로 관심을 기울여야 하는 일이 있는지 알아본다. 또 어떤 억만장자는 사무실을 돌아다니면서 핵심인사들과 이야기를 나눈다. 그날의 수치부터 확인하는 억만장자도 있다.

칩 윌슨은 사무실에 출근하면 가장 먼저 자리에 앉아 그날의 최우선과제가 뭔지를 생각한다. 그날 이뤄야 하는 목표가 무엇인지 확인한 다음에는 일정표를 본다. 사실 전날 밤 이미 일정표를 다 짜두긴 했지만 어젯밤과 오늘 아침 사이에 달라진 게 있는지, 지금 뭘 해야 하는지 살펴보고 일정표를 정리하는 것이다.

▌여섯 번째 습관: 규율

내가 인터뷰한 억만장자들은 지금까지 만나본 이들 가운데 가장 규율을 잘 지키는 사람들이었다. 그들은 자기 자신과 주변 사람들에게 높은 기준을 적용했다.

스포츠와 마찬가지로 사업은 자기가 해야 하는 일에 꾸준히 전념해야만 원하는 성과가 나온다. 그걸 실현하려면 수십 년간 매일같이 단련해야 한다. 그러나 억만장자들은 초인이나 업무 로봇이 아니다. 그들도 때로는 게으름을 피우고 싶어진다. 하지만 평범한 사람들과 억만장자들의 차이점은 이럴 때 스스로 느슨해지는 걸 허락하지 않는다는 것이다. 이들은 자신의 약점을 극복하기 위해 계속 애쓴다.

미하일 솔로포프는 매일 아침 일어나면 먼저 억지로 싫어하는 일부터 한다. 원래 부지런한 사람이 아니기 때문에 억지로라도 열심히 해야 한다는 것이다. 그는 스스로 체계적인 사람이 아니라서 체계적으로 행동하도록 자신을 몰아붙여야 한다고 이야기한다.

"날마다 제 안에 있는 게으름뱅이를 설득해야 하는데 그 게으름뱅

이는 계속 이렇게 투덜댑니다. 오늘은 너무 늦게 일어난 것 같아, 바빠서 시간이 없어, 몸이 좋지 않아…. 하지만 저는 그런 자신에게 이렇게 대답합니다. 안 돼, 너 자신을 속이지 마. 넌 그냥 게으름을 피우려는 것뿐이야. 그리고 운동을 하러 갑니다. 저는 이런 식으로 결단력에 대해 배웠습니다."

당신의 습관은 무엇인가? 의식적으로 선택한 습관인가? 그 습관이 장기적인 목표를 지지하고 강화하는가? 당신의 생활과 업무에 정해진 루틴이 있는가? 부의 여섯 가지 습관을 모두 활용하고 있는가? 지금이 바로 모든 걸 시작해야 할 때다.

보통 사람 vs 백만장자 vs 억만장자

- 목표 없이 이리저리 전전하는 사람들은 의식적으로 습관을 기르지 않는다.
- 백만장자들은 의식적으로 습관을 지키긴 하지만 부의 여섯 가지 습관 모두를 꾸준히 지키지는 않는다.
- 억만장자들은 부의 여섯 가지 습관을 모두 열심히 지키며 어떤 상황에서도 타협하지 않는다.

"성공에 있어 가장 중요한 건 토대다. 언제나 가장 관심을 기울여야 할 것은 결과가 아니라 당신이 건설하는 토대라는 이야기다. 결과는 언제나 그 뒤를 따를 뿐이다."

_세르게이 갈리츠키

속도가
생명이다

Efficiency is doing things right.
effectiveness is doing the right things.

효율성은 일을 올바르게 하는 것이고
유효성은 올바른 일을 하는 것이다.

_피터 드러커

이번 장에서는 F.A.S.T에 대해 이야기해보겠다. 큰 성공을 거두려면 많은 일들을 제대로 해내야 한다. 회사를 훌륭하게 운영하고 일을 효율적으로 처리하고 직원들을 어떻게 대해야 하는지도 알아야 한다.

F.A.S.T.는 완벽한 실행Flawless execution, 절대적 집중Absolute focus, 속도Speed, 시간 관리Time management를 뜻하는데 이걸 한 마디로 요약하면 효율성이다. 당신은 일을 얼마나 F.A.S.T.하게 처리하고 있는가?

▌실행과 속도가 관건이다

누구에게나 아이디어는 있다. 중요한 건 실행에 옮기는 것이다. 성공하는 회사는 결국 가장 기발한 회사가 아니라 가장 좋은 성과를 내는 회사다.

스칸디나비아의 호텔 왕 페터 스토달렌은 성공에 실행력이 가장 중요하다고 말한다. 사람들은 성공하려면 전략이나 시장지배가 가장 중요하다고 생각하지만 스토달렌은 그것이 실제 성공에는 20퍼센트 정도밖에 영향을 못 미친다고 여긴다. 그에 따르면 하버드 대학교 경영학과 교수조차 실행력이 부족하면 절대 경영에 성공할 수 없다. 성공의 80퍼센트는 실행력, 즉 자신의 아이디어를 실제 삶과 현실 속에 집어넣는 능력에 달려 있다.

앞서 이야기했지만 중국에서 자동차부품 제조업체를 운영하는 차오더왕의 성공비결은 '믿음, 비전, 실행'이라는 세 단어로 요약할 수 있다. 그중에서도 실행은 그의 경영철학의 핵심이다.

시간은 성공에 꼭 필요한 자산이다. 돈은 언제든지 다시 벌 수 있지만 잃어버린 시간은 되찾을 수 없다. 그러니 돈을 절약하는 것보다 시간을 절약하는 편이 낫다. 억만장자들은 사업에 있어 속도가 얼마나 중요한지 알고 있으며 시간 관리에 매우 탁월하다. 미하일 솔로포프는 사업에서 속도가 가장 중요한 변수라고 생각한다.

프랑크 하센프라츠도 이 생각에 동의한다. 그는 어느 날 제너럴 모터스를 대리하는 제조업체 대표를 소개받았다. 그 대표는 하센프라츠에게 공장을 구경시켜주면서 자동차의 스핀들을 외주생산하는 걸 고려 중이라는 이야기를 흘렸다. 하센프라츠는 기회를 놓치지 않고 대표에게 물었다.

"얼마나 필요하신데요?"

"하루에 8,000개요."

사실 하센프라츠는 스핀들을 만드는 기계도 가지고 있지 않았지만 그 자리에서 즉시 일을 자처했다. 그렇게 그는 수백만 달러짜리 계약을 체결했고 이를 위해 새 공장까지 지었다. 이게 바로 사업에서 빛을 발하는 속도의 힘이다.

페터 스토달렌이 성사시킨 가장 극적인 업적은 불황이 매우 극심했던 1992년에 있었던 일이다. 당시 스틴 앤 스트룀Steen & Strøm은 파산신청을 했다. 스틴 앤 스트룀은 역사가 거의 200년 가까이 된 노르웨이의 고급백화점으로 노르웨이의 소매업을 좌우하고 있었다.

스토달렌은 소식을 듣자마자 백화점 매입에 나서기로 결심했다. 그리고 매장을 52개로 쪼개서 9개월 안에 임차인들에게 임대하겠다는 계획을 세웠다.

월요일 정오에 입찰결과가 발표됐다. 스토달렌이 이겼고 그는 팀원들과 함께 승리를 축하했다. 그때 다시 전화벨이 울렸다.

"페터, 당장 스틴 앤 스트룀으로 가보세요. 옛 경영진들이 자기네가 입찰에서 이길 거라고 생각했는지 앞으로의 계획을 발표하려고 직원들을 모아놨어요. 그러다가 백화점이 팔렸다는 소식을 듣고는 1층에 모인 직원들을 그대로 둔 채 떠나버렸고요. 당장 그곳에 가서 당신 계획을 알려야 합니다."

스토달렌은 즉시 오슬로에 있는 백화점으로 향했다. 직원들은 빠른 정상화를 요구하면서 언제 백화점이 다시 문을 열 예정인지 물었다. 당황한 스토달렌은 젊은 패기에 휩쓸려 수요일 오후 세 시에 백화점을 재개장하겠다고 발표하고는 멋진 개점 캠페인까지 약속했다. 그때는 벌써 월요일 오후 한 시였다

스토달렌은 재고상품과 매장을 인수하느라 돈을 다 썼다는 것을 깨달았다. 신문광고를 할 시간도 없었다. 아무것도 없이 48시간 안에 성공적인 개점식을 준비한다는 건 불가능했다. 스토달렌은 팀원들에게 이렇게 말했다.

"다행히도 우리에게는 두 가지 선택권이 있습니다. 어느 쪽을 선택하든 우리 모두 기네스북에 오를 수 있을 거예요. 첫 번째 방법은 아무것도 안 하고 여기 앉아 있기만 하다가 세상에서 가장 빨리 파산한 회사가 되는 겁니다. 가게를 열기도 전에 파산하는 거죠. 두 번째 방법은 우리가 투자자들에게 이야기한 9개월 안에 해야 할 일들을 이번 주 수요일 전까지 끝내는 겁니다."

결국 스토달렌은 이틀 사이에 52개 매장 임차인들과 계약을 맺었

을 뿐만 아니라 그들을 입주시키고 개점 세일 이벤트까지 준비했다. 전화위복으로 재고와 장비까지 그대로 새로운 임차인에게 판매한 덕분에 첫날부터 투자금을 거의 다 회수할 수 있었다.

다음 난관은 광고였다. 그는 향후 6개월 동안 컬러 페이지 광고를 50번 게재하겠다고 약속해서 마감시한을 넘기고도 가장 큰 신문사에 양면으로 광고를 낼 수 있었다. 헤드라인 뉴스에서 인터뷰도 했다. 스토달렌은 이번 행사가 오슬로 역사상 가장 규모가 큰 백화점 개점 세일 이벤트가 될 것이라고 말했다.

개점식은 정말 엄청난 성공을 거뒀다. 그 어느 때보다 많은 사람들이 몰려들었다. 사람이 너무 많았던 나머지 에스컬레이터가 과열로 작동을 멈추고 화재위험 때문에 소방서에서 외부 문을 모두 열라는 명령까지 내릴 정도였다. 결국 기존 경영진들이 운영할 때는 연간 650만 달러의 손실을 봤던 스틴 앤 스트룀 백화점은 새로운 소유주 밑에서 첫해에만 550만 달러의 이윤을 남겼다.

효율성과 관련해 또 다른 업적을 남긴 억만장자는 유럽 최대 규모의 식품 유통업체인 마그니트의 설립자 겸 CEO인 세르게이 갈리츠키다. 앞서 잠깐 언급했지만 내가 갈리츠키를 인터뷰할 당시 이 회사는 매일 새로운 점포를 다섯 개씩 열고 있었다.

상상이 가는가? 슈퍼마켓 하나를 열려면 우선 적당한 부지를 찾고 협상을 거쳐 그 땅을 매입해야 한다. 그 뒤 필요한 허가를 모두 받고 점포를 지어야 한다. 그다음에는 필요한 시스템을 설치하고 사람들을 고용해서 훈련시켜야 한다. 그뿐만 아니라 공급과 물류 체계를 조직하고 실제로 물건을 공급해 고객들에게 판매할 수 있게 해야 한다.

그런데 이 일을 매일 다섯 번씩 한다고? 그게 어떻게 가능하다는 말인가? 마그니트는 꾸준히 능력과 기술, 효율성을 높여서 이 일을 가능하게 만들었다.

끊임없이 효율을 추구하는 성향은 마그니트의 기업문화에 깊이 뿌리 내린 특성이다. 갈리츠키의 사업 파트너인 블라디미르 고르데이축Vladimir Gordeychuck은 계속 더 빨리 움직이지 않으면 죽게 된다고 말한다.

계속 움직여야 한다. 전보다 더 빨리, 어느 때보다 빨리 뛰어야 한다. 남보다 윗자리를 차지하는 건 정말 어려운 일이다.

▎억만장자의 여섯 가지 효율성 전략

효율성은 결과를 신경 쓰고 단지 그것만을 위해 뭔가를 하지 않는 걸 의미한다. 더 적은 시간과 노력을 들여 더 많은 걸 이룰 수 있게 해주는 억만장자들의 여섯 가지 효율성 전략을 살펴보자.

첫 번째는 목표를 설정하는 것이다. 칩 윌슨은 아무리 사소한 일도 언제까지 하겠다고 날짜를 정해놓고 지킨다. 그래서 스스로 본인이 어떤 날까지 어떤 일을 하겠다고 약속하면 그 일을 반드시 기대한 방식대로 해낼 수 있다고 믿게 됐다.

두 번째는 주기적인 계획을 수립하는 것이다. 미하일 솔로포프는 다른 모든 억만장자들처럼 꿈꾸는 것보다 계획 세우는 걸 더 좋아한다. 그에게는 항상 회사나 그가 하는 일과 관련된 다양한 종류의 계획이 있다. 그 계획은 놀랍지도 않고 평균을 웃돌지도 않지만 전부 실현되고 있다. 계획의 영역 안에 있기에 가능한 일이다.

잭 코윈 같은 대부분의 억만장자들은 날마다 계획을 세운다. 코윈은 지금 내가 어디 있어야 하고 1년 동안 뭘 해야 하는지를 알려주고 지나간 일을 되돌아볼 수 있게 해주는 일정표와 달력을 가지고 있다. 그렇게 날마다 우선 오늘 무슨 일을 할 것인지 계획을 세우고 정말 하고 싶은 일들과 관련된 큰 목표를 서너 가지 정한다.

세 번째는 우선순위를 정하는 것이다. 그렇다면 우선순위는 어떻게 정해야 할까? 억만장자들은 다양한 우선순위 전략을 사용한다.

우선 가장 중요한 일부터 먼저 처리하는 방법이 있다. 이 전략은 효율성 전문가들 사이에서 가장 인기 있는 전략인 동시에 많은 억만장자들이 활용하는 방법이다. 한국의 모바일 서비스 업계를 이끄는 김범수 역시 이 전략을 사용한다.

김범수는 본인이 하는 일에 늘 끊임없이 의문을 제기하려고 노력한다. 지금 가장 중요한 일은 무엇인가? 가장 중요한 사람은 누구고 당장 처리해야 할 가장 중요한 과제는 무엇인가? 그런 측면을 고려해서 중요한 일들은 직접 처리하고 나머지는 위임한다. 따라서 그가 시간이 많으면 그건 회사가 잘되고 있다는 뜻이고 바쁘면 일이 잘 돌아가지 않는다는 뜻이다.

가장 어려운 일부터 먼저 처리하는 방법도 있다. 저명한 자기계발 전문가 브라이언 트레이시Brian Tracy가 "그 개구리부터 먼저 먹어치워라"라고 부르는 전략이다. 첫 번째 전략보다 훨씬 많은 억만장자들이 이용하는 방법이기도 하다.

리리오 파리소토는 가장 하기 싫은 일을 가장 먼저 해야 한다고 말한다. 그래야 다른 일들이 쉬워지기 때문이다. 이와 비슷하게 피터 하그리브스는 매일 아침 스스로에게 '가장 이야기를 나누고 싶지 않은 사람이 누구인가?'와 '가장 하기 싫은 일은 무엇인가?'라는 두 가지 질문을 던진다. 그리고 이야기를 나누고 싶지 않은 사람과 빨리 할 말을 하고 하기 싫은 일을 얼른 완수한다. 마음을 짓누르는 두 가지 일을 해치우고 나면 그때부터는 멋진 하루를 보낼 수 있다.

가장 긴급한 일부터 먼저 처리하는 방법을 사용하는 억만장자도 있다. 론 심의 우선순위는 긴급한 일, 실용적인 일, 논리적인 일, 이렇게 세 단계로 구성돼 있다. 차이둥칭도 "대개 급한 순서대로 일을 처리한다"고 말했다.

어떤 억만장자들은 우선순위를 정하기 위해 더욱 정교한 전략을 개발했다. 바로 잠재력이 높은 일에 우선권을 주는 것이다. 토니 탄 칵셩은 필요한 경우 급박한 순서대로 일을 처리하기도 하지만 대개는 잠재적인 보상이 큰 프로젝트를 우선적으로 고려하고 그 일을 먼저 해결하기 위해 노력한다.

세르게이 갈리츠키는 여기서 한 걸음 더 나아가 위험과 보상의 비율을 계산하면서 회사의 규모에 따라 전략을 차별화하라고 권고한다. 규모가 작을 때는 긍정적인 부분이 많은 일에 집중하고 규모가 클 때는 무게 있는 일에 집중해야 한다는 것이다.

효율성을 추구하는 네 번째 전략은 집중이다. 모든 기업가는 해야 할 일이 수백 가지 있고 추구해야 할 아이디어가 수천 가지 있다. 하고 싶은 일에 집중해 끝까지 밀어붙이지 않는다면 원하는 일을 끝마칠 수 없다. 그러므로 해야 할 일의 우선순위를 정하는 것뿐만 아니라 어떤 일을 하지 말아야 할지 정하는 것도 중요하다.

긴박한 일에 휘둘려 정신이 산만해지지 않도록 주의하자. 잭 코윈의 표현처럼 엽총이 아니라 소총이 돼야 한다. 팀 드레이퍼 역시 한 가지 일이 끝날 때까지 집중해야 한다는 아버지의 가르침에 따라 자신이 이루고 싶은 일을 완수할 때까지 거기에만 집중한다.

미하일 솔로포프는 사업을 하면서 두 가지 중요한 원칙을 배웠다. 첫 번째는 어떤 일을 하지 않을 건지 결정해야 한다는 것이다. 중요한 일에만 집중하라는 이야기다. 매력적으로 보이는 일을 거절하는 건 어렵지만 모든 일을 다 하려고 하면 주의만 산만해지고 아무것도 얻지 못하게 된다. 두 번째 원칙은 자기가 이해하지 못하는 일은 하면 안 된다는 것이다. 둘 다 집중에 관련된 원칙이다.

칩 윌슨은 날마다 자신의 집중력을 반성한다. 앞에서 잠깐 소개했지만 그는 매일 업무를 처리하면서 나 자신과 경쟁하게 된다면 어떻게 해야 할지를 고민한다. 그러면 진행해야 하는 일들의 우선순위를 정할 수 있다. 또한 다른 사람들은 중요하다고 여길지 모르지만 본인에게는 중요하지 않은 일들을 골라낼 수 있다.

1990년대, 차오더왕은 회사의 주식상장을 준비하기 시작하면서 자기가 잘하는 일에 집중해야 한다는 사실을 배웠다. 그의 회사는 거의 파산할 뻔했다. 지역개발과 관련된 전문지식이 부족한데도 불구하고 지방정부를 위한 산업단지를 건설하다가 1994년에 발생한 경제위기에 휘말렸기 때문이다.

차오더왕은 구조조정과 손실회복을 위해 아주 많은 시간을 보냈다. 그리고 어떤 기업이든 성공하고 싶다면 전문가가 돼야 한다는 걸 깨달았다. 사업을 다각화하지 않고 잘하는 일에 집중해서 아주 강해질 때 큰 기업으로 성장할 수 있다는 것이다.

다섯 번째 전략은 다른 사람의 도움을 받는 것이다. 우리가 가진 시간과 에너지는 한정적이다. 따라서 아무리 시간과 생산성을 잘 관리해도 회사가 지나치게 커지면 병목현상이 일어날 수밖에 없다. 이럴 때 바로 지렛대를 활용할 줄 알아야 한다. 다른 사람의 도움을 받으면 시간과 에너지, 기술, 심지어 자본도 활용할 수 있다.

잭 코윈은 사람들에게 치과의사가 되지 말라고 한다. 치과의사는 직접 치료를 하지 않을 때는 돈을 벌지 못하기 때문이다. 마찬가지로 일주일을 8일로 늘릴 수 없고 하루를 25시간으로 늘릴 수 없는 일은 하면 안 된다. 다른 사람들과 함께 그리고 그 사람들이 나를 위해 일하도록 만들어서 나의 시간과 에너지를 최대한 활용할 수 있는 일을 해야 한다. 개인적인 노력으로만 유지되는 일에 종사하지 말자.

마지막 전략은 내가 하는 모든 일을 측정하는 것이다. 나는 프랑크 하센프라츠를 효율성의 챔피언으로 꼽는다. 그의 회사는 다른 업체에 비해 수익성이 두 배 가까이 높다. 하센프라츠의 인생 좌우명은 "자기가 하는 모든 일을 측정하라"다.

하센프라츠는 공장에 끝없는 측정을 통한 비용개선 프로세스를 도입했는데 이 과정은 그가 직접 이끄는 비용 공격 팀Cost Attack Team, CAT이 진행한다. 그는 효율성과 관련해 인터뷰에서 이런 사례를 제시했다. 공장에 키가 작은 남자가 있는데 야간에 그와 교대하는 사람은 키가 컸다. 그렇다면 어떤 테이블을 놓겠는가?

어느 한쪽에 맞춘 테이블을 놔둔다면 키 큰 사람은 계속 허리를 구부려야 하고 키 작은 사람은 손이 닿지도 않을 것이다. 그렇다면 높낮이를 조절할 수 있는 테이블을 만드는 게 어떨까? 물론 비용은 더 들 테지만 이제 작은 남자가 받침대를 밟고 올라갈 필요가 없어진다. 그렇게 몇 초를 절약하는 것이다.

하센프라츠는 젊을 때 조정선수였다. 조정에서는 기록을 단축하기 위해 모든 것의 시간과 조건을 측정하고 규율을 지켜야 했다. 팀플레이를 하지 않으면 노를 저을 수 없었고 리더라도 예외는 없었다. 이런 경험이 모든 것을 측정하는 지금의 하센프라츠를 만들었다.

심지어 하센프라츠는 면도를 할 때도 면도질을 몇 번이나 하는지 세본다. 나는 도저히 믿을 수가 없어서 수염을 다 깎으려면 면도질을 몇 번이나 해야 하느냐고 물어봤다. 그러자 이렇게 답했다.

"전에는 78번이었어요. 하지만 이제는 그때보다 몇 살 더 들어서 얼굴이 커지고 주름도 많아졌습니다. 그러니 지금은 83번이나 84번에 가깝겠죠."

"그럼 시간은요? 시간도 재봤겠죠?"

"물론 재봤습니다. 2분 30초 정도 걸립니다. 샤워와 면도를 다 마치는 데는 15분이 걸립니다. 저는 시간을 재놓기 때문에 항상 제시간에 맞춰 움직일 수 있어요."

▌스마트하게 일하라

똑똑하게 일하는 것도 중요하다. 내가 인터뷰한 억만장자들은 본인이 평소 활용하는 효율성 향상 방법을 몇 가지 알려줬다.

먼저 이메일에 대한 팁이다. 억만장자들도 우리와 마찬가지로 끝없이 밀려오는 이메일에 대처해야 한다. 그중 몇몇은 이메일에 대응하기 위한 명확한 전략을 개발했다.

모헤드 알트라드는 200개가 넘는 회사를 운영하고 있다. 그런데 놀랍게도 나는 그에게 이메일을 보냈을 때 한두 시간 안에 답장을 받았다. 알트라드는 하루에 무려 300통 가량의 이메일을 확인한다. 따라서 매일 그날의 메일을 처리하지 않으면 다음날부터 바로 문제가 생긴다.

알트라드는 아주 빠른 속도로 메일을 훑어보고 대부분은 그 일을 담당하는 다른 사람에게 전달한다. 그래도 직접 처리해야 하는 5퍼센트나 10퍼센트 정도가 있기 때문에 두 시간에 한 번씩 메일함을 확인해서 긴급한 사항과 긴급하지 않은 사항을 파악한다.

매니 스툴도 알트라드와 비슷하게 빠른 시간 안에 답장을 보내서 날 놀라게 했다. 스툴은 모든 일을 차례대로 처리하려고 애쓴다. 이메일의 경우 되도록 전부 확인하려고 노력하는데 특이하게 가장 먼저 받은 메일이 아니라 가장 최근에 받은 메일부터 답장을 보낸다. 항상 마지막 결과에 대해 말하고 싶고 마지막 메일일수록 관련된 정보를 많이 담고 있기 때문이다.

효과적인 방법을 따라 하는 것도 효율성 향상에 도움이 된다. 일을 특히 잘할 수 있는 방법을 찾았다면 그 방법을 최대한 여러 번 반복해서 사용하자. 프랑크 스트로나흐는 이런 방법을 통해 단 한 개뿐이던 공장을 400개 이상으로 늘렸다.

그는 처음 일을 시작하면서 감독관으로 근무할 유능한 사람을 고용했다. 하지만 2년 뒤 감독관의 태도가 나태해졌다. 그에게 무엇이 문제인지 묻자 그는 자기가 직접 공장을 차릴까 생각하고 있다고 말했다. 당시 돈을 약간 가지고 있었던 스트로나흐는 다음 날 그에게 가서 이렇게 말했다.

"이봐요, 우리 같이 힘을 합쳐서 새 공장을 여는 게 어때요? 내가 초기비용을 댈게요. 당신이 지분의 3분의 1을 가지고 나는 3분의 2를 가지는 겁니다. 기본급도 줄 거고 초과근무도 안 시킬게요. 연말이 되면 이익을 서로의 지분만큼씩 나누죠. 3분의 1과 3분의 2로. 공장을 키우기 위해 필요한 돈은 좀 남겨두고요."

감독관은 제안을 수락했고 둘은 당장 변호사에게 가서 계약서를 썼다. 그렇게 스트로나흐는 다음 감독관, 그다음 감독관, 그다음 감독관을 계속 고용해 400개가 넘는 공장을 소유하게 됐다.

프랭크 스트로나흐는 단순함의 대가이기도 하다. 그는 일을 너무 복잡하게 만들지 않는 것이 성공비결이라고 이야기한다. 그의 회사는 한 부서에만 변호사가 스물다섯 명이나 있을 정도로 규모가 크다. 그들이 스트로나흐에게 100페이지짜리 계약서를 주면 그는 이렇게 말한다.

"동일한 내용을 25페이지로 압축해오세요."

일을 단순하게 진행하자. 복잡한 부분을 최대한 줄이자. 그래야 효율성이 높아진다.

딜립 샹비는 흐름을 타라고 권유한다. 억지로 흐름을 거스르려고 하면서 힘을 낭비하지 말고 그것을 이용하라는 이야기다. 물결이 흐르는 방향으로 함께 흘러가면 거의 힘을 들이지 않고도 움직일 수 있다. 반면 물결과 반대되는 방향으로 움직이려고 한다면 많은 힘과 시간이 든다.

샹비는 사업에서 성공하려면 결과를 얻기 위한 노력을 최소화할 수 있는 방법을 찾아야 한다고 믿는다. 1만큼 노력을 쏟아서 열 배의 결과를 얻는 것이 1만큼 노력하고 1의 결과를 얻는 것보다 훨씬 좋은 것은 당연하기 때문이다.

억만장자들이 어떻게 그렇게 빨리 회사를 성장시킬 수 있었는지, 보통 사람들은 1,000년이 걸려도 힘들 일을 어떻게 수년 만에 달성했는지 궁금하다면 이 원칙이 답이 될 것이다. 바로 최대 속도의 원칙을 적용하는 것이다. 이는 세르게이 갈리츠키의 말을 들어보면 쉽게 이해할 수 있다.

"저는 항상 살면서 최대한의 위험을 감수했다고 생각합니다. 하지만 사람들은 대부분 나이가 들수록 위험을 감수하는 것을 점점 더 꺼리게 됩니다. 사실 저도 마찬가지고요. 자기가 실제로 얼마나 많은 위험을 감수할 수 있는지 파악하려면 오랜 기간 축적된 경험과 정보가 필요합니다.

저는 이걸 사업에 대한 각오라고 부릅니다. 실이 끊어지지 않을 정도로 최대한 힘을 줘서 당겨보세요. 그렇게 해서 최대 속도를 달성하는 것입니다. 예컨대 우리도 사업을 시작하고 처음 5~7년간은 돈을 벌지 못했지만 계속해서 새 지점을 열었습니다. 매달 손익계산서를 살펴볼 때마다 손실이 크거나 수익이 전혀 없을까 봐 겁이 났지만 그래도 새 지점 오픈을 멈추지 않았습니다. 당시 제 나이는 겨우 스물다섯, 스물일곱 살 정도였어요."

당신은 얼마나 F.A.S.T.한가? 얼마나 효율적으로 일을 실행하고 있는가? 주기적으로 목표를 정하고 계획을 세우는가? 우선순위를 정해서 그 일에 집중하는가? 시간과 에너지를 어떻게 활용하고 있는가? 자기가 하는 모든 일을 측정하는가? 현명하게 일하는가? 그렇게 해야만 억만장자가 될 수 있는 가능성이 생긴다.

보통 사람 vs 백만장자 vs 억만장자

- 목표 없이 전전하는 사람들은 아이디어는 있지만 그걸 실행에 옮기지 못한다.
- 백만장자들은 자기 아이디어를 실행하지만 별로 효율적이지 못하다.
- 억만장자들은 자기 아이디어를 효율적으로 실행한다. 일처리가 빠르고 우선순위에 집중한다.

"나는 내가 하는 일에 끊임없이 의문을 제기하려고 애쓴다. 지금 가장 중요한 일은 무엇인가? 가장 중요한 사람은 누구이고 지금 당장 처리해야 할 가장 중요한 과제는 무엇인가? 내가 시간이 많으면 회사가 잘되고 있다는 뜻이고 내가 바빠지면 일이 잘 돌아가지 않는다는 뜻이다."

_김범수

돈이 많을수록
검소해져라

Frugality includes all the other virtues.

검소한 삶에는 다른 미덕이 모두 포함돼 있다.

_키케로

사람들은 억만장자가 산더미 같은 돈방석 위에 올라앉아 돈을 쓰는 새로운 방법을 고안하는 것 외에는 아무 일도 하지 않는다고 생각한다. 이는 사실과 전혀 다르다. 일단 억만장자가 가진 거의 모든 재산은 현금이 아니라 그들이 소유한 회사, 다른 회사의 주식, 부동산, 기타 자산의 형태로 존재한다. 또한 억만장자는 돈을 본인을 위해서 쓸수 있는 것으로 여기지 않는다. 그들에게 돈은 투자와 이익 창출을 위한 것이다.

▌성공을 바라보는 올바른 태도

인생의 성공을 바라보는 매우 흥미로운 시각이 하나 있다. 바로 나빈자인의 시각이다. 그는 자신을 돈의 주인이라기보다 신탁관리자라고 생각한다.

자인은 어느 날 정말 유능한 사람들이 모인 행사에 참석했다. 그는 이리저리 돌아다니며 "안녕하세요. 잘 지내셨습니까?"하고 인사했다. 그러자 한 남자가 "음, 정말 우울하네요."라고 대답했다.

예상치 못한 답변에 당황한 자인은 그렇게 대답한 사람에게 되돌아가서 무슨 일이 있었는지 물었다. 그 사람은 주식시장이 폭락하는 바람에 투자한 돈이 반토막이 났다고 말했다. 2008년 금융위기 때였다. 자인은 깊게 숨을 들이쉬고는 이렇게 말했다.

"그 돈은 원래 당신 게 아니었다고 생각하세요. 당신은 그냥 신의 은총을 신탁관리하는 것뿐이에요. 그리고 아직 돈이 절반이나 남은 걸 보니 신은 여전히 당신을 신뢰하나 보네요. 만약 신이 당신을 믿지 않았다면 모든 걸 다 가져갔을 겁니다. 신은 당신이 다른 사람을 돕기를 바랄 것입니다. 그리고 나중에 다시 돌아와서 너는 훌륭한 신탁관리인이라고 칭찬하며 더 많은 걸 안겨주겠죠."

자인의 말을 들은 남자가 흥미롭다는 표정으로 되물었다.

"왜 신이 이 일과 관련이 있다고 생각하는 거죠?"

"사람들에게 친절하게 대하려고 애쓰면서 진심으로 돕고 싶다는 마음으로 돈을 써본 적이 있나요? 그런 식으로 친절을 베풀면 신도 당신에게 더 친절해질지 몰라요."

자인은 3, 4년 뒤 우연히 그를 다시 만났다. 자인이 그에게 "잘 지냈느냐"고 인사하자 그는 "전에도 그 인사를 들은 기억이 나는데 지금은 정말 잘 지내고 있다"고 했다. 어떻게 된 일이냐고 물어보자 그는 이렇게 답했다.

"내 인생관이 바뀌었습니다. 이제 사람들이 원하는 걸 이야기해도 더 이상 걱정하지 않습니다. 당신이 말한 것처럼 그들을 돕고 싶으니까요. 그때에 비해 얼마나 더 행복해지고 또 돈도 얼마나 많아졌는지 놀라울 정도예요."

호화롭고 화려한 물건들로 가득한 억만장자의 사치스러운 생활에 대해 자주 들어봤을 것이다. 하지만 사실 자수성가한 억만장자들의 사생활은 대부분 수수하고 소박하다. 예를 들어 프랑크 하센프라즈는 매일 치즈 샌드위치를 먹고 다이어트 콜라를 마시는 것 외에는 필요한 게 없다고 늘 말한다.

피터 하그리브스 역시 아버지에게 근검절약을 배웠다. 작은 사업을 했던 그의 아버지는 제2차 세계대전 직후를 견디며 매주 가스 요금과 전기세를 내기 위해 돈을 저축했다. 돈을 신중하게 사용하는 아버지를 보며 자란 하그리브스는 검소한 태도를 항상 지니게 됐고 이를 자기 사업에도 적용했다. 하그리브스의 회사에는 회사 경비로 운행하는 차가 없으며 브리스톨에서 인터뷰할 때 그는 8년 된 프리우스Prius를 직접 운전해서 나왔다. 비행기를 탈 일이 있을 때는 저가항공을 이용하고 그가 제일 즐겨 신는 신발은 10년 전 마요르카 섬의 자라Zara에서 38달러에 산 구두다.

하그리브스는 아이들에게도 이런 검소한 생활방식을 물려줬고 이런 아이들을 너무나 자랑스럽게 여긴다. 그의 딸은 런던에서 1년간 실습을 해야 해서 아파트를 구했는데 자기 돈으로 직접 전기세를 내서 생활비를 줄이기 위해 하그리브스의 뒤를 따라다니며 방의 불을 끄곤 했다. 또한 두 자녀 다 구입한 지 7년 된 매우 수수한 차를 타고 다니고 소박한 집에 산다.

하지만 아마 내가 인터뷰한 이들 가운데 가장 검소한 사람은 전 세계에서 가장 큰 소프트웨어 회사인 인포시스를 설립한 나라야나 무르티일 것이다. 그는 회사를 처음 설립할 때 산 방갈로르의 방 세 개짜리 수수한 아파트에 지금도 아내와 살고 있다.

리리오 파리소토는 무르티와 같은 해에 EY 올해의 기업가상을 놓고 경쟁을 벌였기 때문에 그를 알고 있다. 이 시상식에는 턱시도를 입어야 한다는 복장규정이 있다. 파리소토의 말에 따르면 나라야나 무르티는 그해 상을 탔지만 유일하게 턱시도를 입지 않은 참석자였다고 한다.

무르티는 일반 양복을 입고 식에 참석했는데 이유를 물으니 턱시도가 정말 필요 없기 때문에 사지 않았다고 말했다. 그가 본인에게 허락한 유일한 사치품은 책이다. 억만장자에게 기대하는 소비습관과는 상당히 다르지 않은가?

▌돈 관리법을 익혀라

돈 관리법을 모르면 성공할 수 없다. 돈과 재정에 대해 배우자. 돈 관리를 연습하는 좋은 방법은 자신의 지출내역을 추적하는 것이다.

휴스뉴 외즈예인은 어릴 때부터 예산을 짜는 습관을 들였고 나중에 대학에 가서는 부기와 돈 관리 기술을 적극 활용했다. 남학생 사교 클럽의 회계를 담당한 것이다. 회계장부를 정리하면 한 달에 80달러를 줬기 때문에 그 자리에 지원했다. 그는 여름방학과 겨울방학에는 아르바이트를 했고 쓴 돈은 전부 기록해뒀다. 당시의 기록이 적힌 공책을 지금도 갖고 있다.

인터뷰에서 외즈예인은 오래된 가계부를 꺼내와 "스크랩북 3달러, 공책 1.75달러" 하고 읽었다. 그의 기록은 매우 꼼꼼했다. 면도기, 1.55달러. 크리스마스카드 발송, 1.96달러. 댄스파티 참가를 위한 복권, 1달러. 양말, 1.79달러. 그러면서 이렇게 덧붙였다.

"제가 누군가에게 알려줄 수 있는 가장 중요한 교훈은 지출내역을 기록해두거나 어릴 때부터 예산 짜는 습관을 들이라는 것입니다. 그 과정에서 엄청난 수양을 쌓게 됩니다."

자수성가한 억만장자 중 일부는 돈을 대하는 방법이나 절약하는 방법을 어릴 때부터 배웠다. 팀 드레이퍼는 아홉 살 때부터였다. 그는 모은 용돈으로 아버지의 도움을 받아 주식을 한 주 샀다.

아버지가 일찍부터 투자자로 키워준 것은 그의 커리어에 큰 영향을 미쳤다. 벤처 사업을 처음 시작하려고 중소기업 투자회사인 SBA에서 돈을 빌릴 때 10년 이상의 투자 경험이 있어야 한다는 조건을 쉽게 달성할 수 있었기 때문이다. 당시 그의 나이는 스물여섯 살이었고 그가 담당자에게 "아홉 살 때부터 투자를 해왔다"고 말하자 "좋다!"고 답했다.

칩 윌슨은 열여덟 살 때부터 회사에 취직해 일하면서 상당히 큰돈을 벌었지만 돈을 제대로 관리하는 법을 배운 건 스무 살이 넘어서였다. 윌슨은 알래스카 송유관을 관리하는 일을 했는데 1년 6개월 만에 요즘 시세로 70만 달러 정도를 벌었다.

윌슨은 돈을 쓸 데가 없어서 고향으로 돈을 보내 세 가구가 살 수 있는 건물을 한 채 샀다. 고향에 돌아온 후에는 그중 한 곳에 살면서 나머지 두 곳은 세를 줬다. 덕분에 현금흐름과 부동산에 대해 잘 알게 됐다.

그때 윌슨이 저지른 가장 큰 실수는 집을 사면서 계약금을 낸 것이었다. 당시 통장에 넣어둔 돈에는 이자가 2퍼센트밖에 안 붙는데 주택담보대출금 이자는 19퍼센트씩 내야 했다. 윌슨은 은행에 있는 돈으로 대출을 갚아서 이자를 내지 않는 방법도 있다는 걸 몰랐다. 현금흐름이 중요하다는 것도 이때 경험으로 알게 됐다. 그가 실수를 깨닫고 문제를 해결하자마자 돈이 불어나기 시작했다. 윌슨은 그렇게 스물다섯 살이 되기도 전에 부자가 됐다.

▌지출을 제한하라

비용을 절감하면 그게 얼마든 수익에 100퍼센트 도움이 된다는 걸 반드시 알아야 한다. 수익률이 10퍼센트라고 가정해보자. 한 시간에 비용을 16만 달러 절감할 수 있는 팀이 그만큼 수익을 올리려면 160만 달러어치의 일을 해야 한다. 즉, 절약이 아닌 다른 방법을 통해 이익을 창출하려면 매출을 훨씬 더 늘려야 한다.

프랑크 하센프라츠는 절약의 귀재다. 앞에서 잠깐 소개했지만 딸이 최고경영자 자리에 오른 뒤 그는 비용절감 기회를 찾는 일에 집중하기 위해 CAT에 주력했다. 2주 만에 하센프라츠는 270만 달러 이상의 비용절감이 가능하다는 사실을 알아냈다. 그것도 일회성 이벤트가 아니라 매년 그만큼의 지출을 줄일 수 있었다. 그 일을 5년간 하게 된다면 비용절감도 5년간 계속될 것이었다.

자동차부품회사들의 평균 수익률은 세후 3.5~5퍼센트 정도다. 그런데 하센프라츠의 회사 리나마는 세후 8.5퍼센트의 수익이 남는다. 이 정도 수익을 올리는 회사는 리나마를 제외하면 보그워너BorgWarner 한 곳뿐이다. 나는 하센프라츠가 보여준 표를 보면서 감탄했다. 그들은 비용절감으로 무려 3,700만 달러의 수익을 남기고 있었다.

하센프라츠는 구체적으로 어떻게 지출을 줄인 것일까? 재미있는 예를 하나 들어보겠다. 그의 공장에는 기계마다 부스러기를 제거하는 컨베이어가 하나씩 있다. 하센프라츠는 첫 번째 공정을 지켜보다가 컨베이어는 항상 움직이는데 부스러기가 거의 나오지 않는다는 사실을 발견했다. 컨베이어의 동력이 5마력이니 대략 4킬로와트시의 전기를 사용하고 1킬로와트시 전기료가 11센트니까 4마력이면 44센트, 이걸 24시간 곱하면 하루에 약 10달러를 낭비하고 있었다. 그런 기계가 무려 400대였다. 하센프라츠는 부스러기를 치우는 컨베이어를 30분마다 5분씩 작동하도록 컴퓨터로 프로그래밍해 하루에 4,000달러를 절약하는 방법을 발견했다.

가끔은 검소함이 인색함으로 둔갑하는 순간도 있었다. 하센프라츠가 십여 명의 변호사, 회계사들과 이야기를 하는데 그중 한 명이 농담을 했다. 이들은 시간당 보수를 받았는데 그 농담을 하는 데 3분이 소비됐다. 하센프라츠는 농담을 한 사람에게 이렇게 말했다.

"그 농담을 듣느라 150달러나 들었네요. 이제부터는 농담하는 시간은 업무시간에서 제하도록 하겠습니다. 아시겠죠?"

하센프라츠의 이야기는 과장처럼 느껴질 수도 있겠지만 가진 돈보다 더 많이 써서는 안 된다는 것을 명심하자. 이는 사업을 할 때 가장 명백하지만 동시에 가장 무시되는 규칙이기도 하다. 억만장자들은 항상 이 점을 강조한다. 절대 빚지지 말자.

"쓰는 것보다 버는 게 우선이다"라고 말하는 피터 하그리브스도 젊은 시절에 돈이 생길 때마다 저축을 했다. 그는 지금껏 살면서 딱 한 번 아주 적은 액수의 대출만 받아봤는데 그것도 금세 갚았다. 하그리브스는 돈 쓰는 일에 매력을 느껴본 적이 없으며 지금도 수입의 극히 일부분만 소비한다고 한다.

실제로 하그리브스의 회사 하그리브스 랜스다운은 이 전략을 통해 영국에서 손꼽히게 크고 성공한 회사 중 하나가 됐다. 하그리브스는 본인 외에 평생 대출이나 인수 없이 FTSE100 기업을 일군 사람은 아마 없을 거라고 말한다. 그가 대출과 인수를 경계한 이유는 사업에서 자신이 차지하는 지분이 미미해지기 때문이다. 자신의 자본으로 회사의 지분을 많이 가지고 있었던 하그리브스는 주식이 상장되고 더욱 부자가 됐다.

나빈 자인은 어머니에게서 사업의 기본적인 원칙을 배웠다. 그가 대학에 갈 때 어머니가 제일 먼저 한 말은 이것이었다.

"넌 이제 이 집을 떠나겠구나. 부디 큰 성공을 거두길 바란다. 한 가지 사실만 기억하렴. 돈을 얼마를 벌든 항상 버는 돈보다 적게 써야 해. 절대 빚을 지지 말고 가진 돈보다 더 많이 쓰지도 말거라."

이는 자인이 평생 타인에게 받은 충고 가운데 가장 소중한 충고였다. 이 충고에 의해 자인은 살면서 한 번도 빚을 진 적이 없다. 부채와 손실은 자인이 사업을 하면서 가장 기피하는 두 가지다. 그는 자신의 직원들에게도 "회계사가 대출을 받아 집을 사면 세금 절감효과가 있다고 할 테지만 그보다 빚이 없을 때의 안정감이 더욱 값지다"고 이야기한다. 실제로 자인은 돈이 없을 때 집을 사지 않았다.

프랑크 하센프라츠는 형제들과 함께 부모님의 농장일을 도울 때 기본적인 재정교육을 받았다. 그의 아버지는 "부자가 되고 싶다고? 그렇다면 방법이 하나 있지. 버는 것보다 적게 쓰는 거야. 덜 쓰고 모으면 부자가 될 수 있단다"라고 말하곤 했다.

스스로에게 물어보자. 당신은 돈을 버는 것과 쓰는 것 중 어느 쪽을 더 좋아하는가? 라이프스타일을 유지하거나 꿈을 이루는 데 필요한 돈을 버는 일을 필요악으로 여기는가? 아니면 실제로 좋아하는 건 일이고 돈 쓰는 건 중요하지 않다고 생각하는가? 재정적으로 성공한 사람(백만장자)과 재정적으로 크게 성공한 사람(억만장자)의 차이는 결국 억만장자는 돈을 버는 데서 기쁨을 얻고 돈을 쓰는 건 별로 좋아하지 않는다는 것이다. 이것이 이 책의 핵심이다.

미하일 솔로포프는 돈 쓰는 걸 좋아하지 않는다. 그의 사무실에서 만나 인터뷰를 할 때 그는 이렇게 말했다.

"저는 돈을 거의 쓰지 않으면서 살았고 지금까지 돈을 함부로 대한 적도 없습니다. 그래서 기억에 남을 만큼 중요한 지출도 없었습니다. 저는 돈 쓰는 일에는 영 재주가 없어요. 어떻게든 소비실력을 좀 키워보려고 애쓰는데 말이죠."

돈을 좋아한다면 쓰지 말고 간직하라. 리리오 파리소토는 여섯 살 때부터 일을 하면서 돈을 소중히 여기는 법을 배웠다. 아주 적은 액수였지만 그는 번 돈을 꺼내 이리저리 뒤집어보며 확인하는 걸 좋아했다. 그때 돈과 사랑에 빠졌다. 파리소토는 이렇게 말했다.

"사람들은 돈을 받기도 전에 써버립니다. 그래서 돈의 노예가 되는 것입니다. 돈을 좋아하나요? 좋아하는 것이 있으면 어떻게 하나요? 아마 계속 간직하고 싶겠죠. 요즘 사람들은 돈을 좋아하지 않습니다. 그래서 돈이 생기기도 전부터 다 써버리는 것입니다."

오늘날 파리소토는 억만장자고 남아메리카에서 손꼽히게 부유한 사람들 중 한 명이다.

매출이 아닌 수익에 집중하라

사적인 지출을 관리하는 것과 사업과 관련된 자본을 관리하는 건 완전히 다른 차원의 일이다. 억만장자들은 이 부분에서 효율성을 높일 다양한 방법과 도구를 개발했다. 그중에서도 그들과 인터뷰를 하면서 얻은 가장 중요한 교훈을 알려주겠다. 바로 매출이 아니라 수익이 중요하다는 걸 알아야 한다는 것이다.

마진과 수익률을 최적화하라. 이는 딜립 샹비를 평생 이끌어준 조언이다. 샹비의 아버지는 "평소 돈을 많이 세는 은행 직원일수록 실제로 집에 가져가는 돈이 얼마나 되는지 모르기 쉽다"고 말했다. 다시 말해 눈에 보이는 돈이 아닌 수익에 꾸준히 집중하라는 것이다. 샹비를 인터뷰할 당시 그가 운영하는 선파마의 수익률은 25퍼센트였고 시가총액은 매출의 네 배에 달했는데 이는 인도 회사로서는 엄청난 수치다.

칩 윌슨은 룰루레몬을 설립할 때 원칙을 잘 알고 있었다. 윌슨은 이를 룰루레몬과 언더 아머의 차이로 설명했는데, 도매업을 하는 언더 아머의 매출이 겉으로 보기에는 소매업 중심의 회사인 룰루레몬보다 커보이겠지만 사실 마진은 룰루레몬이 더 크다는 게 요지였다. 다시 말해 언더 아머가 10달러를 들여 어떤 물건을 만들어서 도매업자에게 20달러에 팔면 매장에서는 그 물건에 40달러의 가격표를 붙이지만 룰루레몬은 12달러를 들여 더 품질 좋은 제품을 만든 뒤 자체 시스템을 통해 38달러에 판매한다. 애플과 테슬라도 룰루레몬과 동일한 가치를 따르고 있으며 이렇게 고객에게 직접 다가가는 것이 더 뛰어난 비즈니스 모델이라는 것이다. 윌슨은 자기가 설립한 회사를 떠났을 때를 회상하며 이렇게 말했다.

"제가 룰루레몬을 그만둘 무렵 룰루레몬은 전 세계 어느 매장보다 평방피트당 매출액이 높았고 보석류와 애플을 제외하면 모든 소매점들 가운데 가장 높은 마진율을 자랑했습니다. 제가 룰루레몬에 만들어놓은 성공공식은 세계 최고고 지금까지 이보다 잘해낸 사람은 없는 것 같네요."

돈을 현명하게 소비하는가? 당신의 소비습관은 어떤가? 돈 관리법을 제대로 배웠는가? 빚이 있거나 버는 것보다 더 많이 쓰는가? 돈을 버는 것보다 쓰는 걸 더 좋아하는가?

보통 사람 vs 백만장자 vs 억만장자

- 목표 없이 전전하는 이들은 돈 쓰는 걸 좋아한다. 자기가 번 돈을 다 쓰거나 그보다 더 많이 쓴다.
- 백만장자는 돈을 벌어서 쓰는 걸 좋아한다.
- 억만장자는 자기가 번 돈을 개인적으로 쓸 생각을 하지 않는다. 그들은 돈 버는 건 좋아하지만 쓰는 건 싫어하고 재정적으로 효율적인 사업체를 운영한다.

억만장자는
거짓말하지 않는다

If it is not right do not do it.
if it is not true do not say it.

옳지 않은 일이라면 하지 말고 사실이 아니라면 말하지 마라.

_마르쿠스 아우렐리우스

많은 사람들이 사업을 하려면 거짓말을 많이 해야 한다고 생각한다. 하지만 진실한 태도를 유지하면서도 얼마든지 억만장자가 될 수 있다. 사실 사업을 하면서 지속적으로 성공을 거두려면 정직한 가치관을 유지해야 한다. 이 책에 등장하는 억만장자들은 이를 증명하는 훌륭한 모범사례다. 나라야나 무르티의 좌우명은 "깨끗한 양심은 숙면을 보장하는 가장 부드러운 베개다"다.

▍사람들을 속여서는 부자가 될 수 없다

어떤 사람들은 인생에서 첫 100만 달러를 모으려면 남의 돈을 훔쳐야 한다고 생각한다. 실제로 부자는 부정행위를 하면서 다른 사람을 이용하는 부도덕한 사람일 거라 여기는 이들이 많다. 하지만 이건 전혀 사실이 아니다.

사람들을 속여서 백만장자가 되는 건 가능하지만 그런 재산은 오래가지 못한다. 사기꾼들은 부정하게 모은 재산을 금세 빼앗기고 벌을 받기 마련이다. 자신의 진실성을 훼손하면서까지 지름길을 택하지 마라. 이런 전략으로는 절대 억만장자가 될 수 없다. 치열하고 공정하게 경쟁하고 새치기를 하지 마라.

매니 스툴은 솔직하지 않은 사람은 단기적으로는 성공할 수 있을지 몰라도 장기적인 성공은 이룰 수 없다고 이야기한다. 결국 자기 자신에게 발목이 잡혀 진실하지 못한 태도와 잘못된 행동에 대한 대가를 치르게 될 것이기 때문이다. 꼭 금전적인 대가가 아니더라도 언젠가 가족이나 건강에서 대가를 치를 수도 있다. 스툴은 그것을 업보라고 칭한다.

진실성은 많은 억만장자들의 기업문화에서 중요한 가치다. 또한 이들은 정직을 중요한 자질 중 하나로 꼽는다. 심지어 이를 최고의 자질로 꼽은 억만장자들도 많다. 매니 스툴은 절대로 고객을 속이지 말라고 충고한다.

스툴은 첫 사업을 시작했을 때 거래하는 사람들과 관계를 유지하려면 절대로 거짓말을 해선 안 된다는 걸 깨달았다. 누군가의 신뢰를 얻는 건 매우 어려운 일이지만 잃기는 매우 쉽다. 그리고 한 번 믿음이 깨지면 다시는 회복할 수 없다. 물론 상대방이 용서해 관계를 유지할 수는 있겠지만 그런다고 해서 예전과 같이 돌아가지는 못한다. 스툴은 진실을 말할 때 인생이 훨씬 쉬워진다고 말한다.

절대 거짓말하지 말라는 성공비결은 다른 어떤 교훈보다 중요하다. 남의 것을 빼앗지 마라. 그리고 부정부패에 연루돼서는 안 된다. 아무리 상대가 그런 행동을 기대하고 그 기대에 따르지 않을 경우 사업을 방해할 것 같더라도 말이다.

인도에는 뇌물을 주고받는 전통이 깊이 뿌리내리고 있다. 인도의 경제와 사회체계는 뇌물에 기반을 두고 돌아간다. 나빈 자인은 인도에서 정부건물을 짓는 일을 책임지는 감독관 아버지를 뒀다. 그는 뇌물로 부유함을 누릴 수 있었지만 정직한 아버지가 절대 뇌물을 받지 않았기 때문에 아주 가난하게 자랐다.

단순히 돈이 모자란 게 문제가 아니었다. 자인에 따르면 인도의 뇌물 시스템은 먹이사슬로 작동했다. 예를 들어 감독관은 도급업자에게 '시멘트와 모래를 반씩 섞어서 쓰고 아낀 돈 일부는 우리한테 넘겨라'라고 종용한다. 그렇게 해서 뇌물을 받으면 자기가 그중 일부를 갖고 나머지는 상사에게 준다. 그러면 상사는 거기서 자기 몫을 챙긴 다음 나머지 돈을 또 자기 상사에게 준다. 그렇게 해서 피라미드식으로 모든 사람이 돈을 받았다.

하지만 자인의 아버지는 그렇게 하지 않았다. 그래서 때때로 상사가 도급업자에게 전화를 걸어서 왜 돈이 들어오지 않는지 다그쳤다. 그러면 도급업자는 '감독관이 처음 계획했던 사양대로 건물을 지어 달라고 하는 바람에 시멘트를 사느라 돈을 다 썼다'고 따졌다. 다행히 정부기관이어서 해고되는 일은 없었지만 자인의 아버지는 상사의 미움을 사서 매년 전근을 갔다.

자인의 가족은 이 마을 저 마을로 이사를 다니다가 결국 지을 건물이라고는 한 채도 없어서 누구의 뇌물도 받을 수 없는 가장 외진 마을까지 오게 됐다. 자인은 전기도 학교도 탁자도 의자도 제대로 없는 마을에서 자랐다. 바닥에 앉아 생활했고 늘 배를 주렸다. 가난이 너무나 싫었던 자인은 열 살 때쯤 아버지에게 이렇게 대들었다.

"아버지는 정직하게 살고 싶어 하시는데 그게 문제예요. 가장으로서 책임을 지고 가족들을 먹여 살려야 한다고요."

"무슨 말을 해야 할지 모르겠구나. 언젠가 네가 크면 내가 다른 대부분의 부모보다 훨씬 많은 걸 네게 물려줬다는 걸 깨닫게 될 거다. 바로 진실의 가치 말이다. 지금은 그 진가를 모르겠지만 언젠가는 알게 될 거야."

자인은 아직도 아버지의 그 말을 잊을 수 없다고 이야기한다.

자인과 같은 인도 출신의 억만장자 나라야나 무르티 역시 인도에서 사업을 하면서 뇌물을 주고받는 전통을 거부했다. 무르티와 그의 회사는 인도에서도 합법적이고 윤리적인 방법으로 성공적인 대규모 사업을 운영하는 게 가능하다는 사실을 보여줬다. 1990년대 초 뇌물을 달라는 요구를 받았지만 무르티는 거부했다. 그것 때문에 정부 승인이 다소 지연되기도 했지만 그가 절대 굴복하지 않을 것임을 깨닫자 정부도 사실상 그들을 지지했다. 자기들 주변에 좋은 사람들을 두고 싶었기 때문이다. 무르티는 이 경험이 인도나 다른 부패한 나라 국민들에게 매우 중요한 교훈을 준다고 이야기한다.

▌나만의 가치관을 가져라

성공은 확실한 나만의 가치관에 따라 살아갈 때 얻을 수 있는 부산물이다. 억만장자들은 자신의 가치관을 지키며 사업을 하려고 항상 노력한다. 그렇다면 이들은 어떤 가치관을 가지고 있을까?

먼저 차이둥칭의 가치관은 원칙에 따라서 일하는 것이다. 그는 단순히 사업만을 위한 사업을 하는 것을 경계한다. 한편 페터 스토달렌의 사업원칙은 진실, 정직, 개방적인 태도, 신뢰라는 네 가지 가치관으로 이루어져 있다.

딜립 샹비의 아버지는 "부자는 돈만 있으면 될 수 있지만 좋은 사람이 되려면 더 많은 노력이 필요하다"는 말을 자주 했다. 샹비는 모든 걸 돈의 관점에서 측정하지 말라고 이야기한다. 휴스뉴 외즈예인도 비슷한 이야기를 했다. 그는 훗날 부자가 아닌 그저 좋은 사람으로 기억되고 싶다고 한다. 다른 억만장자들에게서도 이와 비슷한 대답을 여러 가지 형태로 들었다.

어떻게 자신의 긍정적인 가치관을 지키는 좋은 기업인이 될 수 있을까? 바로 높은 기업윤리의식과 도덕심을 가진 이들을 주변에 두는 것이다. 프랑크 스트로나흐는 이를 위해 훌륭한 인격을 가진 사람을 파트너로 선호한다. 페터 스토달렌은 자신이 좋아하거나 신뢰하는 이들하고만 거래한다. 그의 말처럼 진실하지 못하고 냉소적인 사람들하고는 시간을 보내면 안 된다.

▌현실적으로 행동하라

나빈 자인은 겸손을 최고의 가치로 여긴다. 그에게 있어 겸손은 성공의 표식이다. 자인은 자기가 성공했다는 걸 알 수 있는 유일한 방법은 겸손해지는 것이라고 말한다. 아주 약간이라도 오만한 태도가 남아 있다면 그건 여전히 자기 자신이나 다른 사람에게 뭔가를 증명하려고 한다는 뜻이라는 것이다.

사실 나도 인터뷰한 억만장자들의 겸손함에 정말 놀랐다. 예컨대 인도 최대의 제약회사인 선파마를 설립한 제약업계 갑부 딜립 샹비는 살면서 스스로 자랑스러워할 만큼 훌륭한 일을 한 적이 없다고 이야기했다. 또한 수천 개의 체인점을 가진 아시아 최대 식품회사 졸리비의 토니 탄 칵셩은 아직 자신들은 조금씩 앞으로 나아가고 있을 뿐 그렇게 큰 성공을 거둔 것은 아니라고 말한다. 한편 세계 최대의 자동차부품 제조업체의 설립자 차오더왕은 자신이 날마다 평범한 일을 하는 평범한 사람이어서 들려줄 이야기가 없다고 말했다.

이렇게 성공을 거둔 뒤에도 들뜨지 않고 두 발이 항상 땅에 붙어 있어야 한다. 돈이 우리의 삶에 큰 영향을 미쳐서는 안 된다. 딜립 샹비는 대단한 성공을 거뒀음에도 불구하고 돈이 자신의 가치체계와 생활방식, 인간관계에 영향을 미치지 않도록 주의한다. 그는 여전히 학창시절 친구들과 친하게 지내며 겸손한 태도를 유지한다.

피터 하그리브스도 마찬가지로 어릴 때부터 사귄 친구들과 계속 우정을 나누고 있다. 그는 지금도 자주 친구들과 함께 동네 술집에 가서 맥주를 마신다. 그는 자신의 부가 기존의 생활방식을 흐트러뜨리게 놔두지 않는다.

자수성가한 억만장자들을 길거리에서 만나면 그들이 얼마나 부유한 사람인지 잘 눈치챌 수 없다. 대표적인 예가 차이둥칭이다. 차이둥칭에 대한 수식어는 '겸손' 하나로 압축할 수 있다. 그는 늘 단순하고 가식 없는 모습을 유지한다. 두 발을 땅에 굳건히 딛고 자기 뿌리를 잊어버리지 않는다. 그의 외모에는 사치스러운 부분이 전혀 없다. 육체적으로는 작고 여윈 듯한 느낌을 주지만 내면은 다이아몬드처럼 단단하다. 그는 자기가 목표로 한 것을 이룰 때까지 절대 포기하지 않는 강하고 끈기 있는 성격을 가졌다.

▌신뢰가 신뢰를 낳는다

신뢰는 사업의 원동력이다. 믿을 수 있는 사람이 돼야 한다. 신뢰는 사업과 관련된 많은 일들을 쉽게 할 수 있게 해준다. 차이둥칭 역시 신뢰를 성공의 주요원인으로 꼽는다. 그는 사업에서 진행되는 수많은 결정과 거래는 단순히 서류나 숫자가 아니라고 이야기한다. 선의와 신뢰, 정직성, 성실성, 성격 같은 무형의 것들이 거래와 협력을 가능하게 만든다는 것이다. 생각해보라. 신용이 없으면 통장조차 개설할 수 없지 않은가?

모헤드 알트라드의 경우 은행과의 거래는 비계업계에서 경력을 쌓던 초반에 힘겨운 과제를 안겨줬다. 그는 프랑스에서 박사학위를 받았고 아부다비에서 좋은 직장에 다녀 많은 돈을 벌었으며 그 뒤에는 컴퓨터 회사를 매각해서 돈을 두 배로 벌었다. 하지만 프랑스 은행은 여전히 그를 충분히 신뢰하지 않았다. 그가 외국 출신이었기 때문이다. 알트라드가 메프랑Mefran을 인수할 때가 가장 큰 문제였다. 당시 그는 은행계좌를 개설해야 했는데 오로지 통장만 있으면 되는 일이었음에도 은행에서 이를 허가해주지 않았고 집을 담보로 잡히고 나서야 발급이 가능했다.

신뢰를 쌓으려면 어떻게 해야 할까? 일단 시간을 지키는 간단한 일부터 시작하자. 차오더왕은 "항상 시간을 엄수해야 합니다. 누군가와 약속을 했으면 반드시 그 자리에 나가야 하고요"라고 강조한다.

약속을 지키는 것도 중요하다. 약속은 곧 본인의 명예다. 프랑크 스트로나흐는 어떤 말을 했으면 반드시 지켜야 하고 자기가 말한 대로 행동하는 게 무엇보다 중요하다고 이야기한다. 자신에게 유리한 계약을 엄수하는 건 쉽다. 하지만 자기에게 불리해 보이는 계약을 지키는 게 더 중요하다.

믿을 수 있는 사람이 되고 싶다면 빈말은 하지 말자. 나빈 자인은 딱 한 번만 제안을 하고 절대 재협상을 하지 않는 것으로 업계에 정평이 나 있다. 자기가 지키고 싶지 않은 말은 절대 하지 않기 때문이다. 5,000만 달러라고 일단 말했으면 4,000만 달러는 어떠냐고 다시 물어봐선 안 된다. 규칙을 한 번 어기면 금세 업계에 소문이 퍼져서 제안을 수정해야 하는 사태가 생긴다.

신용을 쌓으려면 많은 시간이 걸리지만 힘들게 쌓은 신뢰가 행동 하나 때문에 무너질 수도 있다는 걸 항상 기억하자. 신뢰에 관해 자인과 나눈 대화 덕분에 새롭게 깨달은 게 있다. 바로 신뢰는 애정보다 큰 칭찬이라는 사실이다. 대부분의 사람들은 인맥이 중요하다고 말하지만 장기적으로 지속가능한 깊이 있는 비즈니스 관계가 형성되기까지는 세 가지 단계를 거쳐야 한다. 상대가 나를 알고 좋아하고 믿게 하는 것, 이 중 세 번째 단계를 발전시키지 못한다면 단발적인 거래를 할 수 있을지 몰라도 장기적인 관계는 절대 맺을 수 없다.

▌진실한 태도로 사람들을 대하라

억만장자들은 사람을 대할 때 항상 진실한 태도를 유지한다. 이는 나라야나 무르티가 생각하는 성공에 대한 말에서 증거를 찾을 수 있다. 무르티는 성공을 자신이 방에 들어갔을 때 그곳에 있는 사람들의 눈이 반짝이고 얼굴에 미소가 떠오르는 것이라고 말한다. 그리고 이는 타인에게 솔직하게 대하고 그들이 잘되길 진심으로 기원할 때 쌓을 수 있는 관계다.

다른 사람들과 거래할 때는 항상 솔직하고 공정해야 한다. 공정한 태도는 사업적에서도 유익하다. 공정한 대우를 받은 직원은 더 의욕

적이다. 비즈니스 파트너 역시 공정한 대우를 받을 때 더 의리 있는 모습을 보여준다. 따라서 거래를 더 오래 유지할 수 있다.

토니 탄 칵셩은 항상 상대방의 입장에서 그들의 요구를 이해하고 보상을 공유하려고 노력한다. 사람들이 스스로 나보다 얻는 게 많다고 느끼게 하면 더 좋다.

토니 탄 칵셩에 따르면 어떤 거래 혹은 어떤 문제에서든 어떻게 하면 상대방을 더 좋은 위치로 올려줄 수 있을지 생각하는 것이 진정한 기업가의 자세라고 한다. 그가 더 유리한 거래를 할 수 있을지 더 나은 미래를 가질 수 있을지 생각해보는 것이다. 오죽하면 회사 사람들이 어떤 협상을 할 때 "토니를 이 일에 참여시키지 마. 뭐든지 다 내주려고 하니까"라고 말할 정도다. 하지만 그의 생각에 이 방법은 항상 효과가 있다. 페터 스토달렌 역시 좋은 거래란 양측 모두 자기가 이겼다고 생각하는 거래라고 생각한다.

▌다른 사람에게 잘못된 행동을 하지 말자

억만장자들은 '다른 사람들이 내게 해줬으면 하는 일을 다른 사람들에게 행하라'는 원칙을 따른다. 이건 토니 탄 칵셩의 좌우명이자 잭 코윈에게 가장 귀중한 지혜이기도 하다.

사람들의 기분을 상하게 해서는 안 된다. 차오더왕은 사업을 하면서 고객의 흥미를 해칠 수 있는 모든 것을 피하기 위해 노력해왔다. 그는 다른 사람의 기분을 상하게 하는 일은 절대 하지 않으려고 하며 나아가 선행을 강력하게 권한다. 매일 사소한 일 하나하나를 접할 때마다 자기가 하는 일이 자기 인생, 사회와 국가, 인류를 위해 좋은 일인지 판단해야 한다는 것이다. 만약 그렇지 않다면 그 일을 하지 않는 편이 낫다. 차오더왕은 다른 사람에게 이익이 되는 일을 하면 결국 그 이익은 다시 나에게 돌아온다고 믿는다.

매니 스툴도 비슷한 생각이다. 항상 좋은 일을 하려고 노력하고 선행을 할 수 없거나 할 생각이 없다면 최소한 나쁜 짓은 하지 말라는 것이다. 이처럼 세간의 고정관념과는 달리 억만장자들은 다른 사람들을 존중하는 태도로 대한다.

그 이유는 무엇일까? 페터 스토달렌은 사람들이 항상 자신을 지켜볼 것이기 때문이라고 말한다. 오래전 그의 아버지 말처럼 스토달렌은 사람들을 친절하게 대하면 그들도 자신에게 잘해주고 의리를 지킬 것이라고 믿는다. 그래서 모든 사람을 평등하게 대하려고 한다. 청바지를 입었든 명품 옷을 입었든 호텔을 찾는 모든 손님이 그에겐 똑같이 소중하다.

나빈 자인은 식당의 종업원을 대할 때도 비즈니스 파트너 대하듯 해야 한다고 말한다. 자인은 살면서 거래처에게는 원하는 게 있으니 더없이 친절하게 대하다가 종업원에게는 못되게 구는 사람들을 여럿 봤다. 자인은 그런 사람들과는 거래를 하지 않는다. 다른 이들을 무례하게 대하는 사람은 언젠가 자신에게도 그런 태도를 보일 수 있다고 생각하기 때문이다. 다른 사람들을 존중하자. 나아가 그들이 우리에게 도움을 주면 그걸 인정하고 고마워하자.

▌의리를 지켜라

사람들은 부자가 되면 주변에 점점 믿을 사람이 없을 거라고 생각한다. 하지만 내가 인터뷰한 억만장자들은 대부분 사람을 신뢰했다. 칩 윌슨 역시 마찬가지였다.

칩 윌슨은 살면서 자신이 가장 잘한 일은 무조건적으로 사람을 신뢰한 것이라고 생각한다. 그는 사람들의 가능성을 좋아하고 이런 태도가 그의 주변에 좋은 사람들을 불러들였다.

살다 보면 신뢰받을 자격이 없는 사람들과 만나는 일도 종종 있을 것이다. 아이러니하게도 신뢰는 칩 윌슨의 몰락의 원인이 되기도 했다. 그는 차문을 잠그지 않은 채로 두는 걸 좋아하는데 사업을 할 때도 차문처럼 그 과정을 활짝 공개해서 도둑을 많이 맞았다. 하지만 프랭크 스트로나흐는 이런 위험성에도 불구하고 계속해서 사람들을 신뢰해야 하는 이유를 설명해줬다.

"가끔은 제가 지나치게 사람을 신뢰한다는 말을 듣습니다. 하지만 지금까지 저는 아주 잘해냈습니다. 때로는 사람들을 신뢰하기 위해 힘껏 노력해야 할 수도 있고 때로는 신뢰할 수 없거나 성품이 좋지 못한 사람을 만날 수도 있습니다. 하지만 이건 위험을 감수할 만한 가치가 있는 일이죠."

페터 스토달렌은 어떤 상대, 어떤 상황에서든 모두에게 친절하게 대하고 의리를 지키려고 노력한다. 언젠가 그들의 도움이 필요할 때가 있을 것이기 때문이다. 어떤 일을 하건 승승장구할 때 주변 사람에게 잘하면 하향세에 접어들었을 때 그들의 도움을 받을지도 모른다는 게 그의 지론이다.

이는 스토달렌의 경험에서 우러난 조언이다. 스틴 앤 스트룀 백화점 인수 이후 스토달렌은 쇼핑센터를 사들이며 승승장구해나갔다. 스칸디나비아에서 가장 큰 쇼핑센터 사업을 벌이겠다는 야망을 품고 1992년부터 1996년까지 회사의 규모를 엄청나게 키웠다. 1996년에는 주식을 상장해 많은 돈을 벌었고 은행에 현금도 많이 보유하게 됐다. 비록 그가 소유한 지분은 3, 4퍼센트 정도밖에 안 됐지만 모든 게 그의 아이디어로 이루어진 회사였고 그가 직원들을 전부 뽑았으며 이제 그의 세상이 온 것 같았다.

그런데 바로 그때 스토달렌은 해고를 당했다. 경쟁자들의 임대계약조건을 알고 싶어 하는 임차인들과 갈등을 빚었기 때문이었다. 이는 기업윤리에 위배되는 일이었지만 이 임차인들은 쇼핑센터의 대주주였고 스토달렌은 이들의 요구에 굴복하지 않으려고 버티다가 결국 해고당했다.

그때 스토달렌은 권투선수 마이크 타이슨Mike Tyson의 명언을 떠올렸다. "누구나 녹아웃당하기 전까지는 좋은 계획을 가지고 있는 법이다." 스토달렌은 녹아웃당했다. 예상조차 못했던 일이었고 심한 수치심을 느꼈다. 머릿속에는 어떻게든 복수해야 한다는 생각뿐이었다. 그는 새로운 회사를 차리겠다고 결심했다.

앞서 잠깐 이야기했지만 스토달렌은 기자들 앞에서 스칸디나비아에서 가장 큰 호텔 체인을 만들겠다고 발표했다. 기자들은 회의적인 반응을 보였지만 승승장구할 때 친구를 많이 사겨뒀던 스토달렌은 그들의 지원 덕분에 새로운 목표를 달성할 수 있었다.

처음 호텔 사업을 시작할 당시에는 쇼핑센터는 이제 끝났다고 생각했지만 스토달렌은 최근 쇼핑센터 사업에 복귀했다. 그는 10억 달러를 투자해 회사를 사들이기 위해 스틴 앤 스트룀보다 규모가 더 큰 강력한 조직을 구성했다. 후원자 중에는 스토달렌이 계약조건을 공개하지 않았던 바로 그 계약의 당사자도 있다. 후원자는 "페터, 우리에게 많은 도움을 줬으니 이번에는 내가 당신을 돕죠"라고 하며 많은 돈을 마련해줬고 그렇게 스토달렌은 한 바퀴를 돌아 제자리로 돌아왔다. 그의 의리가 큰 보답을 받은 셈이다.

▎재산보다 평판을 쌓아라

평판은 성공에 가장 가치 있는 화폐다. 재산을 늘리는 것보다 평판을 높이는 편이 낫다. 프랑크 스트로나흐의 말처럼 "돈은 언제든지 벌 수 있지만 평판은 한 번 잃으면 절대 되돌릴 수 없다."

론 심은 평판을 기업가의 가장 중요한 자산으로 간주한다. 그는 처음부터 좋은 평판을 쌓으라고 충고한다. 출근한 첫날의 행동, 어릴 때의 성격이 평판의 기초가 된다는 것이다. 론 심은 마음가짐과 태도가 평판의 기반이라고 생각한다며 이렇게 나에게 되물었다.

"이것조차 제대로 못한다면 누가 당신을 지지해주겠습니까? 누가 그런 칭찬을 해줄까요? 도대체 누가 당신을 도와주고 누가 믿어주겠습니까?"

차오녀왕은 "좋은 일을 하니 하는 건 매우 쉽지만 평생 계속하는 건 정말 어려운 일이다"라는 마오쩌둥의 말을 신봉한다. 잠깐 언급했지만 그는 아마 중국에서 국가보조금을 돌려준 유일한 기업인일 것이다. 차오더왕이 설립한 푸야오그룹은 위기상황에 처했을 때 지방 정부에서 1,000만 위안을 지원받아 이윤이 나지 않는 공장을 계속 운영하면서 직원들의 일자리를 유지할 수 있었다. 차오더왕은 공장에서 다시 수익을 올릴 수 있게 되자 이제 더 이상 지원금이 필요 없다면서 그 돈을 국가에 돌려줬다.

차오더왕은 인생의 선한 길에서 벗어나지 않도록 노력한다. 잭 코윈의 좌우명처럼 진실한 태도를 잃으면 아무리 성공해도 의미가 없고 거울을 봐도 공허한 느낌만 들기 때문이다. 차오더왕은 이에 대해 이렇게 말했다.

"인도 영화 〈슬럼독 밀리어네어〉를 봤나요? 이 영화에서는 평범하게 살아온 한 젊은이가 우연한 행운 덕에 백만장자가 되자 많은 사람들이 그를 모질게 대하면서 굴복시키려고 했습니다. 하지만 그는 항상 올바른 태도를 유지하고 정직함을 지켜 진짜 백만장자가 됐습니다. 여기에는 마법 같은 건 존재하지 않아요."

나빈 자인이 말했듯이 무슨 일을 하건 최대한 진실한 태도로 임해야 한다. 평판을 쌓는 데는 수십 년이 걸리지만 단 한 차례의 잘못된 행동만으로 그 평판을 산산이 무너뜨릴 수 있다. 반면 평판이 좋으면 다른 사람들이 좋은 기회를 가지고 다가온다. 휴스뉴 외즈예인도 마찬가지다. 회사를 자주 설립하는 그는 새로운 스타트업이나 기존 회사의 경영에 동참하지 않겠느냐는 제의를 종종 받는데 그중에는 믿을 수 없을 정도로 좋은 기회도 있다.

▌존경받는 사람이 되자

존경은 진실한 태도에 따라오는 것이다. 나라야나 무르티는 인포시스를 설립하면서 다른 이들처럼 가장 크고 가장 수익성 높은 회사를 만드는 게 아니라 가장 존경받는 회사를 만드는 걸 비전으로 삼아야 한다고 제안했다. 무르티는 모든 이해당사자들에게 존경받는 회사가 되면 매출과 수익, 시가총액 등에 도움이 될 것이라고 믿어왔고 이는 아직도 훌륭한 사업을 만드는 그만의 공식이다.

무르티는 고객에게 한 모든 약속을 일정 기간 동안 이행하면 고객들이 그 회사가 정직하고 믿을 만한 회사라고 느끼는 것처럼 투자자들을 대할 때도 기업구조와 관련된 올바른 원칙을 따른다면 투자자들도 믿고 돈을 맡길 거라고 생각한다. 나아가 직원들을 공정하고 정중하고 품위 있는 태도로 대하면 그들도 자기 회사가 존경받을 만한 회사라는 걸 깨닫게 될 것이며 사회와 조화를 이루며 산다면 존경받을 거라고 여긴다. 그에게 존경은 모든 기업이 추구해야 하는 가장 중요한 속성이다.

무르티는 여러 존경 중에서도 사회에서 받는 존경이 가장 중요하다고 강조한다. 사회는 고객과 직원, 투자자, 관료들을 모두 아우르고 정치인도 선출하기 때문이다. 사회가 그 회사를 존경한다면 고객들이 찾아오고 좋은 인재가 합류하고 투자자들이 투자를 하고 정치인과 관료들은 업계에 도움이 되는 정책을 만들어줄 것이다. 사회의 존경을 받고 싶다면 모범적인 기업인으로 올바르게 처신해야 한다. 무르티는 존경심을 해치는 일은 전부 피한다.

차오더왕이 생각하는 성공은 남들의 존경을 받는 것이다. 그는 중국에서 가장 폭넓은 사랑을 받는 기업가며 정부에게 인정받고 모든 사람에게 존경받는 것을 가장 큰 성공이라고 생각한다.

당신의 진심은 어떠한가? 확실한 가치관을 갖고 있는가 아니면 필요한 경우 원칙을 무시하는가? 겸손하고 현실적이며 선행을 하려고 노력하는가? 당신은 타인이 믿고 신뢰할 수 있는 사람인가? 사람들을 어떻게 대하는가? 공정하고 공손하고 정직하고 의리를 지키는가? 당신의 평판은 어떠한가? 남들의 존경을 받고 있는가?

보통 사람 vs 백만장자 vs 억만장자

- 목표 없이 전전하는 사람들에게는 확실한 가치관이 없다. 그들은 요령을 피우면서 자신의 평판을 망치고 자기가 만들어낸 혼란에 빠져 허우적댄다.
- 거짓말과 속임수를 통해 백만장자가 될 수는 있지만 그게 오래 지속되지는 않을 것이다. 결국 들켜서 벌을 받게 된다. 대부분의 백만장자들은 확실한 가치관을 갖고 있지만 시장에서 평판과 신뢰를 쌓는 일에 주력하지 않는다. 이 때문에 사업에서 성취할 수 있는 것에 한계가 생긴다.
- 억만장자들은 진실성과 신뢰를 바탕으로 훌륭한 평판을 쌓으려고 애쓰며 자기가 상대하는 이들에게 깊은 존경을 받는다.

"겸손은 성공의 표식이다. 그러니 자기가 성공했다는 걸 알 수 있는 유일한 방법은 겸손해지는 것이다. 아주 약간이라도 오만한 태도가 남아 있다면 당신이 여전히 자기 자신이나 다른 사람에게 뭔가를 증명하려고 한다는 뜻이다."

_나빈 자인

감사하는 마음으로
보답하라

Service to others is the rent you pay for your room here on earth.

다른 사람을 위해 봉사하는 건
이 지구에 세 들어 사는 공간의 대가로 지불하는 방세 같은 것이다.

_무하마드 알리

살면서 무엇을 이뤘든 그게 가능했던 건 다 사회 덕분이라는 걸 인정해야 한다. 지금까지 당신이 받은 교육, 직원과 고객, 투자자는 전부 사회에서 받은 것이다. 그러니 이제 감사하는 마음으로 받은 것을 되돌려줄 때다.

▌어떻게 보답할 것인가

지금껏 살면서 도움을 준 모든 이들에게 일일이 보답할 수는 없지만 다른 사람들을 통해서 빚을 갚는 건 가능하다. 이게 무슨 뜻일까? 나빈 자인의 이야기가 설명해줄 것이다.

나빈 자인은 첫 번째 회사로 큰 성공을 거두고 어느 날 어떤 여성의 전화를 받았다. 남편이 중환자실에 있는데 그와 통화를 하고 싶어 한다는 것이었다. 자인이 가장 먼저 한 생각은 '병원비가 많이 밀려서 그걸 내줬으면 하나 보군'이었다. 그래서 회사에 그런 일을 하는 재단이 있으니 자신에게 이메일을 보내주면 일을 처리해주겠다고 말했다. 그러자 여성이 이렇게 애원했다.

"아니에요. 제발 부탁이니까 내 남편과 1분만 통화를 해주시겠어요? 그 사람은 정말 당신과 이야기를 나누고 싶어 해요."

자인은 조금 짜증이 났지만 '그냥 1분 정도 시간을 들이고 끝내는 게 가장 쉬운 방법이긴 할 거야'라는 생각이 들었다. 그래서 전화를 바꿨다. 그의 입에서 가장 먼저 나온 말은 "선생님, 제가 뭘 해드리면 될까요?"였다. 그리고 대답을 듣는 순간 자인의 삶이 바뀌었다.

"아무것도 해줄 필요 없어요, 나빈. 당신은 아마 기억하지 못하겠지만 예전에 당신이 이 나라를 떠나고 싶어 할 때 내가 계속 머물라고 잡은 적이 있어요. 그때부터 당신의 성공을 멀리서 지켜봐왔어요. 이렇게 성공한 당신이 정말 자랑스러워서 그 마음을 전하고 싶었던 것뿐이에요."

그는 뉴저지에서 안 좋은 일을 겪은 나빈이 미국을 떠나고 싶어 할 때 계속 미국에 있으라고 붙잡으면서 실리콘밸리에 좋은 직장을 얻도록 도와준 사람이었다. 그의 말을 들은 자인의 머릿속에 이런 생각이 떠올랐다.

'세상에, 내가 대체 어떻게 된 거람? 날 도와줬던 사람들을 기억도 못하다니. 더 최악은 그들이 내 도움을 필요로 하지 않는다는 거야. 다시는 그런 일이 없도록 하겠어.'

그때부터 자인은 신세를 진 사람들에게 직접 은혜를 갚을 수 없다면 다른 이들을 통해서라도 갚겠다고 다짐했다. 이 일화를 되새기며 자인은 이렇게 말했다.

"누군가를 만날 때마다 도울 방법이 있다면 그들의 꿈이 실현되도록 도울 것입니다. 그것이 예전에 저를 도와준 그 사람에게 은혜를 갚는 방법이기 때문입니다. 그 사람처럼 도움을 받고도 제가 기억하지 못하는 이들이 아주 많겠죠."

▌ 항상 감사하는 마음을 가지자

억만장자들은 항상 감사하는 마음을 가지고 있다. 하지만 구체적으로 어떻게 감사하는 자세를 가질 수 있을까?

첫 번째 단계는 자기가 가진 것에 감사하는 것이다. 바로 리리오 파리소토처럼 말이다. 리리오 파리소토는 자신이 충분히 많은 것을 가졌다고 생각하며 매일 과거를 되돌아보면서 그가 가진 모든 것에 대해 신에게 감사한다.

두 번째 단계는 자신의 삶과 주변 사람들에게 감사하는 것이다. 칩 월슨의 경우 처음 설립한 회사에서 고투를 면치 못했을 때 한 번도 지금 이 순간이나 함께 있는 사람들, 자신이 이룬 일에 대해 감사한 적이 없었다고 이야기한다. 당시 그는 과거에 했던 일을 불안해하면서 과거 속에 살거나 앞날의 일만 생각하면서 미래를 살았다. 그러던 어느 날 월슨은 자신이 거의 40년 가까이 '오, 인생은 정말 위대해!'라는 말을 해본 적이 없다는 걸 깨달았다. 그때부터 그는 이런 생각을 하기 시작했다.

'난 멋진 삶을 살고 있어. 어떻게 하면 더 나은 사람이 될 수 있을까? 나만 생각하면서 살면 안 될 것 같아. 다른 사람을 생각하고 이 세상이 더 나은 곳이 되도록 변화시켜야 할지 몰라.'

월슨의 이야기를 듣고 딜립 샹비의 "인생은 양파 같은 모양새"라는 말이 떠올랐다. 샹비는 스무 살 때 미리 알았더라면 좋았을 것이 무엇인지 묻는 나의 질문에 "처음부터 모든 걸 알고 있었다면 이번 생을 살면서 느낀 행복을 누리지 못했을지도 모른다"고 말했다. 그는 항상 인생에서 재미와 감사를 느낀다. 양파를 벗기듯 인생의 껍질을 한 겹씩 벗기면서 새미를 느껴보지.

고난은 자기가 가진 것들에 감사하면서 다른 관점에서 인생을 볼 수 있게 해준다. 캐나다에 막 도착했을 때 무일푼 신세였던 프랑크 하센프라츠는 몬트리올에 있는 삼촌에게 갈 돈을 벌기 위해 기차역에서 숙식을 해결했다. 5월 하순이었지만 퀘벡은 여전히 추웠다. 역에는 샤워를 할 데가 없어서 화장실 세면대에서 그냥 몸통만 씻고 면도를 했다. 밤에는 딱딱한 벤치에서 잠을 잤다.

다행히도 사람들은 하센프라츠에게 무척 친절했다. 일자리가 있는지 묻는 그에게 사람들은 근처에 자동차영업소가 몇 군데 있는데 거기에서 항상 세차할 사람을 찾고 있다고 알려줬다. 하센프라츠는 영업소에 가봤다. 주인이 물었다.

"세차 경험이 있습니까?"

"아뇨, 하지만 배울 수 있습니다."

프랑크는 영어를 전혀 못했다. 하지만 어떻게든 의사소통을 했다. 그렇게 영업소에서 차를 한 대 닦고 25센트를 받았다.

하센프라츠는 하루에 5달러 정도를 벌었다. 그러면 18센트짜리 빵을 한 덩이 사고 19센트를 내고 우유 1리터를 샀다. 그게 온종일 그가 먹은 전부였다. 아침에 빵 반쪽을 먹고 나머지 반은 저녁에 먹었다. 그때를 회상하며 그는 이렇게 말했다.

"얇게 썬 빵이었는데 꼭 케이크 같은 맛이 났어요. 아주 훌륭하다고 생각했죠."

하센프라츠는 하루 50센트로 살아가며 남는 돈은 전부 모았다. 그렇게 4주를 버텨 결국 몬트리올행 기차표를 살 돈을 마련했다. 마침내 몬트리올에 도착했지만 오랫동안 제대로 씻지 못해 몸에서 냄새가 났다. 그에게 누군가 "좀 씻는 게 어때?"라고 물었고 하센프라츠는 "씻는 게 뭔데? 난 메일 자동차를 씻어"라고 답했다. 그러자 그 사람이 이렇게 말했다.

"너도 좀 씻어."

이 일화를 말하며 하센프란츠는 나에게 "나쁘지 않은 경험이었다"고 웃었다. 상상이 가는가? 노숙자 생활을 하면서 기차역에서 살고 벤치에 기대 자던 사람이 훗날 억만장자가 된 것이다. 이 경험을 통해 그는 최소한의 것만 있어도 살아남을 수 있다는 사실을 배웠고 인생이 제공하는 모든 안락함에 감사하게 됐다.

세 번째 단계는 선행을 하는 것이다. 자신을 돌보느라 너무 바빠서 남을 돌볼 시간 같은 건 없다고 주장하는 이들이 많다. 그러나 나빈 자인의 지적처럼 선행과 성공은 상호배타적이지 않다. 사실 성공하려면 엄청나게 많은 선행을 해야 한다.

10억 달러짜리 회사를 만들고 싶다면 100억 달러짜리 문제를 해결해야 한다. 10억 명의 사람들을 도울 수 있다면 더 많은 돈을 벌게 된다. 프랑크 스트로나흐의 말처럼 가진 게 많을수록 많은 선행을 할 수 있다. 부자는 사람들에게 좋은 모범이 될 수 있다는 뜻이다.

▌넉넉한 마음가짐이 부를 부른다

넉넉한 사고방식을 지니자. 토니 탄 칵셩은 인색한 경영자들이 너무 많다고 불평하며 졸리비 설립 초기 필리핀의 한 패스트푸드 체인 설립자 겸 소유주가 해준 밀을 예로 들었다. 그는 토니 탄 칵셩에게 "직원들에게 그렇게 많은 보상을 안겨주면 안 된다"고 조언했지만 그 회사는 이제 존재하지 않는다. 토니 탄 칵셩에게 전 세계 사람들에게 전하고 싶은 메시지가 있는지 물었더니 이렇게 답했다.

"요즘은 뭐든 풍족한 세상이니 서로 나눠야 합니다. 우리는 서로 나눌 수 있고 많이 나누면 나눌수록 더 많이 얻게 될 것입니다."

너그럽게 행동하면 너그러운 대접이 되돌아온다는 것은 많은 억만장자들이 말하는 인생의 진리다. 칩 윌슨의 인생 좌우명은 "보답을 기대하지 말고 베풀어라"다. 윌슨은 사람을 매우 좋아하며 누군가의 삶을 변화시키고 이로 인해 그들이 큰 도약을 성취하는 것을 볼 때 뿌듯함을 느낀다.

잭 코윈은 내가 아는 사람 중 가장 관대한 인물이다. 그는 나와 내가 인터뷰한 몇몇 억만장자들에게도 많은 시간과 노력을 내줄 만큼 엄청나게 마음이 넓다.

코윈은 요트 두 척을 소유하고 있다. 주방장을 비롯해 십여 명의 승무원이 탑승한 정말 거대한 요트다. 모나코에 있을 때 그의 요트에 머물면서 선장과 이야기를 나눴는데 선장은 나에게 코윈의 관대함과 관련된 수많은 일화들 가운데 하나를 들려줬다.

한 번은 어떤 남자가 아내와 함께 그 요트에 승선했다. 그는 35년간 코윈을 위해 일한 사람이었다. 그가 퇴직할 때 코윈은 "퇴직선물입니다. 일주일간 이 배를 무료로 이용하세요"라고 했다. 그 사람은 CEO도 아니고 고위임원도 아니었다. 그냥 현장에서 일하는 평범한 직원이었다. 참 놀랍지 않은가? 그 요트의 유지비는 일주일에 수만 달러에 이른다.

▎자신의 힘을 좋은 일에 사용하자

나빈 자인은 사회에 미치는 영향을 통해 성공이 측정된다고 말한다. 이 말처럼 성공한 기업가가 됐다면 자기 생각만 하지 말고 세상을 더 나은 곳으로 만들어야 한다. 억만장자들은 우리가 사는 이 세상을 개선하고 싶어 한다. 세상에 어떤 사람으로 기억되고 싶은지에 대한 매니 스툴의 시각이 대표적인 예다. 그는 이렇게 말했다.

"물론 매우 성공한 사업가로 기억되고 싶은 마음도 있지만 한편으로는 지금부터 죽기 전까지 내가 할 수 있는 선행으로 기억되고 싶습니다. 저는 제가 태어났을 때보다 그리고 제가 이곳에 오지 않았을 때보다 세상을 훨씬 좋은 곳으로 만들고 떠날 것입니다."

나라야나 무르티에게도 같은 질문을 했다. 그는 모든 사람이 자신의 모든 행동을 통해 이 세상을 더 공정하고 포용력 있고 조화로우며 평화롭고 지속가능한 곳으로 만들려고 노력해야 한다는 메시지를 세상에 전하고 싶다고 답했다.

당신의 힘을 사회와 불우한 사람들의 이익을 위해 사용하라. 다른 사람들의 삶에 기여하라. 차이둥칭의 목표는 사회에 이익을 안겨주는 것이다. 모헤드 알트라드는 이웃사람, 가족, 직원에게 도움이 되는 일을 하면 그게 아무리 사소한 일이라도 행복함을 느낀다.

페터 스토달렌은 회사 밖의 일에도 관심이 많다. 그는 회사 직원들뿐만 아니라 사회, 지구의 미래, 아이들, 다음 세대에 대해 많은 책임감을 느낀다. 스토달렌은 지속가능한 사업으로의 전환에 기여하는 것이 자신의 사명이라고 여긴다.

스토달렌은 그의 회사 노르딕 초이스가 결코 돈을 벌기 위한 수단이 아니라는 점을 강조한다. 그에 따르면 노르딕 초이스는 변화를 위한 것이다. 그의 회사와 호텔을 찾아온 손님, 공동체를 위해서 일하는 사람들을 위한 변화 말이다. 스토달렌은 노르딕 초이스를 세상을 더 나은 방향으로 변화시키기 위한 수단으로 여긴다. 이것이 그의 사업의 핵심이며 그가 손님들로 하여금 노르딕 초이스를 선택하기를 바라는 이유이기도 하다.

나라야나 무르티는 보편적인 가치관을 익히는 걸 중시하는 가풍에서 자랐다. 그에게 가장 소중한 것은 개인적인 이익보다 조직과 공동체의 이익을 우선하는 것이다. "사회와 신용을 쌓지 않으면 그 어떤 기업도 장기간 성공을 유지할 수 없다"는 그의 금언도 이런 생각에서 유래한 것이다.

▎ 가능한 많이 도와라

나빈 자인에게 세상에 전하고 싶은 메시지를 물어봤더니 그는 "도움이 필요한 사람을 가능한 많이 도와라"고 이야기했다. 자인에 따르면 보답을 바라지 않고 진심으로 누군가를 위해 뭔가 해주는 것보다 더 행복하고 성취감을 안겨주는 일은 없다. 그렇게 얻는 기쁨은 물질적으로 소유할 수 있는 것과는 비교조차 불가능하다.

프랭크 하센프라츠의 경우 다른 사람들을 돕는 것이 곧 성공으로 향하는 길이라고 이야기한다. 그에 따르면 성공하고 싶다면 타인을 도와야 한다. 사업에 대한 지식은 나중에도 배울 수 있지만 인맥은 그렇지 않다. 따라서 어릴 때 우선 친구를 사귀고 남을 도우려고 노력하는 게 좋다. 하센프라츠는 이렇게 덧붙였다.

"'날 위해서 뭘 해줄 수 있느냐?'고 묻지 마세요. 그냥 '내가 뭐 도와줄 것 있니?'라고 물어보세요. 그렇게 시작하면 됩니다. 그 사람이 당신을 도울 수 있는 상황이 되면 어떻게든 도와줄 것입니다. 하지만 사람들이 당신을 위해 뭔가를 해줄 것이라고 지레 기대하지는 마세요. 일이 그런 식으로 돌아가지는 않으니까요."

▌자수성가 억만장자들의 자선활동

목표 없이 전전하는 사람들은 자선활동에 별로 돈을 쓰지 않는다. 다른 사람들에게 자선활동을 하라고 요구할 뿐이다. 그들이 생각하기에 세상을 돕기 위해 더 많은 일을 해야 하는 사람은 언제나 자기가 아닌 다른 사람, 부자들이다. 반면 백만장자나 유명인사는 자선활동에 많이 참여한다. 그들은 주로 행사에 돈을 기부하는데 그런 자리는 화려할 뿐만 아니라 홍보에도 도움이 되기 때문이다.

하지만 억만장자들은 다르다. 그들은 단순히 다른 사람의 자선활동에 참여만 하는 게 아니라 직접 자선사업을 벌인다. 어딘가에 돈만 기부하고 끝나는 게 아니라 자기가 지지하는 대의를 효과적으로 추구하기 위해 영향력 있는 자선단체를 설립하는 것이다. 어떤 억만장자들은 자기가 사회를 위해서 벌이는 선행들을 남에게 이야기조차 하지 않는다.

내가 인터뷰한 억만장자들은 대부분 대규모 자선사업을 벌이는 이들이다. 이 사람들은 젊은 시절에는 주로 사업에 집중하다가 나이가 들수록 자선사업 쪽으로 관심을 돌렸다. 50세인 론 심은 다음과 같은 과정을 거치면서 다른 사람을 돕는 법을 배웠다.

론 심이 초등학교 4학년, 그러니까 아홉 살쯤 됐을 때의 일이다. 당시 그의 학교에는 매우 엄격하게 체벌을 가하는 선생님이 있었는데 론 심은 마침 그의 반이 됐다. 그 선생님은 학생들에게 끔찍한 처벌을 내리곤 했는데 바닥에 조개껍데기를 놔두고 그 위에 무릎을 꿇으라고 하거나 손가락 사이에 펜을 끼우고 멍이 들 때까지 문지르는 식이었다. 그러니 당연히 학생들이 싫어할 수밖에 없었다.

그런데 어느 날 론 심은 선생님이 아주 좋은 사람이라는 걸 알게 됐다. 론 심은 쉬는 시간에 매점에 갈 돈이 없어서 교실에 혼자 남아 있었다. 축구를 하다가 5센트를 잃어버리는 바람에 돈이 한 푼도 없었던 것이다. 교실에 들어온 선생님이 혼자 있는 그를 보고는 "왜 교실에 있는 거냐?"고 물었다. "돈이 없어서요. 잃어버렸거든요"라고 답하자 선생님은 20센트를 줬다.

그렇게 선생님이 친절을 베푸는 모습을 보고 론 심은 '아이들을 체벌한다는 점에서는 나쁜 사람이지만 마음씨는 착하구나'라고 생각하게 됐다. 오늘날 론 심은 싱가포르 어린이 9,000명이 학교에서 음식을 사먹을 수 있도록 용돈을 주는 스트레이츠 타임스 스쿨 포켓 머니 펀드Straits Times School Pocket Money Fund의 주요 기부자다. 지금까지의 기부액은 약 600만 달러쯤 된다.

억만장자들은 자사의 제품과 서비스 혹은 자기가 전념하는 자선사업을 통해 사회에 수익을 환원하기도 한다. 이 분야에서 그들이 벌이는 다양한 활동을 다 설명하려면 따로 책 한 권을 더 써야 할 정도다.

그러니 사례 몇 가지만 살펴보는 수밖에 없겠다.

휴스뉴 외즈예인은 터키에서 손꼽히는 자선가 중 한 명이다. 그가 아내 아이센과 함께 벌이는 자선사업의 규모는 놀라운 수준이다. 이들은 대학을 설립하고 소외계층 소녀들을 위해 학교 65개와 기숙사를 지었으며 부모교육과 여성역량강화, 농촌개발을 위한 프로그램을 마련하고 수백 명의 생명을 구했다. 외즈예인은 자선활동을 통해 100만 명이 넘는 사람들을 도왔다.

페터 스토달렌은 스칸디나비아 최고의 자선가다. 그가 설립한 스토달렌 재단은 기후변화, 열대우림보호, 재생에너지, 생태기술개발에 주력하고 있다.

나라야나 무르티는 인포시스 재단을 통해 인도의 소외계층을 지원한다. 이들은 인도 농촌지역에 병원과 학교, 도서관, 극빈자 구호소, 무료급식소를 지었다. 또한 장학금을 제공하고 가난한 이들을 위한 교육을 개선했으며 인도와 미국에서 홍수가 났을 때 어려움에 처한 사람들을 도왔다. 한편 수학, 물리학, 컴퓨터 과학 분야의 고등교육기관도 지원한다. 인포시스는 연간수익의 2퍼센트를 자선사업에 쓰는데 이 금액은 매년 5,000만 달러에 이른다.

앞에서 소개했지만 프랑크 스트로나흐가 설립한 마그나는 페어 엔터프라이즈라는 개념을 구현했다. 이는 이익을 경영진과 직원이 나눠 가질 뿐 아니라 수익의 2퍼센트를 사회사업에 기부하는 것이다. 이를 위해 사용되는 금액은 연간 4,000만 달러에 달한다.

딜립 샹비는 전부 사비로 소외계층을 교육하고 건강을 돌보기 위한 자선사업을 벌인다. 필리핀의 억만장자 토니 탄 칵셩이 진행하는 학교급식 프로그램은 매일 1,800개 이상의 학교에서 18만 명이 넘는 학생들에게 음식을 제공한다. 칩 윌슨은 에티오피아에 양질의 교육을 제공하는 이매진원데이 재단Imagine1Day Foundation을 통해 자선사업에 깊이 관여하고 있다.

리리오 파리소토는 브라질 아마소나스 주의 사회 프로젝트에 참여하고 있다. 그곳에 사는 원주민 4만 명의 교육과 의료를 지원하고 지속가능한 방식으로 생산한 농업제품을 구입함으로써 포르투갈 크기의 열대우림을 보호한다. 이렇게 하면 원주민들이 나무를 베어 팔지 않고도 살아갈 수 있기 때문이다. 또한 그는 병원을 세워서 지역 아이들의 건강에도 관심을 가진다.

하지만 아마 내가 만난 가장 뛰어난 자선가는 중국의 억만장자 차오더왕일 것이다. 자선사업을 위해 이미 10억 달러 이상을 쓴 그는 아시아에서 가장 위대한 자선가다.

차오더왕은 자기가 설립한 푸야오그룹의 지분 중 많은 부분을 하렌 재단Haren Foundation에 양도했고 하렌 재단은 그 배당금을 다양한 자선사업에 사용한다. 일례로 작년에 하렌 재단은 3,000만 달러의 투자배당금을 받았고 이 돈을 네팔 지진구호에 사용했다.

호주의 억만장자 매니 스툴은 개인적인 차원과 회사 차원에서 모두 자선사업에 참여하고 있다. 스툴의 회사 무스 토이는 수익의 10퍼센트를 아이들의 건강과 복지에 중점을 둔 자선사업 단체에 기부한다. 특히 자폐증 연구를 집중지원하며 병든 아이들을 조금이라도 행복하게 해주려고 노력하는 봉사단체 클라운 닥터스Clown Doctors의 주요 후원자이기도 하다. 또한 스툴은 개인적으로 자기 수입의 10퍼센트를 다양한 자선사업을 위해 기부한다.

팀 드레이퍼는 교육에 관심이 많다. 그는 교육 프로젝트인 비즈월드BizWorld와 드레이퍼 대학을 비롯해 학생들을 위한 여러 가지 자선사업과 사회 프로젝트를 시작했다.

모헤드 알트라드는 경영자로서 회사에서 받는 것보다 훨씬 많은 돈을 자선사업에 기부한다. 그는 해마다 가난한 사람, 장애인, 어린이, 고아 등을 위해 1,000만 달러 정도를 쾌척하고 있다. 그의 대의는 질병과 굶주림에 대항하는 것이다. 알트라드는 생명을 구하기 위해 전쟁터로 향하는 의료단체인 국경 없는 의사회Doctors Without Borders도 돕고 있다.

세르게이 갈리츠키는 주로 자기가 살고 있는 크라스노다르시를 위해 많은 투자를 한다. 도시를 위해 공원을 만들고 보도를 고치고 공공 잔디밭과 골목을 되살리고 러시아 최고의 축구경기장을 건설했다. 그는 지역에서 가장 훌륭한 자선가이자 자기 고향에서 가장 존경받는 시민이다.

동유럽에서는 부자를 시기하고 헐뜯는 것이 보통이다. 그래서 인터뷰를 할 때 내가 직접 거리에 다니는 사람들에게 갈리츠키를 어떻게 생각하는지 물어보는 현장조사를 실시했다. 그에 대해 부정적으로 말하는 사람은 한 명도 없었다. '러시아에 부를 누릴 자격이 있는 사람이 있다면 바로 그 사람이다'라는 게 일반적인 의견이었다. 러시아에서는 대단한 찬사나.

▌ 사업이 최고의 자선활동이다

토니 탄 칵셩에게 있어 가장 중요한 형태의 자선사업은 회사를 세우는 것이다. 직원 한 명이 그의 가족 전체를 부양할 수 있기 때문이다. 다른 나라에서는 어떨지 몰라도 적어도 필리핀에서는 직원 한 명이 평균적으로 다섯 명을 먹여 살릴 수 있다.

나빈 자인에게 있어 사업은 다른 사람들을 돕기 위한 것이다. 자인은 우리가 사는 세상의 가장 중요한 문제를 해결해서 이 지구의 수십억 명의 사람들에게 긍정적인 영향을 주고 싶어 한다.

실제로 그에게 최고의 사업은 박애주의 사업이다. 인류가 겪는 가장 심각한 문제를 해결하는 데 효과가 있기 때문이다. 담수문제, 에너지 문제, 식량문제 중 어느 하나라도 해결하기 위한 사업에는 수조 달러가 소요된다. 자인은 이 말이 곧 이 사업 어딘가에 1조 달러짜리 기회가 존재한다는 뜻이며 어떤 기업가는 그걸 찾아낼 것이라고 생각한다. 그에 따르면 결국 사업과 자선사업은 서로 관련이 있으므로 좋은 일을 하다 보면 사업도 잘된다.

어떤 억만장자들은 사업에 사회적 원칙을 적용하고 자신들이 이용하는 자본주의 모델에 다른 이름을 붙인다. 예컨대 페터 스토달렌은 '지속가능한 자본주의'를 이상적이라고 생각한다. 그는 장기적 관점으로 생각할 수 있는 자본주의를 원한다. 인류에게 닥친 문제는 오랫동안 고민하지 않는다면 해결할 수 없기 때문이다.

스토달렌은 기후변화문제에 특히 관심이 많다. 언젠가 미래에 그의 아이들이 '아빠, 왜 그때 아무것도 하지 않았어요?'라고 물을 수 있기 때문이다. 스토달렌은 그런 날이 왔을 때 '최선을 다하지는 않았을지 모르지만 노력은 했단다'라고 답하고 싶어 변화의 일부가 되기 위해 항상 노력한다.

나라야나 무르티는 본인의 모델을 '더불어 사는 자본주의'라고 부른다. 그는 대규모 스톡옵션 계획을 통해 자본주의와 사회주의의 가장 이상적인 개념들을 결합시켜서 더불어 사는 자본주의를 만드는 게 가능하다는 걸 증명했다.

무르티에게 비즈니스란 이 세상을 더 살기 편한 곳으로 만들기 위한 것이다. 인포시스는 현재 20만 명의 직원들에게 보수가 좋은 일자리를 제공하고 있는데 전 세계 사람들을 위해 100만 개의 일자리를 만드는 게 무르티의 최종목표다.

프랑크 스트로나흐는 마그나에 15만 개 이상의 일자리를 창출할 수 있게 해준 공정기업 시스템을 개발한 것에 자부심을 느낀다. 이들 일자리는 보수가 좋기 때문에 부의 창출에도 한몫할 수 있다.

김범수는 C 프로그램이라는 프로젝트를 진행하는데 그의 설명에 따르면 이는 보육 프로그램에 투자하는 벤처 자선사업이라고 한다. 한국의 교육제도는 대학입시에서 좋은 점수를 받는 걸 목표로 짜여져 있기 때문에 그 과정에서 아이들이 창의성과 자율성을 잃어버리는 경우가 많다. 김범수는 이것이 미래의 인재를 없애는 심각한 문제라는 걸 깨닫고 이와 같은 활동을 시작했다.

자선활동은 돈만 주면 끝나는 게 아니다. 문제를 해결해야 한다. 그리고 사회문제는 기업들이 실력을 발휘할 수 있는 훌륭한 경기장이다. 김범수는 이에 대한 자신의 생각을 들려줬다.

"결국 사회적 문제도 우리가 해결해야 할 문제입니다. 기업은 어떤 문제에 대해 들으면 가설을 세운 다음 그걸 어떻게 효과적으로 해결할지 고민합니다. 기업이 사회문제를 해결하기에 가장 효율적인 조직이라고 주장하는 이유도 그 때문입니다. 특히 우리 회사는 기술을 이용한 문제해결에 도움이 될 수 있을 것이므로 기업가정신으로 여러 문제들을 해결해보고 싶습니다."

▍억만장자들은 어떤 자선사업가를 존경하는가

자선사업 분야에는 억만장자들이 따르는 롤 모델들이 많다. 빌 게이츠는 내가 만난 억만장자들이 가장 자주 거론한 사람이었는데 나라야나 무르티는 그 이유를 다음과 같이 설명한다.

"우리는 모두 빌 게이츠를 존경합니다. 그의 경영자로서 리더십뿐만 아니라 그가 최근에 한 일들, 예컨대 말라리아와 에이즈, 세상의 가난한 지역들을 괴롭히는 여러 질병과 싸우는 일에 많은 돈을 기부한 것 때문입니다. 이건 정말 대단한 일입니다. 그는 우리 모두에게 훌륭한 롤 모델입니다."

억만장자들에게 영감을 준 역사에 남을 만한 자선사업가들도 여러 명 있다. 근로자들을 위해 병원과 학교를 지은 헨리 포드, 논란이 매우 많긴 하지만 흑인을 위한 학교와 대학 두 곳을 설립하고 중요한 백신을 여러 가지 개발한 연구소를 설립한 존 D. 록펠러 1세John D. Rockefeller Sr, 재산의 80퍼센트 이상을 자선사업에 기부한 J. P. 모건J. P. Morgan 등이 그렇다.

당신은 세상에 대해 어떤 태도를 지니고 있는가? 자기가 가진 것에 감사하는가? 이 세상이 풍요롭다고 생각하는가 아니면 부족한 게 많다고 생각하는가? 다른 사람들을 돕는 편인가 아니면 가만히 앉아 도움받기를 기대하는가? 주변 사람과 사회, 이 세상을 위해 어떤 식으로 기여하고 있는가? 억만장자들의 모범에 따라 선행을 하고 주변과 나누면서 살자.

보통 사람 vs 백만장자 vs 억만장자

- 목표 없이 전전하는 사람들은 사회가 주는 것을 받으려고만 한다.
- 백만장자들은 늘 뭔가 부족하다고 생각하지만 힘들게 번 돈의 일부를 가끔 다른 사람들이 운영하는 자선단체에 기부한다.
- 억만장자들은 풍요로운 마음가짐을 가지고 있다. 그들은 기업의 사회적 책임에 대해 알고 있으며 그들이 아끼는 목적을 위해 자선단체를 설립한다.

대가를 치러라

The price of success is much lower than the price of failure.

성공의 대가는 실패의 대가보다 훨씬 작다.

_토머스 왓슨

홀륭한 결과를 얻으려면 큰 희생을 치러야 한다. 10억 달러짜리 기업을 만들려면 오랜 노력, 엄청난 시간과 에너지, 잠 못 이루는 밤들, 사생활의 양보가 필요하다. 다시 말해 오랫동안 자신의 여가시간과 가족, 친구들과의 관계를 포기하면서 하루 24시간 내내 일해야 한다는 뜻이다. 끊임없는 불확실성과 수많은 장애물을 헤치고 평생 가파른 오르막길을 올라야 한다. 야심이 적거나 별로 성공하지 못한 이들의 가혹한 비판도 견뎌내야 한다. 이 길에서 성공하고 싶다면 그 대가를 기꺼이 치르겠다는 마음가짐이 필요하다.

이처럼 목표에 도달하려면 인생의 큰 부분을 희생해야 하지만 실제로 성공할 가능성은 매우 낮다. 매니 스툴은 "이거든 저거든 하나만 선택해야 한다"는 말을 자주 한다. 스툴에 따르면 성공하려면 자기가 하는 일에 믿음을 갖고 완전히 헌신해야 하며 성공한 뒤에는 그에 대한 대가를 치르게 된다는 걸 반드시 알고 있어야 한다. 가족과 보내는 시간이 부족할 수도 있고 관계가 깨질 수도 있지만 단순한 성공이 아닌 큰 성공을 이루려면 어쩔 수 없다는 뜻이다.

▌억만장자에게 사생활은 없다

엄청난 양의 시간과 에너지, 노력을 투자하려면 사생활을 포기해야 한다. 이런 희생을 치를 용의가 있는가? 팀 드레이퍼는 사업가라면 회사와 고객의 이익과 기회를 위해 기꺼이 자신을 희생할 각오가 돼 있어야 한다고 말한다.

이런 크나큰 희생 때문에 일부 억만장자들은 자신을 좇는 사람들의 의욕을 꺾기도 한다. 모헤드 알트라드는 사람들에게 자신의 길을 따르지 말라고 이야기한다. 30년 동안 매일 하루 열네다섯 시간씩 일해야 할 수도 있기 때문이다.

리리오 파리소토도 이 생각에 동의한다. 인터뷰에서 내가 성공하고 싶은 젊은이들에게 해주고 싶은 조언이 있는지 묻자 파리소토는 사람들이 이 길을 가야 하는지 잘 모르겠다는 말을 시작했다. 최종적인 결과는 보람이 있지만 일에만 매달리다 보니 개인적인 부분에는 시간을 쏟을 수가 없기 때문이다. 파리소토는 누구에게도 그처럼 살라고 권하지 않는다며 이렇게 말했다.

"처음 사업을 시작하는 이들이 휴가도 다 포기하고 주말에도 계속 일할 마음가짐이 돼 있는지 모르겠군요. 이런 에너지를 가진 이들이 있는지도 잘 모르겠습니다. 저처럼 되려면 때로는 너무 값비싼 대가를 치러야 할 수도 있습니다. 특히 친구나 가족과의 관계에서요. 이런 일을 할 채비가 돼 있는 사람은 진짜 극소수뿐입니다. 저는 가난한 집안에서 태어났고 그곳을 떠나는 것 외에는 다른 선택지가 없었어요. 하지만 오늘날에는 상황이 달라졌죠."

아무리 억만장자라도 사업을 시작하고 처음 몇십 년 동안 정말 힘든 과정을 거친 건 마찬가지다. 차오더왕은 사업 초기 20년 동안 일주일에 7일씩 일했다. 매일이 똑같았다. 가족과 함께 보낼 시간이 없었고 낮에만 일하는 게 아니라 밤에도 매일 아홉 시까지 일을 했다.

억만장자가 되기 위한 길에는 인생을 즐길 여유 같은 건 없다. 믿기 힘들겠지만 어떤 억만장자들은 여가시간을 즐기는 보통 사람들을 질투한다. 언론에 비춰지는 이미지와 달리 그들은 사치스러운 파티나 끝없는 휴가를 탐닉하지 않는다. 휴스뉴 외즈예인은 시간이 부족한 탓에 일반인들이 경험하는 근사한 인생의 풍미를 많이 느껴보지 못했다고 말해 나를 놀라게 했다. 외즈예인은 주변 사람들이 자신보다 여행을 더 많이 다니고 즐거운 일도 더 많이 한다고 이야기하며 노르웨이에 피오르를 보러 가고 싶어 했다.

차이둥칭은 스스로 행복을 누릴 시간이 더 많았으면 좋겠다고 이야기한다. 그는 가능하다면 일하는 시간을 줄이고 인생과 일을 동시에 즐기기 위해 최선을 다할 것이라고 말했다.

프랑크 스트로나흐에게 스무 살 때 알았더라면 좋았을 게 뭐냐고 물었을 때 돌아온 대답도 매우 놀라웠다. 그의 대답은 "젊음은 다시 돌아오지 않는다"였다.

억만장자들은 대부분 사업에 자신의 모든 시간과 에너지, 생각을 다 쏟는다. 잭 코윈은 자기는 취미를 가질 수 없는 사람이라고 생각한다. 그의 아내는 그를 일 중독자라고 이야기한다. 코윈은 배가 두 척 있는데 아내가 그에게 취미가 아무것도 없다고 해서 취미를 가져보려고 산 것이다. 사업에서 관심을 돌려보려는 시도였다. 하지만 이 방법은 아무 도움도 되지 않았다. 오히려 코윈은 배 두 척을 이용해 작은 대여사업을 벌였다.

하지만 이런 코윈도 지금 하는 일을 영원히 계속할 수는 없다는 것을 안다. 언젠가 수명을 다할 것이기 때문이다. 억만장자가 되기 위한 길 위에서 시간을 다 써버리는 것은 우리가 실제로 맞이할 수 있는 비극이다. 사실 대부분의 사람들이 그런 운명을 맞는다.

세상에서 가장 위대한 사람들의 습관

▍스트레스에 시달릴 각오가 됐는가?

억만장자가 되면 엄청난 책임감과 스트레스라는 부담을 지게 된다. 수천 명, 아니 때로는 수십만 명에 달하는 직원과 그 가족을 책임져야 하기 때문이다. 하지만 스트레스가 너무 심하다거나 더 이상 만족을 느끼지 못한다는 이유로 일을 포기하거나 회사를 그만둘 수는 없다. 세르게이 갈리츠키는 큰돈은 곧 사생활의 제약과 많은 스트레스를 의미한다고 말한다.

갈리츠키는 돈을 많이 벌수록 자기 자신과 모든 일에 더 많은 제약을 가해야 한다고 생각한다. 일단 적당히 부유한 사람들만큼 가족과 많은 시간을 보낼 수가 없다. 항상 더 열심히 일해야 하고 재산의 액수가 스트레스 수준과 정비례한다는 것도 알아야 한다.

놀랍게도 몇몇 억만장자들은 다른 사람 밑에서 일하는 걸 더 선호한다고 말한다. 차오더왕이 대표적인 예다. 그에게 처음부터 다시 시작해야 한다면 어떻게 하겠느냐고 물었더니 이렇게 대답했다.

"처음으로 돌아간다면 먼저 좋은 교육을 받고 훌륭한 기술을 키워 전문경영인이 되고 싶습니다. 그러면 회사를 위해 일하면서도 많은 부담과 책임이 따르는 일을 혼자서 처리할 필요가 없겠죠. 그렇게 회사에 고용된 직원으로 살면 삶이 훨씬 편해질 수도 있습니다. 처음부터 다시 시작한다면 사업가가 되지 않을 것입니다."

나는 차오더왕의 말을 믿을 수가 없었다. 그래서 단지 좀 더 편안한 삶을 위해 지금까지 이룬 모든 걸 버릴 거냐고 다시 물었다. 그랬더니 그는 이렇게 대답했다.

"그렇습니다. 저는 전문가가 되고 싶습니다. 그 일에는 지나친 위험이 따르지 않으니까요. 다른 사람들과 위험을 나눠 맡기 때문에 제가 감수할 위험이 줄어들겠죠."

어떤 억만장자들은 이보다 더한 발언도 했다. 시간을 되돌릴 수만 있다면 아예 사업을 시작하지 않았을 거라고 한 사람도 있다. 프랑크 하센프라츠가 그 주인공으로 그는 스스로 어떤 일을 겪었고 어떤 실수를 저질렀는지 알기 때문에 사업을 시작하지 않을 것이라고 말했다. 지금 다시 시작하는 건 아마 훨씬 더 어려울 테니까 말이다.

▌러너의 고독

억만장자들이 겪는 문제를 그들 수준에서 이해할 수 있는 사람은 거의 없다. 이들에게 해결책을 제시할 수도 없다. 억만장자들은 종종 불신과 회의, 비난에 직면한다.

미하일 솔로포프는 자기가 겪는 고독을 '장거리 주자의 고독'이라고 설명했다. 그는 인생의 모든 부분이 외로웠는데 누구와도 그 경험을 공유할 수가 없었기 때문이다. 다시 말해 억만장자들은 오해에 시달리고 남들에게 쉽게 인정받을 수도 없다. 주변에서는 항상 그들의 이미지를 지나치게 단순화시키고 '이건 불가능해. 나도 해내지 못한 걸 보면 저 사람은 부정행위를 저지른 게 틀림없어'라는 시선으로 바라본다. 게다가 그들의 일에 대해서 이야기를 나눌 수 있는 사람은 대부분 조직 내부에 있는 사람들뿐이다. 이거야말로 장거리달리기 선수가 느낄 만한 외로움 아닌가?

솔로포프는 본인이 그런 상황에 처했다고 상상해보라고 이야기한다. 그는 울트라 마라톤 선수인 내가 경기에 출전한 이유는 최고의 경쟁심을 발휘해 이기기 위해서, 최소한 이기려고 노력하기 위해서 가 아닌지 물으며 이렇게 말했다.

"사막을 110킬로미터 정도 달렸는데 기자가 다가와 달리는 당신을 멈춰 세우고는 '달리는 건 좀 어떤가요? 후반부 경기를 위한 전략은 뭐죠?'라고 물었다고 상상해봅시다. 당신이 선두를 달리고 있었다면 이때 가장 먼저 드는 생각은 뭘까요? '대체 이런 걸 왜 묻는 거지?' 싶을 것입니다. 두 번째로는 '하필 이런 순간에 질문을 하는 걸 보면 저 사람은 울트라 마라톤에 대해 아무것도 모르는군' 싶겠죠.

그 기자는 자기가 맡은 일을 한 것일 테지만 실제로 이 일에 대해 전혀 모릅니다. 그리고 당신은 그에게 당신 맥박이 지금 어떻게 뛰고 있는지, 여기까지 오는 동안 극복해야 하는 위기가 얼마나 많았는 지, 얼마나 많은 희생을 치렀는지, 물 관리는 어떻게 하고 있는지 등을 알려줄 수가 없죠. 실제로 수천 개의 감각을 통해 그걸 몸으로는 느끼고 있지만요. 자, 지금 자기가 원하는 건 뭐든지 다 가르쳐줄 거리고 여기면서 점수가 어떤지 알려고 하지도 않고 달리는 동안 선수의 몸에서 발생하는 일들을 현명하게 읽어내지도 못하는 어떤 남자와 10초간 이야기를 나누게 됐다고 다시 생각해봅시다. 그는 당신을 이해하기 위한 최소한의 노력도 기울이지 않았어요. 그런 일을 몇 번씩 더 겪고 나면 누가 불러도 멈추지 않고 계속 달리게 됩니다. 이야기할 게 아무것도 없으니까요."

억만장자에게는 도움을 청할 사람이 아무도 없다. 론 심은 자기가 외로운 독수리 같다고 생각한다. 그에게는 힘들 때 전화를 걸어 속내를 털어놓을 사람이 없다. 심지어 아내조차 마찬가지다. 주변 사람에게 더 많은 문제를 안겨주거나 더 많은 걱정을 끼칠까 봐 걱정되기 때문이다. 이는 그의 인생에서 가장 힘든 부분이기도 하다.

이처럼 정상에 있는 사람은 외롭다. 하지만 사람들이 짐작하는 일반적인 의미에서 그런 것은 아니다. 리리오 파리소토는 사업에서 큰 성공을 거두려면 단단히 각오를 하고 권력의 고독을 받아들여야 한다고 이야기한다. 이는 억만장자들의 공통점으로 이 고독은 억만장자들의 경험을 이해해줄 수 있는 사람이 없다는 데서 발생한다. 예컨대 억만장자들이 5억 달러나 10억 달러, 1억 달러를 투자해야 한다고 가정해보자. 이런 문제는 다른 사람과 의논하기가 힘들다. 아무도 비슷한 상황에 처해보지 않아서 조언을 해주지 않고 해줄 수도 없기 때문이다. 그렇게 혼자 결정해서 성공하면 괜찮지만 실패할 경우 자신에게만 불평을 할 수 있게 된다.

억만장자가 고독을 받아들여야 하는 또 다른 이유는 사람마다 목적과 목표가 다르기 때문이다. 보통 사람들은 집이나 차, 넉넉한 은행잔고를 원하거나 100만 달러 또는 1,000만 달러를 갖고 싶다고 말한다. 하지만 억만장자들은 그보다 더 많은 것을 원한다. 아무리 돈이 충분해도 이들은 일 외에는 아무런 열정이 없는 경우가 많다. 이들은 사업을 하다 감옥에 갈 위험까지도 극복할 수 있는 일에 대한 열정을 가지고 있다. 이는 확실히 일반적으로 공감받을 수 있는 이야기는 아니다.

또한 억만장자들은 과거에 나쁜 경험을 많이 한 탓에 사람들을 쉽게 믿지 못한다. 나빈 자인은 일단 성공을 거두면 자신과 친구가 되려고 하는 사람들 가운데 99퍼센트는 뭔가 원하는 게 있다는 것을 깨닫게 된다고 이야기한다. 이는 어떤 면에서 보면 저주다. 사람들은 부유한 억만장자들의 이면을 꿰뚫어보지 못하고 억만장자들은 자신을 불행에 빠트리는 관계를 피하며 공허함과 외로움을 느낀다.

▌억만장자들은 행복할까?

그렇다면 억만장자가 되는 것은 가치 있는 일일까? 억만장자들은 행복할까? 다른 많은 사람들처럼 모헤드 알트라드에게도 성공은 곧 행복이다. 프랑크 스트로나흐는 대학에서 학생들에게 인생의 성공은 자기가 도달하는 행복의 정도를 통해서만 측정할 수 있다고 가르치지만 그의 경험상 돈이 좀 있으면 행복해지기가 훨씬 쉽다.

보통 사람들은 두 가지 극단적인 의견 중 하나를 대변하는 경향이 있다. 첫 번째는 '돈이 사람을 행복하게 해준다'는 것이고 다른 하나는 '억만장자는 아주 부유하지만 불행하다'는 것이다.

사실 돈은 행복해지는 능력에 큰 영향을 미치지 않는다. 그냥 원래의 성격을 좀 더 확장시킬 뿐이다. 부자가 되기 전부터 행복했던 사람이라면 돈이 행복을 커지게 만들 것이다. 하지만 원래 불행했던 사람은 돈 때문에 비참해질 수 있다. 돈을 더 많이 모아서 행복해지려고 하는 것은 망상에 불과하다.

돈은 행복을 안겨주는 게 아니라 선택권을 준다. 그리고 많은 돈은 많은 선택권을 준다. 돈이 제공하는 선택권을 어떻게 이용하느냐는 당신에게 달려 있다. 그렇다면 다시 한 번, 억만장자들은 행복할까? 짧게 대답하자면 행복하다. 하지만 당신이 생각하는 이유 때문이 아니다.

이 책에서 이야기한 억만장자들의 특성과 습관은 돈을 많이 벌거나 행복해지는 데 두루 도움이 된다. 좀 더 자세히 살펴보자면 억만장자들은 인간심리와 의사소통의 전문가들이다. 따라서 이들은 오랫동안 조화로운 관계를 맺을 수 있고 그런 관계는 자연스럽게 개인적인 행복을 증진시킨다.

부자들에 대한 대중의 생각과 달리 내가 만나 인터뷰한 자수성가한 억만장자들은 사생활이 소박하고 별다른 일도 겪지 않았다. 그들은 자기를 옹호해주고 자기가 하는 일을 지원해주는 관대한 파트너를 만났다. 드라마 같은 사건도 없었고 이혼을 여러 번 하지도 않았다. 아내와 자녀들이 억만장자들에게 안정감을 주었고 덕분에 그들은 사업에서 뛰어난 능력을 발휘하고 많은 위안도 얻었다.

휴스뉴 외즈예인은 아내와 결혼한 것을 자신의 인생에서 가장 중요한 업적 가운데 하나로 꼽는다. 그에게 있어 아내는 최고의 인생 동반자로 언제나 가장 큰 힘이 돼준다. 그가 출장을 갈 때면 아내는 낮이건 밤이건 상관없이 꼭 일어나 문까지 배웅해주고 차 뒤에 물을 부어주곤 한다. 여행이 물 흐르듯 순조롭게 진행되고 여행자가 안전하게 집에 돌아오기를 기원하는 터키의 오래된 전통의식이다. 지금도 외즈예인은 어디로 여행을 가든 비행기를 타기 전과 착륙한 직후 항상 아내에게 전화를 건다.

억만장자들은 자기가 하는 일을 좋아한다. 자신의 사업과 몸담은 업계를 사랑한다. 그러니 좋아하지 않는 일을 할 때보다 현재가 행복한 것도 당연한 일이다. 딜립 샹비는 "문제를 해결하면 행복해진다"

고 말했으며 차이둥칭은 "하고 싶은 일을 하면서 그 과정을 즐기는 것이 행복"이라고 말했다.

다음 살펴볼 측면은 자유다. 억만장자들은 일을 해야 해서 하는 게 아니라 일하는 걸 좋아하고 그걸 중요하게 여긴다는 점에서 자유롭다. 세르게이 갈리츠키의 말처럼 자유는 자신에게 중요하고 좋아하는 일을 하면서 시간을 보내는 능력이다.

돈이 많으면 자신의 삶과 주변환경을 더 확실하게 통제할 수 있다. 앞서 이야기했듯이 억만장자는 바람에 나부끼는 깃발이 아니라 바람 그 자체다. 그들의 능력과 돈은 인생의 부정적인 상황에 대처하고 긍정적인 결과를 만들어낼 수 있는 선택권을 많이 보장해준다.

같은 맥락에서 잭 코윈은 자신의 인생을 자신의 마음대로 통제할 수 있는 것이 행복이라고 이야기한다. 누군가 시키는 일을 하는 게 아니라 내가 하고 싶은 일을 할 수 있는 통제권을 갖는 게 중요하다는 것이다. 그가 살면서 발견한 문제 중 하나는 나이가 들수록 누군가 지시하는 걸 참을 수가 없다는 것이다.

성취는 우리를 행복하게 한다. 그리고 억만장자들은 많은 업적을 이뤘다. 그들은 자신의 본모습과 스스로 성취한 업적을 자랑스러워한다. 더 이상 그 누구에게도 뭔가를 입증할 필요가 없기 때문이다. 또한 자신의 모습을 온전히 내보일 수 있는 여력이 있다. 차이둥칭은 "우리 회사가 놀랄 만한 발전을 이뤘을 때 성취감을 느꼈다"고 고백했다. 미하일 솔로포프도 다른 사람들이 살 집을 짓거나 삶을 안락하게 해주는 물건을 만드는 것이 기쁘며 스스로 자신의 삶뿐만 아니라 다른 사람들의 삶을 향상시켰다고 생각한다고 말했다.

억만장자는 창조자다. 그들은 자기 아이디어가 실현되는 모습을 지켜본다. 그리고 세르게이 갈리츠키처럼 자신이 계획한 대로 일이 진행될 때 기쁨을 느낀다. 갈리츠키는 비록 오랜 시간이 걸리더라도 결국 자신의 생각이 실현되는 모습을 볼 때 행복하다고 이야기한다. 갈리츠키가 실현시킨 아이디어 중 하나는 고향에 근사한 축구경기장을 짓는 것이다. 이 축구장에는 3만 4,000명을 수용할 수 있다. 차이둥칭도 마찬가지로 회사의 청사진을 현실화하는 과정을 좋아한다.

억만장자들이 받는 인정과 존경도 그들의 행복감을 높여준다. 차오더왕은 주변 사람들이 내가 하는 일이 옳다고 인정해주고 그것 때문에 그를 존경하면 행복을 느낀다고 말했다.

억만장자는 다른 이들의 삶에 긍정적인 방향으로 기여하면서 그들이 성장하고 성공하고 행복해지는 모습을 볼 때도 성취감을 느낀다. 페터 스토달렌은 사람들이 성장하고 아내가 성공하고 아이들이 행복해하는 모습을 볼 때 행복하다고 이야기했다. 그의 개들이 행복해하는 모습을 볼 때, 직원들이 회사에 만족하고 자랑스러워하는 모습을 볼 때, 접수처에서 일하던 사람이 관리자로 승진하는 모습을 볼 때, 사람들이 자신의 모든 잠재력을 발휘하는 모습을 볼 때도 마찬가지다. 그는 사람들은 대부분 자기가 가진 엄청난 잠재력을 깨닫지 못한다고 이야기한다. 미하일 솔로포프 역시 다른 사람들이 행복한 모습을 보면 행복하다고 이야기한다.

많은 억만장자들은 감사와 절제를 항상 실천하며 이에 행복을 느낀다. 팀 드레이퍼는 인생 그 자체만으로도 행복하다고 이야기하며 딜립 샹비는 행복에는 외부적인 요인이 필요하지 않다고 말한다. 이들은 외부의 사건이 행복이나 불행의 열쇠가 되지 않도록 노력하며 성공했다는 사실에 크게 기뻐하거나 지나치게 불행을 느끼지도 않는다.

고정관념과는 달리 억만장자는 삶의 모든 부분을 맛본 사람이다. 따라서 인생의 소박한 부분의 진가를 안다. 피터 하그리브스의 말이 이를 잘 설명한다.

"저는 소박한 것들이 인생을 행복하게 만들어준다고 생각합니다. 물론 멋진 정원이 있으니까 가능한 일이기는 하지만 저는 일요일 아침마다 점심에 먹을 채소를 수확하면서 인생의 즐거움을 느낍니다. 땅에서 채소를 캐고 새싹채소를 따고 그러는 것이죠. 가끔은 들판을 거닐면서 버섯을 찾습니다. 물론 별로 가치 없는 것들이고 때로는 찾은 걸 다 먹지도 않지만 버섯을 찾는 즐거움은 굉장합니다.

또 저는 자연을 사랑합니다. 그래서 펠 러닝을 좋아하죠. 온 세상이 가을 색으로 물들고 아침공기가 산뜻한 10월을 좋아합니다. 결국 저를 행복하게 하는 건 인생의 매우 소박한 것들입니다. 지금 말한 그런 종류의 것들 말이죠. 그리고 좋은 친구, 맛있는 음식과 와인, 열띤 토론도 마찬가지예요. 단 토론에서 이기기만 한다면 말이죠.

다른 사람들이 성공한 모습을 보는 것도 좋아합니다. 사람들이 성공한 걸 보면 가슴이 벅찹니다. 행복은 늘 제 감정을 자극합니다. 저는 누군가 목표를 달성하면 크게 기뻐합니다. 그리고 어린아이들이 아주 착한 일을 하면 그것도 정말 기쁘고 행복해요. 저는 감정이 매우 풍부한 사람입니다."

믿음, 낙천주의, 신뢰, 목적을 가지고 자신의 사명을 따르는 것, 건강 챙기기, 능동적인 행동, 자기답게 행동하면서 뜻을 굽히지 않는 것, 개인적인 진실성, 나눔 등 행복을 뒷받침하는 억만장자들의 다른 특성과 습관도 잊지 말자. 물론 이런 요소들이 질병이나 사랑하는 사람을 잃은 후의 슬픔 같은 개인적인 비극으로부터 보호해주지는 못한다. 그리고 당연히 모든 억만장자가 행복한 것도 아니다. 하지만 모든 요소를 고려했을 때 억만장자들은 대체로 위와 같은 이유 때문에 다른 사람들보다 행복하다고 느낀다.

억만장자가 될 기회를 얻기 위해 기꺼이 대가를 지불하고 필요한 일을 하겠는가? 그걸 이루기 위해 자기 인생의 큰 부분을 희생할 준비가 됐는가? 엄청난 스트레스와 짐을 기꺼이 받아들이겠는가? 달리기 주자의 고독을 느낄 각오가 돼 있는가?

보통 사람 VS 백만장자 VS 억만장자

- 목표 없이 전전하는 사람들은 대가를 치르고 싶어 하지 않는다. 지금 당장 인생을 즐기고자 하며 사생활을 희생할 생각이 없다.
- 백만장자들은 기꺼이 대가를 치르려고 하지만 그 대가가 얼마나 비싼지 깨닫지 못하거나 자기 환경과 결부시키지 않는 경우가 많다. 사실 낙담하거나 녹초가 될 수도 있고 주변환경 때문에 투자하는 시간이나 자기가 받을 스트레스와 책임을 어쩔 수 없이 줄여야 하는 경우도 있다.
- 억만장자들은 기꺼이 대가를 치를 준비가 돼 있다. 목표 달성을 위해 필요한 모든 희생을 치를 수 있도록 자신의 사고방식을 바꾸고 환경을 조성한다.

세상에서 가장 위대한 사람들의 습관

자수성가 억만장자들의
비밀원칙

이제 이 책을 마칠 때가 됐다. 우리는 지금까지 이 세상에서 가장 성공한 기업가, 자수성가한 억만장자들의 성공법칙을 배웠다. 그들은 우리에게 사업에서 큰 성공을 거둘 수 있도록 가장 내밀한 지혜를 알려줬다. 그들의 비법을 따를 것인지 여부는 우리에게 달려 있다.

외적인 요소는 성공에 결정적인 영향을 미치지 않는다는 사실을 명심하자. 우리는 우리의 삶을 책임져야 한다. 그러니 이제 둥지를 떠나서 땅을 박차고 날아올라 하늘을 정복하자. 절대 채워지지 않을 갈망이 길을 인도하게 하라. 사회생활이라는 험난한 바다를 헤쳐 나갈 수 있도록 신념과 긍정, 자신에 대한 신뢰를 이용해 견고한 보트를 구축하라. 금광을 찾아 헤매는 사람이 자주 걸리는 덫을 피하자.

또한 성공적인 비즈니스를 위한 여섯 가지 기술을 배우고 부의 여섯 가지 습관을 개발하자. 목적을 찾고 비전을 분명히 하자. 바람에 나부끼는 깃발이 아니라 바람이 돼야 한다. 기회를 깨닫고 포착하라.

대담하게 행동하라.

두려움 때문에 행동을 망설이지 마라. 위험을 감수하되 현명하게 일을 진행해야 한다. 여러 번 실패해야 성공할 수 있다. 그러니 기꺼이 실패하되 포기하지는 말자. 인내하면서 계속 싸워야 한다. 남들과 달라지는 걸 두려워하지 마라. 상황에 순응하지도 말고. 열정은 당신이 꿈을 향해 나아가는 긴 시간 동안 열심히 모든 장애물을 극복할 수 있게 해줄 것이다.

하지만 돈과 효율성을 현명하게 활용해야만 다른 사람들을 능가할 기회를 가질 수 있다. 그러니 절대 배움을 멈추지 말자. 계속 발전해나가자. 진심을 훼손시키지 마라. 훌륭한 명성을 쌓고 선행을 하자. 그리고 위대한 일을 이루려면 그에 상응하는 대가를 치러야 한다는 사실을 항상 기억하자.

억만장자가 될 기회가 지금처럼 많았던 적은 일찍이 없었다. 그걸 활용하고 적극적으로 행동하기에 가장 좋은 때는 어제였다. 그다음으로 좋은 게 오늘이다. 그러니 어서 이 책에서 알려준 스무 가지 원칙을 활용해 날개를 펼치고 하늘로 솟구쳐 오르자. 여기 당신을 위해 준비한 로드맵이 있다. 당신이 길을 가는 동안 나는 여기에서 길을 안내해줄 것이다. 당신이 목표에 도달하면 내가 가장 먼저 축하인사를 건네면서 함께 축배를 들 것이다. 그게 어떤 목표든 말이다.

당신의 성공을 위해 기도하겠다!

감사의 글

오늘 이 글을 쓰면서 이런 프로젝트를 성사시키기 위해 얼마나 많은 사람들이 필요한지 새삼 깨닫고 놀랐다. 이 글은 그들이 받아 마땅한 감사와 인정을 위한 글이다.

이 책을 쓰는 데 영감을 준 사람이 세 명 있는데 그들이 없었다면 이런 책을 써야겠다는 생각을 절대로 하지 못했을 것이다. 잭 캔필드가 알려준 클리프 영의 이야기는 나를 자기계발의 길로 인도해줬다. 그리고 《백만장자 시크릿》이라는 책을 쓴 T. 하브 에커는 부는 곧 우리 사고방식의 결과물이라는 사실을 깨닫게 해줬다. 그리고 마지막으로 나폴레온 힐이 있는데 《놓치고 싶지 않은 나의 꿈 나의 인생》이라는 책을 읽자 나도 그처럼 최고의 기업가들의 생각을 연구하고 싶어졌다. 다만 이번에는 규모를 전 세계로 넓힌 것이다. 이 뛰어난 사상가들에게 감사하고 싶다. 이들이 없었다면 지금의 내 위치에 있지 못했을 것이다.

이 책을 시작할 때부터 나의 비전을 믿어주고 모든 역경을 이기고 끝까지 해낼 수 있을 거라는 신뢰를 보내준 모든 이들에게 감사하고 싶다. 가끔 출판계의 회의론자들과 힘든 싸움을 벌이기도 했던 이 지난한 과정 속에서 계속 날 지지해준 모든 분들에게 감사한다. 그들의 성은 빼고 이름만 적는 걸 용서해주기 바란다.

설득력이 뛰어난 마르코가 없었더라면 이 책은 정신 나간 아이디어로 남았을 것이다. 그는 내가 처음으로 아이디어를 밝힌 사람이자 이 일을 해낼 수 있다는 확신을 안겨준 사람 그리고 실제로 첫발을 내딛도록 등을 떠밀어준 사람이기도 하다.

모든 게 아직 너무나 비현실적이고 두려웠던 프로젝트 초반에 나와 함께 억만장자와의 인터뷰를 준비하는 일에 도전했던 조수 마리오, 미네, 아치에게 감사한다. 모두들 정말 고맙다. 당신들은 내 영웅이나 마찬가지다!

이 책의 비전을 믿고 이 책을 위해 인터뷰한 기업가들과 접촉할 수 있게 도와주고 프로젝트 내내 내가 요청한 것들을 모두 지원해준 뛰어난 분들께 감사한다. 안제이, 아일라, 마그누스, 판두, 라이너, 캐롤린, 프레드릭, 로니, 메리, 토머스, 마커스, 마리, 유타, 줄리아, 안나, 사브리나, 돈, 카를로, 엘리자베스, 팀, 다나, 세르게이, 셀모, 조너선, 앤드류, 레베카, 샤오징, 샤오지, 제시, 에스더, 앨리스, 코니, 캐스린, 사만사, 안드리아, 버스터, 데슬리, 사이먼, 카렌. 이들이 없었다면 그런 훌륭한 기업가들에게 지혜를 알려달라고 설득할 수 없었을 것이다.

이 책의 주인공들, 즉 우리가 그들의 비밀을 들여다보면서 이익을 얻을 수 있도록 자신의 마음과 영혼을 활짝 열어준 놀라운 인물들에게도 감사의 말을 전하고 싶다. 그들은 다양한 제품과 서비스를 제공해 전 세계 수백만 명의 삶을 안락하게 만들어주는 비즈니스계의 영웅들이다. 그들은 우리 시대의 가장 위대한 기업가인 동시에 전 세계의 모든 기업가들의 귀감이기도 하다. 부록에 그들의 일대기가 정리돼 있고 그들의 인생사는 이 책의 모든 페이지에서 확인할 수 있다. 이런 일생일대의 기회를 허락해준 이들에게 얼마나 감사한지 이루 다 표현할 수가 없다. 이들의 환대와 솔직한 태도 그리고 우리 독자들을 위해 나눠준 통찰에 깊이 감사한다. 그리고 여러 억만장자들과 접촉할 수 있는 통로를 열어준 잭 코윈에게 특별한 감사인사를 전하고 싶다. 프로젝트 후반부에 그는 앤드류 카네기가 나폴레온 힐을 위해 해줬던 모든 일들, 즉 인맥 소개, 친구, 가이드, 멘토 등의 역할을 전부 해줬다. 그가 얼마나 관대한 사람인지 입이 닳도록 말해도 끝이 없을 것이다. 정말 고맙습니다, 잭!

자료를 정리하고 생각을 결정짓고 그 모든 아이디어를 종이에 담는 엄청난 양의 일을 하는 동안 도움을 준 북 미드와이프의 멜로디와 민디에게 감사한다. 이들의 크나큰 도움은 절대 과소평가돼선 안 된다.

출판업계의 미로 속에서 길을 찾도록 도와준 이 업계의 베테랑 게리, 그레이스, 릭도 잊지 말자. 잭 캔필드는 훌륭한 서문을 써줬을 뿐만 아니라 자신의 경험을 들려주고 또 미국 출판계가 돌아가는 방식과 관련해서 결정적인 조언도 해줬다. 그의 모든 도움에 그저 감사할 뿐이다!

내 메시지를 세상에 알리기 위해 끈질기게 노력해준 DNA의 닉, 그레그, 앤지, 크리스틴, 브리트니, 린지, 맨디에게도 감사한다.

세계 최고의 카푸치노를 만들어준 아디와 조에게 감사한다. 이 책을 쓰는 동안 장시간 작업을 가능하게 해준 멋진 연료였다. 이들의 카페는 내 제2의 집이다.

사랑하는 친구 앨버트, 안드레아, 아르투르, 잉그리드, 마이크, 모니카는 바쁜 와중에도 시간을 내 불완전한 원고를 읽고 귀중한 피드백을 해줬다. 원고의 질을 대폭 높여준 이들에게 감사한다.

내 유튜브 시청자들, 책을 쓰는 내내 지지와 격려의 말을 통해 나를 응원해준 모든 친절한 이들에게 감사하고 싶다. 정말 고맙습니다! 그리고 이 일을 해낼 수 있다는 걸 증명해야겠다는 의지를 다지게 해준 모든 반대자들에게도 감사를 전한다.

이 자리를 빌려 우리 회사와 프로젝트를 관리해준 소중한 직원과 조수 그리고 프리랜서로 일하는 올라프, 실라스, 데이비드, 그레그, 카밀, 마틴, 세바스찬, 톰에게도 감사의 마음을 표하고 싶다. 내 어깨의 짐을 엄청나게 덜어준 여러분 모두에게 감사한다.

내가 출장을 다니거나 혼자 일하는 동안 나 없는 시간을 견뎌야 했던 가족과 친구들에게 가장 큰 고마움을 전한다. 그들의 이해와 전폭적인 지원이 없었다면 이 프로젝트는 불가능했을 것이다. 내 등을 자유롭게 밀어줘서 고맙고 흔들리지 않는 믿음도 고맙고 본인의 시간을 내게 투자해 준 것도 다 고맙다.

마지막으로 시간을 내서 이 책을 읽어준 사랑하는 독자들에게 감사한다. 그릴 만한 가치가 있는 책을 만들기 위해 최선을 다했다.

자수성가
억만장자 명단

모헤드 알트라드

바다 위

71세의 자수성가한 프랑스 억만장자, 시리아 유목민 출신으로 100여 개 나라에서 건설 서비스와 장비를 제공하고 200개의 자회사를 거느린 글로벌 기업 알트라드 그룹의 설립자 겸 회장이다. 몽펠리에 에로 럭비 클럽의 구단주이자 세 권의 소설을 쓴 작가다. 프랑스 레지옹 도뇌르 훈장을 받았으며 프랑스인 최초로 EY가 선정한 2015년 올해의 기업가로 뽑혔다.

국적/거주지 프랑스/몽펠리에

처음으로 100만 달러를 번 방법 비계사업

사업이란 인생

성공이란 행복

좋아하는 것 문학

최고의 경영서 막스 베버Max Weber가 쓴 책

이루고 싶은 일 세상을 바꾸는 것. 세상을 더 좋은 방향으로 변화시킬 수 있는 뭔가를 찾는 것. 지금 같은 상태가 지속되면 더 나빠질 것 같으니까.

가장 존경하는 사상가 넬슨 만델라Nelson Mandela, 헬무트 슈미트Helmut Schmidt, 지스카르Giscard, 프랑수아 미테랑Francois Mitterrand

토니 탄 칵셩

나눔의 천재

65세의 자수성가한 억만장자. 식당 체인 13개를 운영하고 있으며 동아시아, 북아메리카, 유럽, 중동 18개 나라에 4,300개가 넘는 매장을 가진 아시아 최대의 식품 서비스 회사인 졸리비 푸드의 창업자 겸 회장. 졸리비 푸드는 자국 내에서 맥도날드Mcdonalds를 제친 세계 유일의 로컬 패스트푸드 업체로 토니 탄 칵셩은 학생들을 위한 급식 자선사업을 하고 있다. EY가 선정한 2004년 올해의 기업가로 뽑혔다.

국적/거주지 필리핀/마닐라

처음으로 100만 달러를 번 방법 식품 서비스 사업

사업이란 즐거움

성공이란 다른 사람들과 함께 일한 결과

좋아하는 것 맛있는 음식 먹기

최고의 경영서 《데일 카네기 인간관계론》

이루고 싶은 일 미국 패스트푸드 시장에서 이름을 떨치는 것

가장 존경하는 사상가 부처와 힌두교

잭 코윈

미션 임파서블

76세의 자수성가한 억만장자, 캐나다 태생. 호주 최대의 식품 가공업체이자 호주의 버거킹 프랜차이즈인 헝그리 잭스를 비롯해 호주 최대의 식당 프랜차이즈를 소유한 컴페터티브 푸드 오스트레일리아Competitive Foods Australia의 소유주 겸 회장 겸 전무이사다. 그는 호주에서 패스트푸드를 처음 소개한 개척자로 KFC, 버거킹, 도미노 피자까지 들여왔다. 세계경영인협회의 정회원이기도 하다. 그의 자선활동은 주로 고등교육 쪽에 집중돼 있다.

국적/거주지 호주/시드니

처음으로 100만 달러를 번 방법 프라이드치킨 사업

사업이란 즐거움

성공이란 인생의 목표를 달성하는 것

좋아하는 것 일

최고의 경영서 《성공을 위한 추진력Driven to Succeed》,《리틀 블랙 스트레치 팬츠Little Black Stretchy Pants》

이루고 싶은 일 뉴욕 증권거래소에 상장하는 것. 다시 말해, 빅 리그 진출

가장 존경하는 사상가 넬슨 만델라, 피에르 트뤼도Pierre Trudeau

차이둥칭

집요하게 꿈을 좇는 사람

49세의 자수성가한 중국 억만장자, 중국에서 가장 우수하고 혁신적인 애니메이션 기업인 알파 그룹의 설립자 겸 회장. 이 회사는 애니메이션 제작, 브랜드 라이센싱, 미디어 운영부터 완구, 게임, 유아용품, 만화 등의 제품 디자인과 마케팅에 이르기까지 업계 전체에 손을 뻗고 있는 유일한 중국 기업이다. 알파 그룹은 또 영화, 오페라, 테마파크는 물론이고 엔터테인먼트, 소비재, 인터넷 네트워크, 문화, 교육 등의 다른 인터랙티브 분야에도 진출했다. 매년 100개가 넘는 애니메이션 장난감 특허를 추가해 업계 1위를 달리고 있다. 중국의 월트 디즈니라고 불린다.

국적/거주지 중국/광저우

처음으로 100만 달러를 번 방법 작은 장난감 나팔 판매

사업이란 협력

성공이란 배움

좋아하는 것 내 사업

최고의 경영서 《손자병법》, 리자청과 마윈, 빌 게이츠의 전기

이루고 싶은 일 중국의 디즈니를 만들고 싶다.

가장 존경하는 사상가 노자, 공자

팀 드레이퍼

리스크 관리의 귀재

60세의 벤처 투자가. 〈포브스〉 마이더스 리스트에 선정됐고 실리콘밸리에서 가장 인맥이 넓은 투자자로 꼽힌다. 그는 벤처 캐피털 기업인 드레이퍼 피셔 저비슨Draper Fisher Jurvetson과 드레이퍼 어소시에이츠Draper Associates, 드레이퍼 대학을 설립했다. 팀은 바이럴 마케팅의 창시자로 널리 인정받고 있다. 창업투자자인 그는 핫메일, 스카이프, 테슬라, 솔라시티Solarcity, 바이두Baidu 같은 유명 기술기업들의 성공에 크게 기여했다. 2015년에는 세계기업인포럼에서 세계기업가상을 받았다. 비트코인의 열성적인 지지자다.

국적/거주지 미국/캘리포니아 주 실리콘밸리

처음으로 100만 달러를 번 방법 파라메트릭Parametric에 벤처 캐피털 투자

사업이란 즐거움

성공이란 기꺼이 계속 실패하는 것

좋아하는 것 기업가정신과 벤처 캐피털을 전 세계에 확산시키는 것

최고의 경영서 윌리엄 H. 드레이퍼William H. Draper의 《스타트업 게임The Startup Game》

이루고 싶은 일 부동산, 의료, 보험, 금융, 투자은행, 정부를 혁신하는 것

가장 존경하는 사상가 조지 워싱턴George Washington, 덩샤오핑鄧小平, 고르바초프Gorbachev

세르게이 갈리츠키

무슨 일이 벌어지고 있는가

51세의 자수성가한 억만장자. 1만 7,000개가 넘는 편의점과 화장품 가게, 대형 슈퍼마켓, 일반 슈퍼마켓을 보유한 러시아 최대의 식품 소매업체 마그니트의 설립자 겸 장기 CEO. 직원 수가 29만 명이나 되는 마그니트는 러시아 최대의 비정부 고용주이며 6,000대의 트럭 네트워크를 보유하고 있다. 이 회사는 다른 회사를 인수합병하지 않고 유기적으로 지금의 규모까지 성장했다. 갈리츠키는 축구 클럽 FC 크라스노다르의 구단주 겸 회장이다. 〈브릭스〉는 그를 가장 존경받는 러시아 기업가로 선정했다.

국적/거주지 러시아/크라스노다르

처음으로 100만 달러를 번 방법 유통업

사업이란 정신적인 게임

성공이란 삶의 매 순간을 즐기는 것

좋아하는 것 경쟁

최고의 경영서 월터 아이작슨Walter Isaacson의 《스티브 잡스》

이루고 싶은 일 사업을 하면서 거둔 성공을 축구에서도 거두고 싶다. 트로피를 받고 싶다는 게 아니라 제대로 작동하는 메커니즘을 만들려는 것이다.

가장 존경하는 사상가 독일 철학자 헤겔Hegel

피터 하그리브스

감히 꿈꾸지 못한 일도 이룬다

72세의 자수성가한 억만장자이자 영국 금융 서비스 분야의 리더. 그는 아마 자금을 대출받거나 다른 기업을 인수하지 않고 처음부터 자기 힘으로 FTSE100 회사를 세운 유일한 인물일 것이다. 그가 운영하는 하그리브스 랜스다운의 자산 운용 규모는 무려 1,200억 달러에 달하는데 이는 중소 국가의 연간 예산과 맞먹는 규모다. 2014년에는 대영제국 지휘관 훈장CBE을 받았다.

국적/거주지 영국/브리스톨

처음으로 100만 달러를 번 방법 금융 서비스

좋아하는 것 사업

최고의 경영서 로버트 타운센드Robert Townsend의 《조직에 활력을 불어넣어라Up the Organization》, 피터 린치Peter Lynch의 《전설로 떠나는 월가의 영웅》

이루고 싶은 일 금융 서비스업에 종사하는 사람들에게 그들이 마땅히 받아야 할 사회적 인정을 안겨주는 것

가장 존경하는 사상가 마거릿 대처Margaret Thatcher

프랑크 하센프라츠

내 방식대로 했다

85세의 자수성가한 억만장자, 헝가리 태생. 자동차 파워트레인 시스템과 풍력발전용 터빈 생산을 전문으로 하는 리나마의 설립자 겸 회장이다. 리나마의 자회사인 스카이잭Skyjack은 세계 최고의 공중작업 플랫폼 제조사다. 3만 명의 직원을 보유한 리나마는 북아메리카, 유럽, 아시아 지역의 17개 나라에 90개가 넘는 제조시설과 지점을 운영하고 있다. 리나마는 업계에서 가장 혁신적이고 기술력이 뛰어나며 수익성이 높은 기업으로 인정받고 있으며 뛰어난 품질 덕분에 캐나다 우수 기업상 같은 상을 꾸준히 받고 있다. 하센프라츠는 캐나다 훈장을 받고 캐나다 비즈니스 명예의 전당에 올랐으며, 헝가리 기사 훈장도 받았다.

국적/거주지 캐나다/온타리오

처음으로 100만 달러를 번 방법 방위 산업

사업이란 기쁨, 도전

성공이란 자기가 만족할 때

좋아하는 것 일

최고의 경영서 잭 웰치Jack Welch의 《잭 웰치-끝없는 도전과 용기》

이루고 싶은 일 회사가 꾸준히 성장하는 것. 이건 나를 위한 게 아니다. 난 지금 행복하다. 하지만 사업이 성공하길 바란다.

가장 존경하는 사상가 로널드 레이건Ronald Reagan

나빈 자인

한계를 모르는 남자

59세, 인도 출생으로 인포스페이스, 인텔리우스Intelius, 탤런트와이즈 TalentWise, 문 익스프레스, 블루도트Bluedot, 바이옴Viome을 설립하고 싱 귤래리티 대학 부총장이자 X프라이즈재단XPrize Foundation 이사다. 그는 모바일 인터넷용 콘텐츠와 툴을 제공하는 그의 첫 번째 회사 인포스페이 스를 통해 억만장자가 됐다. EY의 유망 사업가상과 알베르트 아인슈타 인 기술 메달 등 수많은 상을 받았고 실리콘 인디아가 뽑은 가장 존경받 는 연속 창업가로도 선정됐다.

국적/거주지 미국/워싱턴 주 벨뷰

처음으로 100만 달러를 번 방법 빌 게이츠 밑에서 일함

사업이란 사람들을 돕는 것

성공이란 사회에 긍정적인 영향을 미치는 것

좋아하는 것 자기 자녀와 다른 사람들을 돕는 것

최고의 경영서 에릭 번Eric Berne의《심리 게임》, 토머스 해리스Thomas Harris 의《아임 오케이, 유어 오케이》

이루고 싶은 일 모든 주요업계에서 일해보고 싶다. 교육, 식량 등 심각한 문제들을 연이어 공격하는 이유는 기업가에게는 큰 문제가 곧 큰 기회라 는 걸 알기 때문이다.

가장 존경하는 사상가 빌 게이츠

김범수

더 벤처

52세, 코스닥에 상장된 가장 규모가 큰 기업 중 하나인 카카오의 설립자 겸 의장. 카카오는 한국 스마트폰 소유자의 95퍼센트와 전 세계 2억 2,000만 명 이상의 가입자가 사용하는 모바일 메신저 카카오톡을 운영한다. 카카오는 한국 내 2위 검색 엔진인 다음과 최대 규모의 음원 스트리밍 서비스인 멜론도 운영한다. 김범수는 2015년 EY의 올해의 기업가로 선정됐다. 그는 케이큐브벤처스, 100 CEO 프로젝트, C 프로그램 등을 통해 한국에 리스크 친화적인 창업환경을 발전시키는 일에 깊이 관여하고 있다.

국적/거주지 대한민국/서울

처음으로 100만 달러를 번 방법 한게임(컴퓨터 게임)

사업이란 가설을 세운 다음 그걸 증명하는 것

성공이란 내가 태어났을 때보다 세상을 더 좋은 곳으로 만들고 적어도 한 사람을 행복하게 하는 것

좋아하는 것 한국 사회에 긍정적인 에너지를 안겨주거나 가난한 사람들의 삶의 질을 향상시키는 것

최고의 경영서 크리스 주크Chris Zook, 제임스 앨런James Allen의 《창업자 정신》

이루고 싶은 일 온오프라인 연결사업이 전 세계로 확산되고 있는데 한국에서 이와 관련된 성공적인 비즈니스 모델을 만들고 싶다.

가장 존경하는 사상가 이순신 장군

나라야나 무르티

내일이 없는 것처럼 행동하라

72세, 나스닥에 상장된 최초의 인도 기업이자 20만 명의 직원을 보유한 세계적인 소프트웨어 기업 인포시스의 공동창업자 겸 장기 CEO. 그는 인포시스를 통해 억만장자 여섯 명과 4,000명이 넘는 백만장자를 양성했다. 〈포춘〉은 그를 우리 시대를 대표하는 가장 위대한 기업가 중 한 명으로 선정했다. 2013년에는 아시안 어워드에서 올해의 박애주의자로 선정됐다. 〈이코노미스트〉는 그를 가장 존경받는 글로벌 리더 중 한 명으로 꼽았고, 〈파이낸셜 타임스〉에서는 가장 존경받는 재계 지도자 가운데 한 명이라고 했다. 그는 인도 정부가 수여하는 파드마 비브후산 훈장, 프랑스 정부의 레종 도뇌르, 영국 정부가 주는 대영제국 훈장 등을 받았다. 유명한 자선가인 그는 2003년에 EY가 선정하는 올해의 기업가로 뽑혔다.

국적/거주지 인도/방갈로르
처음으로 100만 달러를 번 방법 소프트웨어
사업이란 이 세상을 좀 더 편한 곳으로 만드는 것
좋아하는 것 신속한 행동
최고의 경영서 《원칙으로 승부하라》
이루고 싶은 일 전 세계 사람들을 위해 일자리 100만 개를 창출하는 것
가장 존경하는 사상가 마하트마 간디

휴스뉴 외즈예인

아주 선량한 사람

74세의 자수성가한 억만장자. 터키에서 세 번째로 부유한 사람이자 터키 최고의 자선가 중 한 명이다. 열두 개 나라에서 75개의 회사를 설립했고, 이스탄불에 외즈예인 대학을 세웠다. 파이낸스뱅크를 설립해 은행계에서 활약하기 시작했고 그 이후 피바Fiba 그룹과 피나 홀딩Fina Holding을 통해 금융, 소매, 부동산, 에너지, 건강, 호텔, 항만산업 등 다양한 분야에서 활동을 펼쳤다. 그의 방대한 자선활동은 다양한 교육단계에 초점을 맞추고 있다. 2011년에는 하버드 경영대학원 최고 동창상을 받았다.

국적/거주지 터키/이스탄불

처음으로 100만 달러를 번 방법 13년간 은행장으로 일했다.

가장 귀중한 조언 우리 아버지는 항상 "네가 성적이 좋다는 건 알지만, 좋은 친구를 사귀는 것도 중요하다"고 하셨다. 그게 아버지의 조언이었다. 어떤 사람과 친구가 되는지가 정말 중요하다고 생각한다. 그건 사업을 할 때도 아주 중요한 부분이다.

좋아하는 것 일과 그의 가족

최고의 경영서 《부의 제국 록펠러》, 《스티브 잡스》

이루고 싶은 일 우리 대학을 성장시켜서 터키 최고의 연구 및 교수 대학으로 만들어 학생과 교수가 함께 터키 수출에 기여할 수 있는 걸 만들어내는 것. 이것이 이제부터 내 목표다.

리리오 파리소토

호기심은 가장 좋은 친구

65세의 자수성가한 억만장자, 브라질 증시에 가장 많은 돈을 투자한 개인투자자. 예전에 녹음 테이프와 비디오테이프, 플로피 디스크, CD, DVD, 블루레이를 제조했던 비디올라의 설립자, 사장, 대주주다. 현재 이름을 비디올라-이노바 S.A.Videolar-Innova S.A.로 바꾼 이 회사는 석유화학 회사이자 브라질의 주요 플라스틱 재료 생산업체다. 또한 부동산뿐만 아니라 은행, 전기, 광산, 철강에 투자한다. 2002년에는 EY가 뽑는 올해의 기업가로 선정됐다. 그는 아마존 열대우림 보호활동에 적극적으로 관여하고 있다.

국적/거주지 브라질/마나우스
처음으로 100만 달러를 번 방법 전자제품 소매업
사업이란 도전
성공이란 좋아하는 일을 하는 것
좋아하는 것 뭔가를 잘하는 걸 좋아한다.
최고의 경영서 《불황 없는 소비를 창조하라》, 아키오 모리타Akio Morita의 《메이드 인 재팬Made in Japan》
이루고 싶은 일 이제 매사에 감사해야 한다.
가장 존경하는 사상가 윈스턴 처칠Winston Churchill, 헨리 포드, 아키오 모리타, 스티브 잡스

딜립 샹비

유효성 기술

63세의 자수성가한 억만장자, 인도 최대의 제약회사이자 아시아에서 가장 가치 있는 10대 기업 중 하나인 선파마의 설립자 겸 전무이사. 현재 전 세계 제약업계에서 가장 부유한 사람이다. 2010년에는 EY가 뽑은 올해의 기업가, 2014년에는 〈포브스〉가 선정한 올해의 기업가, CNN이 선정한 올해의 인도인, 〈비즈니스 인디아〉가 선정한 올해의 비즈니스맨 등 다양한 타이틀을 얻었다. 2013년에는 선파마가 〈비즈니스 스탠더드〉와 〈이코노믹 타임스〉가 주는 올해의 기업상을 받았다. 〈포브스〉는 선파마를 세계에서 가장 혁신적인 100대 기업 중 하나로 꼽는다.

국적/거주지 인도/뭄바이

처음으로 100만 달러를 번 방법 정신질환치료제

사업이란 즐거움

성공이란 목표를 달성하는 것

좋아하는 것 회사를 세우고 키우는 것

최고의 경영서 캐롤 킨제이 고먼Carol Kinsey Goman의 《로열티 팩터Loyalty Factor》, 짐 콜린스Jim Collins의 《좋은 기업을 넘어… 위대한 기업으로》, 《성공하는 기업들의 8가지 습관》

가장 존경하는 사상가 스티브 잡스, 빌 게이츠, 워런 버핏

론 심

자원이 없는 상황에서도 뛰어난 지략 발휘

60세의 자수성가한 억만장자. 21개 나라에 400개가 넘는 직판매장이 있는 아시아 1위의 건강 라이프스타일 브랜드인 오쎔의 창업자 겸 회장 겸 CEO. 싱가포르와 중국에 있는 여러 쇼핑몰의 주주고 TWG 티TWG Tee, 브룩스톤Brookstone, 리치 라이프Richlife, GNC의 소유주이기도 하다. 2004년에는 EY의 올해의 기업가상, 〈비즈니스 타임스〉가 수여하는 올해의 비즈니스맨 상을 받았다.

국적/거주지 싱가포르

처음으로 100만 달러를 번 방법 가정용품 판매

사업이란 사람들과 관련된 일. 사업을 키우려면 사람부터 키워야 한다.

성공이란 자기가 할 수 있다고 믿는 일을 이루는 것. 자기가 하는 일에 만족한다면 그게 성공이다.

좋아하는 것 내가 자랑스러워하고 만족할 수 있는 성공적인 유산을 만드는 것

최고의 경영서 짐 콜린스의 《좋은 기업을 넘어… 위대한 기업으로》, 《성공하는 기업들의 8가지 습관》

이루고 싶은 일 더 강력한 팀, 강력한 체계, 강력한 실체를 구축하는 것

가장 존경하는 사상가 숭국의 초대 황제와 리콴유Lee Kuan Yew

미하일 솔로포프

평생 한 번뿐인 기회

56세의 자수성가한 억만장자. 폴란드 주식시장에 다섯 개 기업을 상장한 유일한 인물이다. 미하일은 건설, 부동산개발, 소매, 생산 분야에서 여러 개의 회사를 설립해서 매각했다. 그의 주요자산은 바를리네크Barlinek(마룻장), 세르사니트Cersanit(위생 세라믹과 타일), 신토스Synthos(화학공업) 등이다. 또 기술 분야와 스타트업에도 투자한다. 그와 동시에 오랫동안 유럽에서 카레이서로도 활약했다. 2014년에는 '탈공산주의 이후 폴란드 최고의 기업가'로 선정됐다. 현재 그는 폴란드에서 가장 부유한 사람이다.

국적/거주지 폴란드/키엘체
처음으로 100만 달러를 번 방법 건설공사
좋아하는 것 지난 11년 동안은 자동차 경주에 열정을 쏟았다. 대체로 스포츠와 경쟁을 좋아한다.
최고의 경영서 《큰 것이 작은 것을 잡아먹는 것이 아니라 빠른 것이 느린 것을 잡아먹는다》
이루고 싶은 일 세상에서 재정적으로 가장 효율적인 조직이 되는 것
가장 존경하는 사상가 레흐 바웬사Lech Wałęsa

페터 스토달렌

딸기판매상

호텔 왕이라는 별명을 가진 56세의 자수성가한 억만장자. 그의 노르딕 초이스 호텔 체인에는 거의 200개에 달하는 호텔이 포함돼 있다. 그는 노르웨이에서 가장 큰 상업용부동산회사를 세웠다. 스트로베리 그룹 Strawberry Group이라는 이 회사는 부동산, 금융, 호텔, 예술 분야에서 활동한다. 최근에는 홍보회사에도 투자했고 새로 설립한 출판사 스트로베리 퍼블리싱Strawberry Publishing은 스칸디나비아의 출판계를 뒤흔들었다. 그는 2010년도 EY의 올해의 기업가로 선정됐다. 그는 환경운동가이자 노르웨이에서 손꼽히는 개인자선가들 가운데 한 명이기도 하다.

국적/거주지 노르웨이/오슬로

처음으로 100만 달러를 번 방법 트론헤임에 있는 세 개의 쇼핑센터를 하나로 연결하는 프로젝트. 아무도 가능하리라고 여기지 않았지만 난 할 수 있다고 생각했고 결국 보너스로 100만 달러를 받았다.

좋아하는 것 호텔. 왜냐하면 사람들과 관련된 일이기 때문이다. 나는 사람들과 교류하는 사업을 좋아한다.

최고의 경영서 솔직히 비즈니스 관련 서적은 하나도 안 읽었다. 아, 얀 칼손Jan Carlzon의 《진실의 순간Moments of Truth》.

이루고 싶은 일 진정한 트리플 바텀라인 회사를 갖고 싶다.

프랑크 스트로나흐

경제적 자유로 가는 길

86세의 자수성가한 억만장자로 현재 세계 최고의 자동차부품 제조업체 중 하나인 마그나 인터내셔널을 설립했다. 27개 나라에 흩어져 있는 400개 이상의 공장과 비즈니스 센터에서 17만 명의 직원들이 일하면서 400억 달러의 수익을 올린다. 그는 2000년에 EY에서 올해의 기업가 평생공로상을 받았다. 그가 세운 스트로나흐 그룹은 미국의 대표적인 경마장을 소유해 운영하고 있다. 정계에 진출하기도 했는데 자기 이름을 건 정당을 창당하고 오스트리아 총선에서 성공을 거뒀다.

국적/거주지 캐나다/온타리오 주 오로라

처음으로 100만 달러를 번 방법 자동차부품 판매

사업이란 경제

성공이란 행복하고 건강하고 경제적으로 자유로워지는 것이다.

좋아하는 것 말을 정말 좋아한다. 오랫동안 미국과 전 세계에서 최고의 말 사육자로 자리매김했다.

최고의 경영서 헨리 포드 자서전과 롤랜드 바더Roland Baader의《머니, 골드 앤 갓 플레이어Money, Gold and God Players》

이루고 싶은 일 시민대표에 의한 정치적 경영과 사회경제적 경영이 균형을 이루기를 바란다.

가장 존경하는 선구자적 사상가 마오쩌둥毛澤東

매니 스툴

난민에서 올해의 기업가로

70세, 자수성가한 호주의 억만장자. 업계에서 가장 혁신적이고 빠르게 성장하는 회사이자 세계적인 장난감 제조업체 무스 토이의 회장. 미국완구협회는 이 회사에서 만든 숍킨즈Shopkins 장난감을 2년 연속 올해의 여자 아이용 장난감으로 선정했다. 숍킨즈는 바비Barbie, 마이 리틀 포니My Little Pony, 레고Lego를 비롯해 장난감업계의 모든 품목을 판매량에서 제쳤다. 이 회사는 전 세계 소비자와 업계가 수여하는 상을 40개 넘게 받았다. 매니의 자선사업은 주로 어린이와 건강관리 쪽에 집중돼 있다. EY는 그를 2016년도 올해의 기업가로 선정했다. 그는 이 상을 받은 최초의 호주인이다.

국적/거주지 호주/멜버른

처음으로 100만 달러를 번 방법 혁신적인 도자기제품 도매업

사업이란 즐거움

성공이란 건강과 행복

좋아하는 것 사업과 스포츠

최고의 경영서 《좋은 기업을 넘어⋯ 위대한 기업으로》

이루고 싶은 일 회사를 유지하고 성장시켜서 지금보다 더 크고 성공한 기업으로 만드는 것. 영적으로 계속 성장하는 것.

가장 존경하는 사상가 부처

칩 윌슨

4만 일 뒤에는 모두 죽는다

63세의 자수성가한 캐나다 억만장자로 룰루레몬 설립자. 룰루레몬은 전세계 모든 매장 가운데 평방피트당 매출액이 가장 높고 보석류와 애플 매장을 제외하면 소매업체 가운데 마진율이 가장 높은 스포츠웨어 전문업체다. 칩 윌슨은 서핑, 스케이트, 스노보드 의류를 전문으로 하는 웨스트비치도 설립했고 현재는 첨단기술을 활용한 평상복을 만드는 키트 앤 에이스 브랜드에 관여하고 있다. EY는 2004년에 혁신 및 마케팅 부문에서 그를 캐나다 최고의 기업가로 선정했다. 칩 윌슨이 진행 중인 광범위한 자선활동 내역에는 캐나다 고등교육(윌슨 디자인 학교), 에티오피아 초등교육(이매진1데이), 밴쿠버 지역사회 프로젝트 등도 포함돼 있다.

국적/거주지 캐나다/브리티시컬럼비아 주 밴쿠버

처음으로 100만 달러를 번 방법 스포츠 의류

사업이란 사랑하는 사람

성공이란 건강하고 사랑스런 가족

좋아하는 것 운동

최고의 경영서 《좋은 기업을 넘어… 위대한 기업으로》

가장 존경하는 사상가 아인 랜드Ayn Rand, 마르쿠스 아우렐리우스Marcus Aurelius

차오더왕

황색 심장

72세, 세계 최대의 자동차유리 제조업체인 푸야오그룹의 설립자 겸 회장. 2014년에 푸야오그룹은 BCG 글로벌 챌린저 탑 100에 이름을 올렸고 〈포춘〉이 선정하는 중국에서 가장 존경받는 기업에 5회 연속으로 뽑혔다. 수십억 달러를 기부한 그는 몇 년 연속으로 중국 자선가 상을 받았고 2012년에는 올해의 자선가로 선정됐다. 그는 초등학교 중퇴자임에도 불구하고 자수성가한 억만장자가 됐다. 2009년에는 EY의 올해의 기업가로 선정됐는데 중국 기업가로는 유일하게 이 영예를 안았다. 그는 중국 국민과 정부 모두에게 가장 존경받는 기업가다.

국적/거주지 홍콩/중국 푸칭
처음으로 100만 달러를 번 방법 수량계유리 생산
사업이란 취미
성공이란 다른 이들의 존경을 받는 것
좋아하는 것 성공
최고의 경영서 증국번에 관한 책
이루고 싶은 일 나는 아직 완성형이 아니다. 부분적인 성공을 거뒀을 뿐이다. 그래서 지금도 계속 일하고 있다. 전 세계에 푸야오그룹을 알려서 누구나 우리 자동차제품을 사용하도록 하고 싶다.
가장 존경하는 사상가 공자, 노자

옮긴이 **박선령**

세종대학교 영어영문학과를 졸업하고 MBC방송문화원 영상번역과정을 수료했다. 현재 출판 번역 에이전시 베네트랜스에서 전속 번역가로 활동 중이다. 옮긴 책으로는 《파이낸셜 프리덤》, 《나는 돈에 미쳤다》, 《지금 하지 않으면 언제 하겠는가》, 《마흔이 되기 전에》, 《스트레치》, 《착한 사람들》, 《성실함의 배신》, 《북유럽 신화》, 《타이탄의 도구들》, 《하버드 집중력 혁명》, 《최고들은 왜 심플하게 일하는가》 등이 있다.

억만장자 시크릿

1판 1쇄 발행 2019년 12월 2일
1판 7쇄 발행 2024년 3월 11일

지은이 라파엘 배지아그
옮긴이 박선령
발행인 오영진 김진갑
발행처 토네이도

기획편집 박수진 박민희 유인경 박은화
디자인팀 안윤민 김현주 강재준
마케팅 박시현 박준서 조성은 김수연
경영지원 이혜선

출판등록 2006년 1월 11일 제313-2006-15호
주소 서울시 마포구 월드컵북로5가길 12 서교빌딩 2층
원고 투고 및 독자 문의 midnightbookstore@naver.com
전화 02-332-3310 팩스 02-332-7741
블로그 blog.naver.com/midnightbookstore
페이스북 www.facebook.com/tornadobook

ISBN 979-11-5851-159-3 03320

이 도서의 국립중앙도서관 출판예정도서목록(CIP)은 서지정보유통지원시스템 홈페이지(http://seoji.nl.go.
kr)와 국가자료공동목록시스템(http://www.nl.go.kr/kolisnet)에서 이용하실 수 있습니다.
(CIP제어번호: CIP2019045434)